OEUVRES

COMPLÈTES

DE CHAMFORT.

TOME SECOND.

DE L'IMPRIMERIE DE DAVID,
RUE DU FAUBOURG POISSONNIÈRE, Nº 1.

OEUVRES
COMPLÈTES
DE CHAMFORT,

RECUEILLIES ET PUBLIÉES, AVEC UNE NOTICE HISTORIQUE
SUR LA VIE ET LES ÉCRITS DE L'AUTEUR,

Par P. R. AUGUIS.

TOME SECOND.

PARIS.
CHEZ CHAUMEROT JEUNE, LIBRAIRE,
PALAIS-ROYAL, GALERIES DE BOIS, N° 189.

1824.

AVANT-PROPOS.

Écrivain spirituel, élégant et ingénieux, Chamfort a marqué sa place entre Duclos et La Harpe : plus correct que le premier, il a plus de précision que le second. Son éloquence, dans les éloges et les discours académiques, a moins d'abondance, moins de rondeur que celle de La Harpe, mais elle étincelle de traits piquans; on reconnaît dans sa tragédie de *Mustapha et Zéangir* un poète formé à l'école de Racine ; ses comédies offrent un tableau fidèle des opinions et des sentimens de la société à l'époque où il les composa, en même temps qu'elles font connaître et les principes et le caractère que l'auteur manifesta plus tard avec une nouvelle énergie. Il avait porté dans le monde un esprit d'observation qu'on retrouve tout entier dans la partie de ses ouvrages recueillis sous le titre de *Maximes et Pensées*: c'est là qu'on rencontre à chaque instant ce qu'Hérault de Séchelles, qui fut lui-même un homme de beaucoup d'esprit, appelait les *tenailles mordicantes* de Chamfort. S'il ne voit dans la société que des ridicules, des défauts et des vices, il faut convenir que nul écrivain ne les a peints de couleurs plus vives. C'était un des caractères de son esprit, de ne voir dans le perfectionnement de la civilisation que l'excessive corruption des mœurs, des vices hideux et ridicules, et les travers de toute espèce.

Chamfort était dans l'usage d'écrire chaque jour, sur de petits carrés de papier, les résultats de ses réflexions[1] rédigées en maximes, les anecdotes qu'il avait apprises, les faits servant à l'histoire des mœurs, dont il avait été témoin dans le monde, enfin les mots piquans et les réparties ingénieuses qu'il avait entendus, et qui lui étaient échappés à lui-même. Il y règne la plus heureuse variété : la cour, la ville, hommes, femmes, gens de lettres, figurent tour-à-tour et presque ensemble dans cette scène mobile, comme ils figuraient dans celle du monde.

Avec une littérature moins étendue que celle de La Harpe, Chamfort sait imprimer à l'examen des ouvrages qu'il analysait pour le *Mercure de France*, cette raillerie un peu amère qui était le caractère dominant de son esprit; il rendait compte de préférence des mémoires historiques, des voyages et des ouvrages sur les réformes politiques qui se préparaient en France à l'époque où, de concert avec Marmontel et la Harpe qui partageait alors ses opinions, il rédigeait la partie littéraire du *Mercure*. Il n'est pas rare de le voir se mettre à la place de l'auteur, raconter de la manière la plus piquante les anecdotes que celui-ci n'a pas sues, redresser celles qu'il a défigurées ; tirer des faits les plus ingénieuses conséquences, parler des hommes et des choses en philosophe.

S'il entreprend de retracer le tableau des révolutions dont le royaume de Naples a été le théâtre, c'est avec la plume de Saint-Réal qu'il en écrit l'histoire. Il semblait préluder par ce morceau vraiment remarquable, composé pour être placé en tête du voyage pittoresque de Naples et de Sicile par l'abbé de Saint-Non, à une autre composition plus importante, et par le sujet, et par la manière dont il est traité ; nous voulons parler des *Tableaux de la Révolution française* (*) que Chamfort a dessinés d'une main ferme et hardie.

L'ardeur avec laquelle Chamfort s'attacha au char de la révolution, l'espèce d'enthousiasme avec lequel il en professait les principes, il en suivait les événemens, il en exaltait les hommes, il en approuvait les institutions, en même temps qu'il immolait impitoyablement à son opinion tout ce qui ne la partageait pas, qu'il poursuivait

---

(*). *Tableaux de la Révolution Française*, ou Collection de quarante-huit Gravures représentant les événemens principaux qui ont eu lieu en France, depuis la transformation des États-Généraux en Assemblée Nationale, le 20 juin 1789 ; ouvrage dont le texte primitif est de Chamfort, mais que M. Auber, son éditeur, fit refaire à plusieurs reprises, selon que la France changeait de mode de gouvernement, afin qu'il fût toujours au niveau des opinions qui régnaient.

de ses sarcasmes quiconque avait le malheur de ne pas penser comme lui, revivent tout entiers dans les tableaux qu'il a tracés des premières époques de nos orages politiques : il dessine à grands traits, et ses portraits ont la physionomie du moment. Aujourd'hui que l'expérience est venue amortir le feu des passions, que la réflexion s'est arrêtée sur l'histoire de nos agitations politiques, qu'elle en a médité les principes et les causes, qu'elle s'est rendue un compte plus exact des hommes et des choses; il nous semble que les Tableaux de la révolution sont peints moins avec les couleurs de l'histoire qu'avec les passions du temps. Cependant, comme ils sont une image fidèle des opinions et des sentimens d'une partie de la nation à l'époque où ils furent faits, ils doivent être considérés comme un des monumens historiques les plus précieux de cette époque. Tout explique, dans un homme qui n'avait voulu voir dans l'ancien ordre de choses que des abus consacrés par d'autres abus, dans la société qu'un outrage fait au plus grand nombre, cette âpreté républicaine, qui a parfois quelque chose de sauvage, avec laquelle il retrace les premiers triomphes de la révolution sur ce qui avait été constamment l'objet de sa haine et de ses bons mots. Il ne semble avoir cultivé les lettres jusques-là, que pour se trouver prêt à écrire l'histoire des événemens qu'il entrevoit dans le lointain. Il n'est pas étonnant que, placé sur le cratère, au milieu des éclairs et des détonations; il porte dans ses récits le feu et la chaleur de tout ce qu'il voit, de tout ce qu'il entend. Il faut se reporter au temps où cet ouvrage fut composé, se pénétrer des opinions de l'auteur, se rappeler les circonstances de sa vie, ce qu'il pensait de la société telle qu'il la voyait organisée avant la révolution, la haine implacable que dans l'ivresse de l'amour-propre il avait vouée à certaines conditions. Les excès d'une populace effrénée ne sont pour lui que de justes représailles de ce que le peuple a eu à souffrir, pendant tant de siècles, de quelques castes privilégiées. La vengeance est permise à qui a si long-temps gémi dans l'oubli de ses droits. L'incendie qui consume l'édifice social, ne fait qu'éclairer le triomphe de la liberté. La France est en travail d'une régénération politique; Chamfort s'en est promis les plus heureux résultats : cette pensée l'absorbe tout entier; il ne voit dans tous les événemens qui se pressent autour de lui, que le concours de tout un peuple à hâter l'enfantement de la liberté. C'est vainement que le sang innocent a coulé, que le trône est ébranlé jusqu'en ses fondemens, que la couronne chancelle sur le front des rois, que l'anarchie dresse une tête altière, et que les institutions s'écroulant ne laissent après elles que le désordre : tranquille au milieu de leurs ruines, il ressemble aux filles d'Œson, qui attendent des maléfices de Médée le rajeunissement de leur vieux père. On assure que c'est Chamfort qui dit, après le massacre de Foulon et de Berthier : *la révolution fera le tour du globe*; phrase tant répétée depuis. C'est encore lui qui donna à M. Sieyes le titre et l'idée de la brochure intitulée : *Qu'est-ce que le Tiers-État ?* brochure qui fit la fortune politique et littéraire de son auteur. Chamfort avait coutume de dire : « Qu'est-ce que le tiers-état ? rien et tout. » C'est sur ce mot que Sieyes bâtit la pensée qui sert de fondement à sa brochure (1); aussi le comte, aujourd'hui duc de Lauragais, disait à Chamfort, en lui parlant de l'abbé Sieyes et de cette brochure : « Vous lui avez donné le peuple à vendre au tiers-état. »

Tour-à-tour poète et orateur, Chamfort n'avait pas été pour La Harpe un rival moins redoutable dans la lice poétique que dans la carrière de l'éloquence. Couronné d'un double laurier, il occupe sur le Parnasse une double place; assis, comme prosateur, à côté de Fontenelle, dont il a l'esprit avec plus de goût et de force, il récite ses contes à Voltaire, qui sourit aux traits malins d'une muse caustique formée à son école, et qu'il aime à reconnaître comme une de celles qui ont le mieux profité de la lecture de ses ouvrages.

La littérature dramatique avait été pour lui l'objet d'une étude particulière; il avait même entrepris d'en écrire la poétique. Les principaux arti-

---

(*) Mémoires de Condorcet sur la Révolution Française, t. II, pag. 145 et suiv.

cles de l'ouvrage, publié en 1867 par Lacombe, sous le titre d'*Art théâtral*, sont de Chamfort; on y retrouve cette justesse d'esprit, cette finesse d'observation, cette précision claire et piquante, qui sont autant de caractères distinctifs de son talent. On lira surtout avec intérêt ce qu'il a écrit sur la tragédie et sur la comédie chez les anciens; sur le théâtre français; des observations générales sur l'art dramatique, sur les parties constitutives d'une pièce de théâtre; sur l'intérêt qui doit animer le tout et chacune de ses parties; sur les différens genres d'intérêt; sur les caractères dans la tragédie, dans la comédie; sur l'amour dans les pièces de théâtre; sur les divers sentimens que l'auteur peut y développer avec avantage; sur le style dramatique, sujet délicat et difficile à traiter; sur la terreur, comme moyen puissant d'émouvoir le spectateur; sur l'horreur, comme source de crainte et de pitié; sur le genre comique; sur l'opéra ou poëme lyrique, etc.

Le coup-d'œil rapide que nous venons de jeter sur les principaux ouvrages de Chamfort, indique assez que ce n'est point une réimpression de ses œuvres, telles qu'elles ont été publiées, que nous avons voulu donner. Nous les avons complétées de tout ce que n'avaient pas recueilli les éditeurs précédens. De ce nombre sont le *Précis historique des révolutions de Naples et de Sicile*; les *Notes sur les Fables de la Fontaine*, qui n'avaient été imprimées que dans un recueil étranger à Chamfort et de la manière la plus fautive ; les vingt-six premiers *Tableaux de la Révolution française*, ouvrage d'un grand intérêt ; les articles qui faisaient rechercher, avec un si juste empressement, les numéros du *Mercure* qui les contenaient, et qui, à l'exception de trois, n'avaient point été retirés de l'énorme collection où ils étaient oubliés ; les ébauches de la *Poétique du Théâtre* qu'il avait commencée ; vingt-deux *Contes* inédits faisant partie du recueil plus considérable que Chamfort avait composé, et qu'on ne retrouva pas parmi ses papiers après sa mort ; les opéras de *Zénis et Almasie* et de *Palmire* ; et quelques *Poésies* légères pleines d'esprit ; quelques *Lettres* écrites par Chamfort, dénoncé à la société des Jacobins, et menacé de porter sa tête à l'échafaud ; sa *Défense* qu'il fit placarder sur les murs de Paris, pièce dans laquelle il présente une récapitulation rapide de ce qu'il a fait pour fonder la liberté en France ; quelques-unes des lettres que lui écrivait Mirabeau, et dans lesquelles il se plaît à reconnaître tout ce qu'il doit à la plume éloquente et fière de Chamfort, dans la composition des meilleurs ouvrages publiés avec son nom, mais qui étaient presque toujours composés par ses amis ; enfin nous n'avons rien négligé pour que cette édition de Chamfort présentât réunis tous ceux de ses ouvrages qui rendront sa mémoire durable.

FIN DE L'AVANT-PROPOS.

ŒUVRES COMPLÈTES DE CHAMFORT.

CARACTÈRES ET ANECDOTES.

Notre siècle a produit huit grandes comédiennes : quatre du théâtre et quatre de la société. Les quatre premières sont mademoiselle d'Angeville, mademoiselle Duménil, mademoiselle Clairon et madame Saint-Huberti ; les quatre autres sont madame de Montesson, madame de Genlis, madame Necker et madame d'Angivilliers.

—M..... me disait : « Je me suis réduit à trouver tous mes plaisirs en moi-même, c'est-à-dire, dans le seul exercice de mon intelligence. La nature a mis, dans le cerveau de l'homme, une petite glande appelée cervelet, laquelle fait office d'un miroir ; on se représente, tant bien que mal, en petit et en grand, en gros et en détail, tous les objets de l'univers, et même les produits de sa propre pensée. C'est une lanterne magique dont l'homme est propriétaire, et devant laquelle se passent des scènes où il est acteur et spectateur. C'est là proprement l'homme; là se borne son empire : tout le reste lui est étranger.»

— «Aujourd'hui, 15 mars 1782, j'ai fait, disait M. de..., une bonne œuvre d'une espèce assez rare. J'ai consolé un homme honnête, plein de vertus, riche de cent mille livres de rente, d'un très-grand nom, de beaucoup d'esprit, d'une très-bonne santé, etc; et moi, je suis pauvre, obscur et malade.»

— On sait le discours fanatique que l'évêque de Dol a tenu au roi, au sujet du rappel des protestans. Il parla au nom du clergé. L'évêque de Saint-Pol lui ayant demandé pourquoi il avait parlé au nom de ses confrères, sans les consulter : « J'ai consulté, dit-il, mon crucifix. — En ce cas, répliqua l'évêque de saint-Pol, il fallait répéter exactement ce que votre crucifix vous avait répondu.»

— C'est un fait avéré que Madame, fille du roi, jouant avec une de ses bonnes, regarda à sa main, et, après avoir compté ses doigts : « Comment! dit l'enfant avec surprise, vous avez cinq doigts aussi, comme moi? » Et elle recompta pour s'en assurer.

— Le maréchal de Richelieu, ayant proposé pour maîtresse à Louis XV une grande dame, j'ai oublié laquelle; le roi n'en voulut pas, disant qu'elle coûterait trop cher à renvoyer.

— M. de Tressan avait fait, en 1738, des couplets contre M. le duc de Nivernois. Il sollicita l'académie en 1780, et alla chez M. de Nivernois, qui le reçut à merveille, lui parla du succès de ses derniers ouvrages, et le renvoyait comblé d'espérances, lorsque, voyant M. de Tressan prêt à remonter en voiture, il lui dit : « Adieu, monsieur le comte, je vous félicite de n'avoir pas plus de mémoire. »

— Le maréchal de Biron eut une maladie très-dangereuse : il voulut se confesser ; et dit devant plusieurs de ses amis : « Ce que je dois à Dieu, ce que je dois au roi, ce que je dois à l'état ».... Un de ses amis l'interrompit : « Tais-toi, dit-il, tu mourras insolvable. »

— Duclos avait l'habitude de prononcer sans cesse en pleine académie, des f..., des b...; l'abbé du Renel, qui, à cause de sa longue figure, était appelé un grand serpent sans venin, lui dit : « Monsieur, sachez qu'on ne doit prononcer dans l'académie que des mots qui se trouvent dans le dictionnaire. »

— M. de L..... parlait à son ami M. de B....., homme très-respectable, et cependant très-peu ménagé par le public; il lui avouait les bruits et les faux jugemens qui couraient sur son compte. Celui-ci répondit froidement : « C'est bien à une bête et à un coquin comme le public actuel, à juger un caractère de ma trempe ! »

— M.... me disait : « J'ai vu des femmes de tous les pays ; l'Italienne ne croit être aimée de son amant que quand il est capable de commettre un crime pour elle ; l'Anglaise, une folie; et la Française, une sottise. »

— Duclos disait de je ne sais quel bas coquin qui avait fait fortune : « On lui crache au visage, on le lui essuie avec le pied, et il remercie. »

— D'Alembert, jouissant déjà de la plus grande réputation, se trouvait chez madame du Deffant, où étaient M. le président Hénault et M. de Pont-de-Veyle. Arrive un médecin, nommé Fournier, qui, en entrant, dit à madame du Deffant : « Madame, j'ai l'honneur de vous présenter mon très-humble respect »; à M. le président Hénault : « Monsieur, j'ai bien l'honneur de vous saluer » ; à M. de Pont-de-Veyle : « Monsieur, je suis votre très-humble serviteur »; et à d'Alembert : « Bon jour, monsieur. »

— Un homme allait, depuis trente ans, passer toutes les soirées chez madame de..... Il perdit sa femme; on crut qu'il épouserait l'autre, et on l'y encourageait. Il refusa : « Je ne saurais plus, dit-il, où aller passer mes soirées. »

— Madame de Tencin, avec des manières douces, était une femme sans principes, et capable de tout, exactement. Un jour, on louait sa douceur : « Oui, dit l'abbé Trublet, si elle eût eu intérêt de vous empoisonner, elle eût choisi le poison le plus doux. »

— M. de Broglie, qui n'admire que le mérite militaire, disait un jour : « Ce Voltaire qu'on vante tant, et dont je fais peu de cas, il a pourtant fait un beau vers :

» Le premier qui fut roi fut un soldat heureux. »

— On réfutait je ne sais quelle opinion de M...., sur un ouvrage, en lui parlant du public qui en jugeait autrement : « Le public ! le public ! dit-il, combien faut-il de sots pour faire un public ? »

— M. d'Argenson disait à M. le comte de Sébourg, qui était l'amant de sa femme : « Il y a deux places qui vous conviendraient également : le gouvernement de la Bastille et celui des Invalides ; si je vous donne la Bastille, tout le monde dira que je vous y ai envoyé ; si je vous donne les Invalides, on croira que c'est ma femme. »

— Il existe une médaille que M. le prince de Condé m'a dit avoir possédée et que je lui ai vu regretter. Cette médaille représente d'un côté Louis XIII, avec les mots ordinaires : *Rex Franc. et Nav.*, et de l'autre, le cardinal de Richelieu, avec ces mots autour : *Nil sine consilio*.

— M....., ayant lu la lettre de Saint-Jérôme où il peint avec la plus grande énergie la violence de ses passions, disait : « La force de ses tentations me fait plus d'envie que sa pénitence ne me fait peur. »

— M..... disait : « Les femmes n'ont de bon que ce qu'elles ont de meilleur. »

— Madame la princesse de Marsan, maintenant si dévote, vivait autrefois avec M. de Bissy. Elle avait loué une petite maison, rue Plumet, où elle alla, tandis que M. de Bissy y était avec des filles : il lui fit refuser la porte. Les fruitières de la rue de Sèvres s'assemblèrent autour de son carrosse, disant : « C'est bien vilain de refuser la maison à la princesse qui paie, pour y donner à souper à des filles de joie ! »

— Un homme, épris des charmes de l'état de prêtrise, disait : « Quand je devrais être damné, il faut que je me fasse prêtre. »

— Un homme était en deuil de la tête aux pieds : grandes pleureuses, perruque noire, figure allongée. Un de ses amis l'aborde tristement : « Eh ! bon Dieu ! qui est-ce donc que vous avez perdu ? — Moi, dit-il, je n'ai rien perdu ; c'est que je suis veuf. »

— Madame de Bassompierre, vivant à la cour du roi Stanislas, était la maîtresse connue de M. de la Galaisière, chancelier du roi de Pologne. Le roi alla un jour chez elle, et prit avec elle quelques libertés qui ne réussirent pas : « Je me tais, dit Stanislas ; mon chancelier vous dira le reste. »

— Autrefois on tirait le gâteau des rois avant le repas. M. de Fontenelle fut roi ; et comme il négligeait de servir d'un excellent plat qu'il avait devant lui, on lui dit : « Le roi oublie ses sujets. » A quoi il répondit : « Voilà comme nous sommes, nous autres. »

— Quinze jours avant l'attentat de Damiens, un négociant provençal, passant dans une petite ville à six lieues de Lyon, et étant à l'auberge, entendit dire, dans une chambre qui n'était séparée de la sienne que par une cloison, qu'un nommé Damiens devait assassiner le roi. Ce négociant venait à Paris ; il alla se présenter chez M. Berrier, ne le trouva point, lui écrivit ce qu'il avait entendu, retourna voir M. Berrier, et lui dit qui il était. Il repartit pour sa province : comme il était en route, arriva l'attentat de Damiens. M. Berrier, qui comprit que ce négociant conterait son histoire, et que cette négligence le perdrait (lui Berrier), envoie un exempt de police et des gardes sur la route de Lyon ; on saisit l'homme, on le bâillonne, on le mène à Paris ; on le met à la Bastille, où il est resté pendant dix-huit ans. M. de Malesherbes, qui en délivra plusieurs prisonniers en 1775, conta cette histoire dans le premier moment de son indignation.

— Un jeune homme sensible, et portant l'honnêteté dans l'amour, était bafoué par des libertins qui se moquaient de sa tournure sentimentale. Il leur répondit avec naïveté : « Est-ce ma faute à moi, si j'aime mieux les femmes que j'aime, que les femmes que je n'aime pas ? »

— Le cardinal de Rohan, qui a été arrêté pour dettes dans son ambassade de Vienne, alla, en qualité de grand aumônier, délivrer des prisonniers du Châtelet, à l'occasion de la naissance du dauphin. Un homme, voyant un grand tumulte autour de la prison, en demanda la cause ; on lui répondit que c'était pour M. le cardinal de Rohan, qui, ce jour là, venait au Châtelet : « Comment ! dit-il naïvement, est-ce qu'il est arrêté ? »

— M. de Roquemont, dont la femme était très-galante, couchait une fois par mois dans la chambre de madame, pour prévenir les mauvais propos, si elle devenait grosse, et s'en allait en disant : « Me voilà net ; arrive qui plante. »

— M. de...., que des chagrins amers empêchaient de reprendre sa santé, me disait : « Qu'on me montre le fleuve d'Oubli, et je trouverai la fontaine de Jouvence. »

— On faisait une quête à l'académie française ; il manquait un écu de six francs ou un louis d'or. Un des membres, connu par son avarice, fut soupçonné de n'avoir pas contribué ; il soutint qu'il avait mis ; celui qui faisait la collecte dit : « Je ne l'ai pas vu ; mais je le crois. » M. de Fontenelle termina la discussion en disant : « Je l'ai vu, moi ; mais je ne le crois pas. »

— L'abbé Maury, allant chez le cardinal de la Roche-Aymon, le rencontra revenant de l'assemblée du clergé. Il lui trouva de l'humeur et lui en demanda la raison. « J'en ai de bien bonnes, dit le vieux cardinal : on m'a engagé à présider cette assemblée du clergé, où tout s'est passé on ne saurait plus mal ; il n'y a pas jusqu'à ces jeunes agens du clergé, cet abbé de la Luzerne, qui ne veulent pas se payer de mauvaises raisons. »

— L'abbé Raynal, jeune et pauvre, accepta une messe à dire tous les jours pour vingt sous ;

quand il fut plus riche, il la céda à l'abbé de la Porte, en retenant huit sous dessus : celui-ci, devenu moins gueux, la sous-loua à l'abbé Dinouart, en retenant quatre sous dessus, outre la portion de l'abbé Raynal ; si bien que cette pauvre messe, grevée de deux pensions, ne valait que huit sous à l'abbé Dinouart.

— Un évêque de Saint-Brieux, dans une oraison funèbre de Marie-Thérèse, se tira d'affaire fort simplement sur le partage de la Pologne : « La France, dit il, n'ayant rien dit sur ce partage, je prendrai le parti de faire comme la France, et de n'en rien dire non plus. »

— Milord Marlborough étant à la tranchée avec un de ses amis et un de ses neveux, un coup de canon fit sauter la cervelle à cet ami, et en couvrit le visage du jeune homme, qui recula avec effroi. Marlborough lui dit intrépidement : « Eh quoi ! monsieur, vous paraissez étonné ? — Oui, dit le jeune homme, en s'essuyant la figure, je le suis qu'un homme, qui a autant de cervelle, restât exposé gratuitement à un danger si inutile. »

— Madame la duchesse du Maine, dont la santé allait mal, grondait son médecin, et lui disait : « Était-ce la peine de m'imposer tant de privations, et de me faire vivre en mon particulier ? — Mais votre altesse a maintenant quarante personnes au château ? — Eh bien ! ne savez-vous pas que quarante ou cinquante personnes sont le particulier d'une princesse ? »

— Le duc de Chartres (1), apprenant l'insulte faite à madame la duchesse de Bourbon, sa sœur, par M. le comte d'Artois, dit : « On est bien heureux de n'être ni père ni mari. »

— Un jour, que l'on ne s'entendait pas dans une dispute à l'académie, M. de Mairan dit : « Messieurs, si nous ne parlions que quatre à la fois ! »

— Le comte de Mirabeau, très-laid de figure, mais plein d'esprit, ayant été mis en cause pour un prétendu rapt de séduction, fut lui-même son avocat. « Messieurs, dit-il, je suis accusé de séduction ; pour toute réponse et pour toute défense, je demande que mon portrait soit mis au greffe. » Le commissaire n'entendait pas : « Bête, dit le juge, regarde donc la figure de monsieur ! ».

— M.... me disait : « C'est faute de pouvoir placer un sentiment vrai, que j'ai pris le parti de traiter l'amour comme tout le monde. Cette ressource a été mon pis aller : comme un homme qui, voulant aller au spectacle, et et n'ayant pas trouvé de place à *Iphigénie*, s'en va aux *Variétés amusantes*. »

— Madame de Brionne rompit avec le cardinal de Rohan, à l'occasion du duc de Choiseul, que le cardinal voulait faire renvoyer. Il y eut entre eux une scène violente, que madame de Brionne termina en menaçant de le faire jeter par la fe-

---

(1) Le duc d'Orléans, guillotiné le 6 novembre 1793.

nêtre : « Je puis bien descendre, dit-il, par où je suis monté si souvent. »

— M. le duc de Choiseul était du jeu de Louis xv, quand il fut exilé. M. de Chauvelin, qui en était aussi, dit au roi qu'il ne pouvait le continuer, parce que le duc en était de moitié. Le roi dit à M. de Chauvelin : « Demandez-lui s'il veut continuer.» M. de Chauvelin écrivit à Chanteloup : M. de Choiseul accepta. Au bout du mois, le roi demanda si le partage des gains était fait. « Oui, dit M. de Chauvelin ; M. de Choiseul gagne trois mille louis. — Ah ! j'en suis bien aise, dit le roi ; mandez-le lui bien vîte. »

— « L'amour, disait M....., devrait n'être le plaisir que des âmes délicates. Quand je vois des hommes grossiers se mêler d'amour, je suis tenté de dire : « De quoi vous mêlez-vous ? » Du jeu, de la table, de l'ambition à cette canaille ! »

— Ne me vantez point le caractère de N.... : c'est un homme dur, inébranlable, appuyé sur une philosophie froide, comme une statue de bronze sur du marbre.

— « Savez-vous pourquoi, me disait M. de...., on est plus honnête, en France, dans la jeunesse et jusqu'à trente ans, que passé cet âge ? c'est que ce n'est qu'après cet âge, qu'on s'est détrompé ; que chez nous, il faut être enclume ou marteau ; que l'on voit clairement que les maux dont gémit la nation sont irrémédiables. Jusqu'alors, on avait ressemblé au chien qui défend le dîner de son maître contre les autres chiens ; après cette époque, on fait comme le même chien, qui en prend sa part avec les autres. »

— Madame de B..... ne pouvant, malgré son grand crédit, rien faire pour M. de D...., son amant, homme par trop médiocre, l'a épousé. En fait d'amans, il n'est pas de ceux que l'on montre ; en fait de maris, on montre tout.

— M. le comte d'Orsai, fils d'un fermier-général, et si connu par sa manie d'être homme de qualité, se trouva avec M. de Choiseul-Gouffier, chez le prevôt des marchands. Celui-ci venait chez ce magistrat pour faire diminuer sa capitation considérablement augmentée : l'autre y venait porter ses plaintes de ce qu'on avait diminué la sienne, et croyait que cette diminution supposait quelque atteinte portée à ses titres de noblesse.

— On disait de M. l'abbé Arnaud, qui ne conte jamais : « Il parle beaucoup, non qu'il soit bavard, mais c'est qu'en parlant on ne conte pas. »

— M. d'Autrep disait de M. de Ximenez : « C'est un homme qui aime mieux la pluie que le beau temps, et qui, entendant chanter le rossignol, dit : « Ah ! la vilaine bête ! »

— Le tzar Pierre 1er., étant à Spithead, voulut savoir ce que c'était que le châtiment de la cale qu'on inflige aux matelots. Il ne se trouva pour lors aucun coupable ; Pierre dit : « Qu'on prenne un de mes gens. — Prince, lui répondit-on, vos gens sont en Angleterre, et par conséquent sous la protection des lois. »

— M. de Vaucanson s'était trouvé l'objet principal des attentions d'un prince étranger, quoique M. de Voltaire fût présent. Embarrassé et honteux que ce prince n'eût rien dit à Voltaire, il s'approche de ce dernier et lui dit : « Le prince vient de me dire telle chose. (Un compliment très-flatteur pour Voltaire.) » Celui-ci vit bien que c'était une politesse de Vaucanson, et lui dit : « Je reconnais tout votre talent dans la manière dont vous faites parler le prince. »

— A l'époque de l'assassinat de Louis xv par Damiens, M. d'Argenson était en rupture ouverte avec madame de Pompadour. Le lendemain de cette catastrophe, le roi le fit venir pour lui donner l'ordre de renvoyer madame de Pompadour. Il se conduisit en homme consommé dans l'art des cours. Sachant bien que la blessure du roi n'était pas considérable, il crut que le roi, après s'être rassuré, rappelerait madame de Pompadour ; en conséquence, il fit observer au roi qu'ayant eu le malheur de déplaire à la reine, il serait barbare de lui faire porter cet ordre par une bouche ennemie ; et il engagea le roi à donner cette commission à M. de Machaut, qui était des amis de madame de Pompadour, et qui adoucirait cet ordre par toutes les consolations de l'amitié ; ce fut cette commission qui perdit M. de Machaut. Mais ce même homme, que cette conduite savante avait réconcilié avec madame de Pompadour, fit une faute d'écolier, en abusant de sa victoire, et la chargeant d'invectives, lorsque, revenue à lui, elle allait mettre la France à ses pieds.

— Lorsque madame Dubarry et le duc d'Aiguillon firent renvoyer M. de Choiseul, les places que sa retraite laissait vacantes n'étaient point encore données. Le roi ne voulait point de M. d'Aiguillon pour ministre des affaires étrangères : M. le prince de Condé portait M. de Vergennes, qu'il avait connu en Bourgogne ; madame Dubarry portait le cardinal de Rohan, qui s'était attaché à elle : M. d'Aiguillon, alors son amant, voulut les écarter l'un et l'autre ; et c'est ce qui fit donner l'ambassade de Suède à M. de Vergennes, alors oublié et retiré dans ses terres, et l'ambassade de Vienne au cardinal de Rohan, alors le prince Louis.

— « Mes idées, mes principes, disait M....., ne conviennent pas à tout le monde : c'est comme les poudres d'Ailhaut et certaines drogues qui ont fait grand tort à des tempéramens faibles, et ont été très-profitables à des gens robustes. « Il donnait cette raison pour se dispenser de se lier avec M. de J....., jeune homme de la cour, avec qui on voulait le mettre en liaison.

— J'ai vu M. de Foncemagne jouir, dans sa vieillesse, d'une grande considération. Cependant, ayant eu occasion de soupçonner un moment sa droiture, je demandai à M. Saurin s'il l'avait connu particulièrement. Il me répondit qu'oui. J'insistai pour savoir s'il n'avait jamais rien eu contre lui. M. Saurin, après un moment de réflexion, me répondit : « Il y a long-temps qu'il est honnête homme. » Je ne pus en tirer rien de positif, sinon qu'autrefois M. de Foncemagne avait tenu une conduite oblique et rusée dans plusieurs affaires d'intérêt.

—M. d'Argenson, apprenant qu'à la bataille de Raucoux, un valet d'armée avait été blessé d'un coup de canon, derrière l'endroit où il était lui-même avec le roi, disait : « Ce drôle-là ne nous fera pas l'honneur d'en mourir. »

—Dans les malheurs de la fin du règne de Louis XIV, après la perte des batailles de Turin, d'Oudenarde, de Malplaquet, de Ramillies, d'Hochstet, les plus honnêtes gens de la cour disaient : « Au moins le roi se porte bien, c'est le principal. »

—Quand M. le comte d'Estaing, après sa campagne de la Grenade, vint faire sa cour à la reine pour la première fois, il arriva porté sur ses béquilles, et accompagné de plusieurs officiers blessés comme lui. La reine ne sut lui dire autre chose, sinon : « M. le comte, avez-vous été content du petit Laborde ? »

— « Je n'ai vu dans le monde, disait M..., que des diners sans digestion, des soupers sans plaisirs, des conversations sans confiance, des liaisons sans amitié, et des coucheries sans amour. »

— Le curé de Saint-Sulpice étant allé voir madame de Mazarin pendant sa dernière maladie, pour lui faire quelques petites exhortations, elle lui dit en l'apercevant : « Ah ! M. le curé, je suis enchantée de vous voir ; j'ai à vous dire que le beurre de l'Enfant-Jésus n'est plus à beaucoup près si bon : c'est à vous d'y mettre ordre, puisque l'Enfant-Jésus est une dépendance de votre église. »

— Je disais à M. R...., misantrope plaisant, qui m'avait présenté un jeune homme de sa connaissance : « Votre ami n'a aucun usage du monde, ne sait rien de rien. — Oui, dit-il ; et il est déjà triste, comme s'il savait tout. »

— M.... disait qu'un esprit sage, pénétrant et qui verrait la société telle qu'elle est, ne trouverait partout que de l'amertume. Il faut absolument diriger sa vue vers le côté plaisant, et s'accoutumer à ne regarder l'homme que comme un pantin, et la société comme la planche sur laquelle il saute. Dès-lors, tout change : l'esprit des différens états, la vanité particulière à chacun d'eux, ses différentes nuances dans les individus, les friponneries, etc., tout devient divertissant, et on conserve sa santé.

— « Ce n'est qu'avec beaucoup de peine, disait M...., qu'un homme de mérite se soutient dans le monde sans l'appui d'un nom, d'un rang, d'une fortune : l'homme qui a ces avantages y est, au contraire, soutenu comme malgré lui-même. Il y a, entre ces deux hommes, la différence qu'il y a du scaphandre au nageur.

— M.... me disait : «J'ai renoncé à l'amitié de deux hommes : l'un, parce qu'il ne m'a jamais parlé de lui; l'autre, parce qu'il ne m'a jamais parlé de moi.»

— On demandait au même, pourquoi les gouverneurs de province avaient plus de faste que le roi : «C'est, dit-il, que les comédiens de campagne chargent plus que ceux de Paris.»

— Un prédicateur de la ligue avait pris, pour texte de son sermon : *Eripe nos, Domine, à luto fœcis*, qu'il traduisait ainsi : «Seigneur, débourbonez-nous.»

— M...., intendant de province, homme fort ridicule, avait plusieurs personnes dans son salon, tandis qu'il était dans son cabinet dont la porte était ouverte. Il prend un air affairé; et, tenant des papiers à la main, il dicte gravement à son secrétaire : «Louis, par la grâce de Dieu, roi de France et de Navarre, à tous ceux qui ces présentes lettres verront (verront, un *t* à la fin), salut.» Le reste est de forme, dit-il, en remettant les papiers; et il passe dans la salle d'audience, pour livrer au public le grand homme occupé de tant de grandes affaires.

— M. de Montesquiou priait M. de Maurepas de s'intéresser à la prompte décision de son affaire, et de ses prétentions sur le nom de Fézenzac. M. de Maurepas lui dit : «Rien ne presse;

M. le comte d'Artois a des enfans. » C'était avant la naissance du dauphin.

— Le régent envoya demander au président Daron la démission de sa place de premier président du parlement de Bordeaux. Celui-ci répondit qu'on ne pouvait lui ôter sa place, sans lui faire son procès. Le régent, ayant reçu la lettre, mit au bas : « *Qu'à cela ne tienne,* » et la renvoya pour réponse. Le président, connaissant le prince auquel il avait à faire, envoya sa démission.

— Un homme de lettres menait de front un poëme et une affaire d'où dépendait sa fortune. On lui demandait comment allait son poème. « Demandez-moi plutôt, dit-il, comment va mon affaire. Je ne ressemble pas mal à ce gentilhomme qui, ayant une affaire criminelle, laissait croître sa barbe, ne voulant pas, disait-il, la faire faire avant de savoir si sa tête lui appartiendrait. Avant d'être immortel, je veux savoir si je vivrai. »

— M. de la Reynière, obligé de choisir entre la place d'administrateur des postes et celle de fermier-général, après avoir possédé ces deux places, dans lesquelles il avait été maintenu par le crédit des grands seigneurs qui soupaient chez lui, se plaignit à eux de l'alternative qu'on lui proposait, et qui diminuait de beaucoup son revenu. Un d'eux lui dit naïvement : « Eh, mon Dieu! cela ne fait pas une grande différence dans votre fortune. C'est un million à mettre à fond perdu; et nous n'en viendrons pas moins souper chez vous. »

— M...., provençal, qui a des idées assez plaisantes, me disait, à propos des rois et même des ministres, que, la machine étant bien montée, le choix des uns et des autres était indifférent : « Ce sont, disait-il, des chiens dans un tournebroche; il suffit qu'ils remuent les pattes pour que tout aille bien. Que le chien soit beau, qu'il ait de l'intelligence, ou du nez, ou rien de tout cela, la broche tourne, et le soupé sera toujours à peu près bon. »

— On faisait une procession avec la châsse de Sainte-Geneviève, pour obtenir de la sécheresse. A peine la procession fut-elle en route, qu'il commença à pleuvoir; sur quoi l'évêque de Castres dit plaisamment : « La sainte se trompe; elle croit qu'on lui demande de la pluie. »

— « Au ton qui règne depuis dix ans dans la littérature, disait M...., la célébrité littéraire me paraît une espèce de diffamation qui n'a pas encore tout à fait autant de mauvais effets que le carcan; mais cela viendra. »

— On venait de citer quelques traits de la gourmandise de plusieurs souverains. « Que voulez-vous, dit le bonhomme M. de Brequigny; que voulez-vous que fassent ces pauvres rois? Il faut bien qu'ils mangent. »

— On demandait à une duchesse de Rohan, à quelle époque elle comptait accoucher. « Je me flatte, dit-elle, d'avoir cet honneur dans deux mois. » L'honneur était d'accoucher d'un Rohan.

— Un plaisant, ayant vu exécuter en ballet, à l'Opéra, le fameux *Qu'il mourût* de Corneille, pria Noverre de faire danser les *Maximes* de La Rochefoucault.

— M. de Malesherbes disait à M. de Maurepas qu'il fallait engager le roi à aller voir la Bastille. « Il faut bien s'en garder, lui répondit M. de Maurepas; il ne voudrait plus y faire mettre personne. »

— Pendant un siége, un porteur d'eau criait dans la ville : « A six sous la voie d'eau! » Une bombe vient et emporte un de ses sceaux : « A douze sous le sceau d'eau! s'écrie le porteur sans s'étonner. »

— L'abbé de Molière était un homme simple et pauvre, étranger à tout, hors à ses travaux sur le système de Descartes; il n'avait point de valet, et travaillait dans son lit, faute de bois, sa culotte sur sa tête par-dessus son bonnet, les deux côtés pendant à droite et à gauche. Un matin, il entend frapper à sa porte : « Qui va là? — Ouvrez..... » Il tire un cordon et la porte s'ouvre. L'abbé de Molière, ne regardant point : « Qui êtes-vous? — Donnez-moi de l'argent. — De l'argent? — Oui, de l'argent. — Ah! j'entends : vous êtes un voleur? — Voleur ou non, il me faut de l'argent. — Vraiment oui, il vous en faut : eh bien! cherchez là dedans.....» Il tend le cou, et présente un des côtés de la culotte; le voleur fouille : — « Eh bien! il n'y a point d'argent? — Vraiment non;

mais il y a ma clé. — Eh bien! cette clé... — Cette clé, prenez-la. — Je la tiens. — Allez-vous en à ce secrétaire; ouvrez.... » Le voleur met la clé à un autre tiroir. — « Laissez donc, ne dérangez pas! ce sont mes papiers. Ventrebleu! finirez-vous? ce sont mes papiers : à l'autre tiroir, vous trouverez de l'argent. — Le voilà. — Eh bien! prenez. Fermez donc le tiroir... » Le voleur s'enfuit. — « M. le voleur, fermez donc la porte. Morbleu! il laisse la porte ouverte!.... Quel chien de voleur! il faut que je me lève par le froid qu'il fait! maudit voleur! » L'abbé saute en pied, va fermer la porte, et revient se remettre à son travail.

—M...., à propos des six mille ans de Moïse, disait, en considérant la lenteur des progrès des arts et l'état actuel de la civilisation : « Que veut-il qu'on fasse de ses six mille ans? Il en a fallu plus que cela pour savoir battre le briquet, et pour inventer les allumettes. »

— La comtesse de Bouflers disait au prince de Conti, qu'il était le meilleur des tyrans.

— Madame de Montmorin disait à son fils : « Vous entrez dans le monde; je n'ai qu'un conseil à vous donner, c'est d'être amoureux de toutes les femmes. »

— Une femme disait à M.... qu'elle le soupçonnait de n'avoir jamais *perdu terre* avec les femmes : « Jamais, lui dit-il, si ce n'est dans le ciel. » En effet, son amour s'accroissait toujours par la jouissance, après avoir commencé assez tranquillement.

— Du temps de M. de Machaut, on présenta au roi le projet d'une cour plénière, telle qu'on a voulu l'exécuter depuis. Tout fut réglé entre le roi, madame de Pompadour et les ministres. On dicta au roi les réponses qu'il ferait au premier président; tout fut expliqué dans un mémoire dans lequel on disait : « Ici le roi prendra un air sévère; ici le front du roi s'adoucira; ici le roi fera tel geste, etc.» Le mémoire existe.

— « Il faut, disait M..., flatter l'intérêt ou effrayer l'amour-propre des hommes : ce sont des singes qui ne sautent que pour des noix, ou bien dans la crainte du coup de fouet..»

— Madame de Créqui, parlant à la duchesse de Chaulnes de son mariage avec M. de Giac, après les suites désagréables qu'il a eues, lui dit qu'elle aurait dû les prévoir, et insista sur la distance des âges. « Madame, lui dit madame de Giac, apprenez qu'une femme de la cour n'est jamais vieille, et qu'un homme de robe est toujours vieux ».

— M. de Saint-Julien, le père, ayant ordonné à son fils de lui donner la liste de ses dettes, celui-ci mit à la tête de son bilan soixante mille livres pour une charge de conseiller au parlement de Bordeaux. Le père indigné crut que c'était une raillerie, et lui en fit des reproches amers. Le fils soutint qu'il avait payé cette charge. « C'était, dit-il, lorsque je fis connaissance avec madame

Tilaurier. Elle souhaitait d'avoir une charge de conseiller au parlement de Bordeaux pour son mari; et jamais, sans cela, elle n'aurait eu d'amitié pour moi; j'ai payé la place; et vous voyez, mon père, qu'il n'y a pas de quoi être en colère contre moi, et que je ne suis pas un mauvais plaisant. »

— Le comte d'Argenson, homme d'esprit, mais dépravé, et se jouant de sa propre honte, disait : « Mes ennemis ont beau faire, ils ne me culbuteront pas; il n'y a ici personne plus valet que moi. »

— M. de Boulainvilliers, homme sans esprit, très-vain, et fier d'un cordon bleu par charge, disait à un homme, en mettant ce cordon, pour lequel il avait acheté une place de cinquante mille écus : « Ne seriez vous pas bien aise d'avoir un pareil ornement ? — Non, dit l'autre; mais je voudrais avoir ce qu'il vous coûte. »

— Le marquis de Chatelux, amoureux comme à vingt ans, ayant vu sa femme occupée, pendant tout un dîner, d'un étranger jeune et beau, l'aborda au sortir de table, et lui adressait d'humbles reproches; le marquis de Genlis lui dit : « Passez, passez, bonhomme, on vous a donné. (Formule usitée envers les pauvres qui redemandent l'aumône.) »

— M...., connu par son usage du monde, me disait que ce qui l'avait le plus formé, c'était d'avoir su coucher, dans l'occasion, avec des femmes de quarante ans, et écouter des vieillards de quatre-vingts.

— M.... disait que de courir après la fortune avec de l'ennui, des soins, des assiduités auprès des grands, en négligeant la culture de son esprit et de son âme, c'est pêcher au goujon avec un hameçon d'or.

— On sait quelle familiarité le roi de Prusse permettait à quelques-uns de ceux qui vivaient avec lui. Le général Quintus-Icilius était celui qui en profitait le plus librement. Le roi de Prusse, avant la bataille de Rosbac, lui dit que, s'il la perdait, il se rendrait à Venise, où il vivrait en exerçant la médecine. Quintus lui répondit : « *Toujours assassin !* »

— M. de Buffon s'environne de flatteurs et de sots qui le louent sans pudeur. Un homme avait dîné chez lui avec l'abbé Leblanc, M. de Juvigny et deux autres hommes de cette force. Le soir, il dit à soupé qu'il avait vu, dans le cœur de Paris, quatre huîtres attachées à un rocher. On chercha long-temps le sens de cette énigme, dont il donna enfin le mot.

— Pendant la dernière maladie de Louis xv, qui, dès les premiers jours, se présenta comme mortelle, Lorry, qui fut mandé avec Bordeu, employa, dans le détail des conseils qu'il donnait, le mot : *Il faut.* Le Roi, choqué de ce mot, répétait tout bas, et d'une voix mourante : *Il faut ! il faut !*

— Voici une anecdote que j'ai ouï conter à M. de Clermont-Tonnerre sur le baron de Breteuil. Le baron, qui s'intéressait à M. de Clermont-Tonnerre, le grondait de ce qu'il ne se montrait pas assez dans le monde. « J'ai trop peu de fortune, répondit M. de Clermont. — Il faut emprunter : vous payerez avec votre nom. — Mais, si je meurs? — Vous ne mourrez pas. — Je l'espère ; mais enfin, si cela arrivait ? — Eh bien ! vous mourriez avec des dettes, comme tant d'autres. — Je ne veux pas mourir banqueroutier. — Monsieur, il faut aller dans le monde : avec votre nom, vous devez arriver à tout. Ah! si j'avais eu votre nom ! — Voyez à quoi il me sert. — C'est votre faute. Moi, j'ai emprunté ; vous voyez le chemin que j'ai fait, moi qui ne suis qu'un *pied-plat*. » Ce mot fut répété deux ou trois fois, à la grande surprise de l'auditeur, qui ne pouvait comprendre qu'on parlât ainsi de soi-même.

— Cailhava qui, pendant toute la révolution, ne songeait qu'aux sujets de plaintes des auteurs contre les comédiens, se plaignait à un homme de lettres lié avec plusieurs membres de l'assemblée nationale, que le décret n'arrivait pas. Celui-ci lui dit : « Mais pensez-vous qu'il ne s'agisse ici que de représentations d'ouvrages dramatiques? — Non, répondit Cailhava ; je sais bien qu'il s'agit aussi d'impression. »

— Quelque temps avant que Louis xv fût arrangé avec madame de Pompadour, elle courait après lui aux chasses. Le roi eut la complaisance d'envoyer à M. d'Étioles une ramure de cerf. Celui-ci la fit mettre dans sa salle à manger, avec ces mots : « Présent fait par le roi à M. d'Étioles. »

— Madame de Genlis vivait avec M. de Senevoi. Un jour qu'elle avait son mari à sa toilette, un soldat arrive, et lui demande sa protection auprès de M. de Senevoi, son colonel, auquel il demandait un congé. Madame de Genlis se fâche contre cet impertinent, dit qu'elle ne connaît M. de Senevoi que comme tout le monde, en un mot, refuse. M. de Genlis retient le soldat, et lui dit : « Va demander ton congé en mon nom ; et, si Senevoi te le refuse, dis-lui que je lui ferai donner le sien. »

— M.... débitait souvent des maximes de roué, en fait d'amour ; mais, dans le fond, il était sensible, et fait pour les passions. Aussi quelqu'un disait-il de lui : « Il a fait semblant d'être malhonnête, afin que les femmes ne le rebutent pas. »

— M. de Richelieu disait, au sujet du siège de Mahon par M. le duc de Crillon : « J'ai pris Mahon par une étourderie ; et dans ce genre, M. de Crillon paraît en savoir plus que moi. »

— A la bataille de Rocoux ou de la Lawfeld, le jeune M. de Thyange eut son cheval tué sous lui, et lui-même fut jeté fort loin ; cependant il n'en fut point blessé. Le maréchal de Saxe lui dit : « Petit Thyange, tu as eu une belle peur ? — Oui, M. le maréchal, dit celui-ci ; j'ai craint que vous ne fussiez blessé. »

— Voltaire disait, à propos de l'*Anti-Machiavel* du roi de Prusse : « Il crache au plat pour en dégoûter les autres. »

On faisait compliment à madame Denis de la façon dont elle venait de jouer Zaïre : « Il faudrait, dit-elle, être belle et jeune. —Ah! madame, reprit le complimenteur naïvement, vous êtes bien la preuve du contraire. »

— M. Poissonnier, le médecin, après son retour de Russie, alla à Ferney, et parla à M. de Voltaire de tout ce qu'il avait dit de faux et d'exagéré sur ce pays-là : « Mon ami, répondit naïvement Voltaire, au lieu de s'amuser à contredire, ils m'ont donné de bonnes pelisses, et je suis très-frileux. »

— Madame de Tencin disait que les gens d'esprit faisaient beaucoup de fautes en conduite, parce qu'ils ne croyaient jamais le monde assez bête, aussi bête qu'il l'est.

— Une femme avait un procès au parlement de Dijon. Elle vint à Paris, sollicita M. le garde des sceaux (1784) de vouloir bien écrire, en sa faveur, un mot qui lui ferait gagner un procès très-juste; le garde des sceaux la refusa. La comtesse Talleyrand prenait intérêt à cette femme; elle en parla au garde des sceaux : nouveau refus. Madame de Talleyrand en fit parler par la reine; autre refus. Madame de Talleyrand se souvint que le garde des sceaux caressait beaucoup l'abbé de Périgord, son fils; elle fit écrire par lui : refus très-bien tourné. Cette femme, désespérée, résolut de faire une tentative, et d'aller à Versailles. Le lendemain, elle part; l'incommodité de la voiture publique l'engage à decendre à Sèvres, et à faire le reste de la route à pied. Un homme lui offre de la mener par un chemin plus agréable et qui abrège; elle accepte, et lui conte son histoire. Cet homme lui dit: « Vous aurez demain ce que vous demandez. » Elle le regarde, et reste confondue. Elle va chez le garde des sceaux, est refusée encore, veut partir. L'homme l'engage à coucher à Versailles; et, le lendemain matin, lui apporte le papier qu'elle demandait. C'était un commis d'un commis, nommé M. Etienne.

— Le duc de la Vallière, voyant à l'Opéra la petite Lacour sans diamans, s'approche d'elle, et lui demande comment cela se fait. « C'est, lui dit-elle, que les diamans sont la croix de Saint-Louis de notre état ». Sur ce mot, il devint amoureux fou d'elle. Il a vécu avec elle long-temps. Elle le subjuguait par les mêmes moyens qui réussirent à madame Dubarry près de Louis XV. Elle lui ôtait son cordon bleu, le mettait à terre, et lui disait : « Mets-toi à genoux là-dessus, vieille ducaille. »

— Un joueur fameux, nommé Sablière, venait d'être arrêté. Il était au désespoir, et disait à Beaumarchais, qui voulait l'empêcher de se tuer: « Moi, arrêté pour deux cents louis! abandonné par tous mes amis! C'est moi qui les ai formés, qui leur ai appris à friponner. Sans moi, que seraient B...., D...., N....? (Ils vivent tous). Enfin, monsieur, jugez de l'excès de mon avilissement : pour vivre, je suis espion de police.»

—Un banquier anglais, nommé Ser ou Sair, fut accusé d'avoir fait une conspiration pour enlever le roi (George III), et le transporter à Philadelphie. Amené devant ses juges, il leur dit : « Je sais très-bien ce qu'un roi peut faire d'un banquier, mais j'ignore ce qu'un banquier peut faire d'un roi.»

—On disait au satirique anglais Donne : « Tonnez sur les vices; mais ménagez les vicieux. — Comment, dit-il, condamner les cartes, et pardonner aux escrocs? »

— On demandait à M. de Lauzun ce qu'il répondrait à sa femme (qu'il n'avait pas vue depuis dix ans), si elle lui écrivait : « Je viens de découvrir que je suis grosse.» Il réfléchit, et répondit : « Je lui écrirais : je suis charmé d'apprendre que le ciel ait enfin béni notre union; soignez votre santé; j'irai vous faire ma cour ce soir. »

— Madame de H.... me racontait la mort de M. le duc d'Aumont. « Cela a tourné bien court, disait-elle; deux jours auparavant, M. Bouvard lui avait permis de manger, et le jour même de sa mort, deux heures avant la récidive de sa paralysie, il était comme à trente ans, comme il avait été toute sa vie; il avait demandé son perroquet, avait dit : Brossez ce fauteuil, voyons mes deux broderies nouvelles, enfin, toute sa tête, ses idées comme à l'ordinaire. »

— M...., qui, après avoir connu le monde, prit le parti de la solitude, disait, pour ses raisons, qu'après avoir examiné les conventions de la société dans le rapport qu'il y a de l'homme de qualité à l'homme vulgaire, il avait trouvé que c'était un marché d'imbécile et de dupe. «J'ai ressemblé, ajoutait-il, à un grand joueur d'échecs, qui se lasse de jouer avec des gens auxquels il faut donner la dame. On joue divinement, on se casse la tête, et on finit par gagner un petit écu. »

— Un courtisan disait, à la mort de Louis xiv : « Après la mort du roi, on peut tout croire. »

— J.-J. Rousseau passe pour avoir eu madame la comtesse de Bouflers, et même (qu'on me passe ce terme) pour l'avoir manquée : ce qui leur donna beaucoup d'humeur l'un contre l'autre. Un jour, on disait devant eux que l'amour du genre humain éteignait l'amour de la patrie. «Pour moi, dit-elle, je sais, par mon exemple, et je sens que cela n'est pas vrai; je suis très-bonne Française, et je ne m'intéresse pas moins au bonheur de tous les peuples. — Oui, je vous entends, dit Rousseau, vous êtes Française par votre buste, et cosmopolite du reste de votre personne. »

— La maréchale de Noailles, actuellement vivante (1780), est une mystique, comme madame Guyon, à l'esprit près. Sa tête s'était montée au point d'écrire à la vierge. Sa lettre fut mise dans le tronc de l'église Saint-Roch; et la réponse à cette lettre fut faite par un prêtre de cette paroisse. Ce manége dura long-temps : le prêtre fut découvert et inquiété; mais on assoupit cette affaire.

— Un jeune homme avait offensé le complaisant d'un ministre. Un ami, témoin de la scène, lui dit, après le départ de l'offensé : « Apprenez qu'il vaudrait mieux avoir offensé le ministre même, que l'homme qui le suit dans sa garde-robe. »

— Une des maîtresses de M. le régent lui ayant parlé d'affaires dans un rendez-vous, il parut l'écouter avec attention : « Croyez-vous, lui répondit-il, que le chancelier soit une bonne jouissance? »

— M. de....., qui avait vécu avec des princesses, me disait : « Croyez-vous que M. de L.... ait madame de S...? » Je lui répondis : « Il n'en a pas même la prétention; il se donne pour ce qu'il est, pour un libertin, un homme qui aime les filles par-dessus tout. — Jeune homme, me répondit-il, n'en soyez pas la dupe ; c'est avec cela qu'on a des reines. »

— M. de Stainville, lieutenant-général, venait de faire enfermer sa femme. M. de Vaubecourt, maréchal de camp, sollicitait un ordre pour faire enfermer la sienne. Il venait d'obtenir l'ordre, et sortait de chez le ministre avec un air triomphant. M. de Stainville, qui crut qu'il venait d'être nommé lieutenant-général, lui dit devant beaucoup de monde : « Je vous félicite, vous êtes sûrement des nôtres. »

— L'Écluse, celui qui a été à la tête des *Variétés amusantes*, racontait que, tout jeune et sans fortune, il arriva à Lunéville, où il obtint la place de dentiste du roi Stanislas, précisément le jour où le roi perdit sa dernière dent.

— On assure que Madame de Montpensier, ayant été quelquefois obligée, pendant l'absence de ses dames, de se faire remettre un soulier par quelqu'un de ses pages, lui demandait s'il n'avait pas eu quelque tentation. Le page répondait qu'oui. La princesse, trop honnête pour profiter de cet aveu, lui donnait quelques louis pour le mettre en état d'aller chez quelque fille perdre la tentation dont elle était la cause.

— M. de Marville disait qu'il ne pouvait y avoir d'honnête homme à la police, que le lieutenant de police tout au plus.

— Quand le duc de Choiseul était content d'un maître de poste par lequel il avait été bien mené, ou dont les enfants étaient jolis, il lui disait : « Combien paie-t-on ? Est-ce poste ou poste et demie, de votre demeure à tel endroit ? — Poste, monseigneur. — Eh bien ! il y aura désormais poste et demie. » La fortune du maître de poste était faite.

— Madame de Prie, maîtresse du régent, dirigée par son père, un traitant, nommé, je crois,

Pleneuf, avait fait un accaparement de blé, qui avait mis le peuple au désespoir, et enfin causé un soulèvement. Une compagnie de mousquetaires reçut ordre d'aller appaiser le tumulte; et leur chef, M. d'Avejan, avait dans ses instructions de tirer sur la canaille : c'est ainsi qu'on désignait le peuple en France. Cet honnête homme se fit une peine de faire feu sur ses concitoyens; et voici comme il s'y prit pour remplir sa commission. Il fit faire tous les apprêts d'une salve de mousqueterie; et avant de dire : *tirez*, il s'avança vers la foule, tenant d'une main son chapeau, et de l'autre l'ordre de la cour. « Messieurs, dit-il, mes ordres portent de tirer sur la canaille. Je prie tous les honnêtes gens de se retirer, avant que j'ordonne de faire feu. » Tout s'enfuit et disparut.

— C'est un fait connu que la lettre du roi, envoyée à M. de Maurepas, avait été écrite pour M. de Machault. On sait quel intérêt particulier fit changer cette disposition; mais ce qu'on ne sait point, c'est que M. de Maurepas escamota, pour ainsi dire, la place qu'on croit qui lui avait été offerte. Le roi ne voulait que causer avec lui; et à la fin de la conversation, M. de Maurepas lui dit: « Je développerai mes idées demain au conseil. » On assure aussi que, dans cette même conversation, il avait dit au roi : « Votre majesté me fait donc premier ministre? — Non, dit le roi, ce n'est point du tout mon intention. — J'entends, dit M. de Maurepas, votre majesté veut que je lui apprenne à s'en passer. »

— On disputait, chez madame de Luxembourg, sur ces vers de l'abbé Delille :

Et ces deux grands débris se consolaient entre eux.

On annonce le bailly de Breteuil et madame de La Reinière. « Le vers est bon, dit la maréchale. »

— M...., m'ayant développé ses principes sur la société, sur le gouvernement, sa manière de voir les hommes et les choses, qui me sembla triste et affligeante, je lui en fis la remarque, et j'ajoutai qu'il devait être malheureux. Il me répondit, qu'en effet il l'avait été assez long-temps; mais que ces idées n'avaient plus rien d'effrayant pour lui. « Je ressemble, continua-t-il, aux Spartiates, à qui l'on donnait pour lit des bancs épineux, dont il ne leur était permis de briser les épines qu'avec leur corps, opération après laquelle leur lit leur paraissait très-supportable. »

— Un homme de qualité se marie sans aimer sa femme, prend une fille d'opéra qu'il quitte en disant : « C'est comme ma femme; » prend une femme honnête pour varier, et quitte celle-ci en disant : « C'est comme une telle; » ainsi de suite.

— Des jeunes gens de la cour soupaient chez M. de Conflans. On débute par une chanson libre, mais sans excès d'indécence; M. de Fronsac (1),

---

(1) Le fils du maréchal de Richelieu.

sur-le-champ, se met à chanter des couplets abominables, qui étonnèrent même la bande joyeuse. M. de Conflans interrompit le silence universel, en disant : « Que diable ! Fronsac ? il y a dix bouteilles de vin de Champagne entre cette chanson et la première. »

— Madame du Deffant, étant petite fille, et au couvent, y prêchait l'irréligion à ses petites camarades. L'abbesse fit venir Massillon, à qui la petite exposa ses raisons. Massillon se retira, en disant : « Elle est charmante ! » L'abbesse, qui mettait de l'importance à tout cela, demanda à l'évêque quel livre il fallait faire lire à cet enfant. Il réfléchit une minute, et il répondit : « Un catéchisme de cinq sous. » On ne put en tirer autre chose.

— L'abbé Baudeau disait de M. Turgot, que c'était un instrument d'une trempe excellente, mais qui n'avait pas de manche.

— Le prétendant, retiré à Rome, vieux et tourmenté de la goutte, criait dans ses accès : *Pauvre roi ! pauvre roi !* Un Français voyageur, qui allait souvent chez lui, lui dit qu'il s'étonnait de n'y pas voir d'Anglais. « Je sais pourquoi, répondit-il ; ils s'imaginent que je me ressouviens de ce qui s'est passé. Je les verrais encore avec plaisir. J'aime mes sujets, moi. »

— M. de Barbançon, qui avait été très-beau, possédait un très-joli jardin que madame la duchesse de La Vallière alla voir. Le propriétaire, alors très-vieux et très-goutteux, lui dit qu'il avait été amoureux d'elle à la folie. Madame de La Vallière lui répondit : « Hélas ! mon Dieu, que ne parliez-vous ? vous m'auriez eue comme les autres. »

— L'abbé Fraguier perdit un procès qui avait duré vingt ans. On lui faisait remarquer toutes les peines que lui avait causées un procès qu'il avait fini par perdre. « Oh ! dit-il, je l'ai gagné tous les soirs pendant vingt ans. » Ce mot est très-philosophique, et peut s'appliquer à tout. Il explique comment on aime la coquette : elle vous fait gagner votre procès pendant six mois, pour un jour où elle vous le fait perdre.

— Madame Dubarri, étant à Luciennes, eut la fantaisie de voir le Val, maison de M. de Beauveau. Elle fit demander à celui-ci si cela ne déplairait pas à madame de Beauveau. Madame de Beauveau crut plaisant de s'y trouver et d'en faire les honneurs. On parla de ce qui s'était passé sous Louis xv. Madame Dubarri se plaignit de différentes choses qui semblaient faire voir qu'on haïssait sa personne. « Point du tout, dit madame de Beauveau, nous n'en voulions qu'à votre place. » Après cet aveu naïf, on demanda à madame Dubarri si Louis xv ne disait pas beaucoup de mal d'elle (madame de Beauveau) et de madame de Grammont. — « Oh ! beaucoup. — Eh bien ! quel mal, de moi, par exemple ? — De vous, madame ? que vous étiez hautaine, intrigante ; que vous meniez votre mari par le nez. » M. de Beauveau était présent : on se hâta de changer de conversation.

— M. de Maurepas et M. de Saint-Florentin, tous deux ministres dans le temps de madame de Pompadour, firent un jour, par plaisanterie, la répétition du compliment de renvoi qu'ils prévoyaient que l'un ferait un jour à l'autre. Quinze jours après cette facétie, M. de Maurepas entre un jour chez M. de Saint-Florentin, prend un air triste et grave, et vient lui demander sa démission. M. de Saint-Florentin paraissait en être la dupe, lorsqu'il fut rassuré par un éclat de rire de M. de Maurepas. Trois semaines après, arriva le tour de celui-ci, mais sérieusement. M. de Saint-Florentin entre chez lui, et, se rappelant le commencement de la harangue de M. de Maurepas, le jour de sa facétie, il répéta ses propres mots. M. de Maurepas crut d'abord que c'était une plaisanterie ; mais, voyant que l'autre parlait tout de bon : « Allons, dit-il, je vois bien que vous ne me persifflez pas ; vous êtes un honnête homme ; je vais vous donner ma démission. »

— L'abbé Maury, tâchant de faire conter à l'abbé de Beaumont, vieux et paralytique, les détails de sa jeunesse et de sa vie : « L'abbé, lui dit celui-ci, vous me prenez mesure ; » indiquant qu'il cherchait des matériaux pour son éloge à l'académie.

— D'Alembert se trouva chez Voltaire avec un

célèbre professeur de droit à Genève. Celui-ci, admirant l'universalité de Voltaire, dit à d'Alembert : « Il n'y a qu'en droit public que je le trouve un peu faible. — Et moi, dit d'Alembert, je ne le trouve un peu faible qu'en géométrie. »

— Madame de Maurepas avait de l'amitié pour le comte Lowendal (fils du maréchal); et celui-ci, à son retour de Saint-Domingue, bien fatigué du voyage, descendit chez elle. « Ah! vous voilà, cher comte, dit elle; vous arrivez bien à propos; il nous manque un danseur, et vous nous êtes nécessaire. » Celui-ci n'eut que le temps de faire une courte toilette et dansa.

— M. de Calonne, au moment où il fut renvoyé, apprit qu'on offrait sa place à M. de Fourqueux, mais que celui-ci balançait à l'accepter. « Je voudrais qu'il la prît, dit l'ex-ministre : il était ami de M. Turgot, il entrerait dans mes plans. — Cela est vrai, » dit Dupont, lequel était fort ami de M. de Fourqueux; et il s'offrit pour aller l'engager à accepter la place. M. de Calonne l'y envoie. Dupont revient une heure après, criant : « Victoire! victoire! nous le tenons, il accepte. » M. de Calonne pensa crever de rire.

— L'archevêque de Toulouse a fait avoir à M. de Cadignan quarante mille livres de gratification pour les services qu'il avait rendus à la province. Le plus grand était d'avoir eu sa mère, vieille et laide, madame de Loménie.

— Le comte de Saint-Priest, envoyé en Hollande, et retenu à Anvers huit ou quinze jours, après lesquels il est revenu à Paris, a eu pour son voyage quatre-vingt mille livres, dans le moment même où l'on multipliait les suppressions de places, d'emplois, de pensions, etc.

— Le vicomte de Saint-Priest, intendant de Languedoc pendant quelque temps, voulut se retirer, et demanda à M. de Calonne une pension de dix mille livres. « Que voulez-vous faire de dix mille livres, dit celui-ci ? » et il fit porter la pension à vingt mille. Elle est du petit nombre de celles qui ont été respectées, à l'époque du retranchement des pensions, par l'archevêque de Toulouse, qui avait fait plusieurs parties de filles avec le vicomte de Saint-Priest.

— M...... disait, à propos de madame de... : « J'ai cru qu'elle me demandait un fou, et j'étais prêt de le lui donner ; mais elle me demandait un sot, et je le lui ai refusé net. »

M.... disait, à propos des sottises ministérielles et ridicules : « Sans le gouvernement, on ne rirait plus en France. »

— « En France, disait M...., il faut purger l'humeur mélancolique et l'esprit patriotique. Ce sont deux maladies contre-nature dans le pays qui se trouve entre le Rhin et les Pyrénées ; et quand un Français se trouve atteint de l'un de ces deux maux, il a tout à craindre pour lui. »

— Il a plu un moment à madame la duchesse de Grammont de dire que M. de Liancourt avait autant d'esprit que M. de Lauzun. M. de Créqui rencontre celui-ci, et lui dit : « Tu dînes aujourd'hui chez moi. — Mon ami, cela m'est impossible. — Il le faut ; et d'ailleurs tu y es intéressé. — Comment ? — Liancourt y dîne : on lui donne ton esprit ; il ne s'en sert point ; il te le rendra. »

— On disait de J.-J. Rousseau : « C'est un hibou. — Oui, dit quelqu'un, mais c'est celui de Minerve ; et quand je sors du *Devin du Village*, j'ajouterais déniché par les Grâces. »

— Deux femmes de la cour, passant sur le Pont-Neuf, virent, en deux minutes, un moine et un cheval blanc ; une des deux, poussant l'autre du coude, lui dit : « Pour la catin, vous et moi nous n'en sommes pas en peine (1). »

— Le prince de Conti actuel s'affligeait de ce que le comte d'Artois venait d'acquérir une terre auprès de ses cantons de chasses : on lui fit entendre que les limites étaient bien marquées, qu'il n'y avait rien à craindre pour lui, etc. Le prince de Conti interrompit le harangueur, en lui disant : « Vous ne savez pas ce que c'est que les princes ! »

— M.... disait que la goutte ressemblait aux bâtards des princes, qu'on baptise le plus tard qu'on peut.

---

(1) Allusion à l'ancien proverbe populaire : « On ne passe jamais sur le Pont-Neuf sans y voir un moine, un cheval blanc et une catin. »

— M.... disait à M. de Vaudreuil, dont l'esprit est droit et juste, mais encore livré à quelques illusions : « Vous n'avez pas de taie dans l'œil, mais il y a un peu de poussière sur votre lunette. »

— M. de B... disait qu'on ne dit point à une femme à trois heures, ce qu'on lui dit à six; à six, ce qu'on lui dit à neuf, à minuit, etc. Il ajoutait que le plein midi a une sorte de sévérité. Il prétendait que son ton de conversation avec madame de.... était changé, depuis qu'elle avait changé en cramoisi le meuble de son cabinet qui était bleu.

— J.-J. Rousseau, étant à Fontainebleau, à la représentation de son *Devin du Village*, un courtisan l'aborda, et lui dit poliment : « Monsieur, permettez-vous que je vous fasse mon compliment? — Oui, monsieur, dit Rousseau, s'il est bien. » Le courtisan s'en alla. On dit à Rousseau : « Mais, y songez-vous? quelle réponse vous venez de faire! » — Fort bonne, dit Rousseau ; connaissez-vous rien de pire qu'un compliment mal fait?»

— M. de Voltaire, étant à Postdam, un soir après souper, fit un portrait d'un bon roi en contraste avec celui d'un tyran; et s'échauffant par degrés, il fit une description épouvantable des malheurs dont l'humanité était accablée sous un roi despotique, conquérant, etc. Le roi de Prusse ému laisse tomber quelques larmes. « Voyez, voyez! s'écria M. de Voltaire, il pleure, le tigre! »

— On sait que M. de Luynes, ayant quitté le

service pour un soufflet qu'il avait reçu sans en tirer vengeance, fut fait bientôt après archevêque de Sens. Un jour qu'il avait officié pontificalement, un mauvais plaisant prit sa mitre, et l'écartant des deux côtés : « C'est singulier, dit-il, comme cette mitre ressemble à un soufflet. »

— Fontenelle avait été refusé trois fois de l'académie, et le racontait souvent. Il ajoutait : « J'ai fait cette histoire à tous ceux que j'ai vus s'affliger d'un refus de l'académie, et je n'ai consolé personne. »

— A propos des choses de ce bas monde, qui vont de mal en pis, M... disait : « J'ai lu quelque part, qu'en politique il n'y avait rien de si malheureux pour les peuples, que les règnes trop longs. J'entends dire que Dieu est éternel ; tout est dit. »

— C'est une remarque très-fine et très-judicieuse de M..., que quelqu'importuns, quelqu'insupportables que nous soient les défauts des gens avec qui nous vivons, nous ne laissons pas d'en prendre une partie : être la victime de ces défauts étrangers à notre caractère, n'est pas même un préservatif contre eux.

— J'ai assisté hier à une conversation philosophique entre M. D..... et M. L....., où un mot m'a frappé. M. D..... disait : «Peu de personnes et peu de choses m'intéressent ; mais rien ne m'intéresse moins que moi. » M. L..... lui répondit : « N'est-ce point par la même raison? et l'un n'explique-t-il pas l'autre ? — Cela est très-bien ce que vous dites-là, reprit froidement M. D.....; mais je vous dis le fait. J'ai été amené là par degrés : en vivant et en voyant les hommes, il faut que le cœur se brise ou se bronze. »

— C'est une anecdote connue en Espagne, que le comte d'Aranda reçut un soufflet du prince des Asturies (aujourd'hui roi). Ce fait se passa à l'époque où il fut envoyé ambassadeur en France.

— Dans ma première jeunesse, j'eus occasion d'aller voir dans la même journée M. Marmontel et M. d'Alembert. J'allai le matin chez M. Marmontel, qui demeurait alors chez madame Geoffrin ; je frappe, en me trompant de porte ; je demande M. Marmontel ; le suisse me répond : «M. de Montmartel ne demeure plus dans ces quartiers-ci» ; et il me donna son adresse. Le soir, je vais chez M. d'Alembert, rue Saint-Dominique. Je demande l'adresse à un suisse, qui me dit : «M. Staremberg, ambassadeur de Venise ? La troisième porte...— Non, M. d'Alembert, de l'académie francaise. — Je ne connais pas. »

— M. Helvétius, dans sa jeunesse, était beau comme l'amour. Un soir qu'il était assis dans le foyer et fort tranquille, quoiqu'auprès de mademoiselle Gaussin, un célèbre financier vint dire à l'oreille de cette actrice, assez haut pour qu'Helvétius l'entendît : « Mademoiselle, vous serait-il agréable d'accepter six cents louis, en échange de quelques complaisances ? Monsieur, répondit-elle assez haut pour être entendue aussi, et en montrant Helvétius, je vous en donnerai deux cents, si vous voulez venir demain matin chez moi avec cette figure-là. »

— La duchesse de Fronsac, jeune et jolie, n'avait point eu d'amans, et l'on s'en étonnait; une autre femme, voulant rappeler qu'elle était rousse, et que cette raison avait pu contribuer à la maintenir dans sa tranquille sagesse, dit : « Elle est comme Samson, sa force est dans ses cheveux. »

— Madame Brisard, célèbre par ses galanteries, étant à Plombières, plusieurs femmes de la cour ne voulaient point la voir. La duchesse de Gisors était du nombre; et, comme elle était très-dévote, les amis de madame Brisard comprirent que, si madame de Gisors la recevait, les autres n'en feraient aucune difficulté. Ils entreprirent cette négociation et réussirent. Comme madame Brisard était aimable, elle plut bientôt à la dévote, et elles en vinrent à l'intimité. Un jour, madame de Gisors lui fit entendre que, tout en concevant très-bien qu'on eût une faiblesse, elle ne comprenait pas qu'une femme vînt à multiplier à un certain point le nombre de ses amans. « Hélas ! lui dit madame Brisard, c'est qu'à chaque fois j'ai cru que celui-là serait le dernier. »

— Le régent voulait aller au bal, et n'y être pas reconnu : « J'en sais un moyen, dit l'abbé Dubois »; et, dans le bal, il lui donna des coups de pied dans le derrière. Le régent, qui les trouva trop forts, lui dit : « L'abbé, tu me déguises trop. »

— C'est une chose remarquable que Molière, qui n'épargnait rien, n'a pas lancé un seul trait contre les gens de finance. On dit que Molière et les auteurs comiques du temps eurent là-dessus des ordres de Colbert.

— Un énergumène de gentilhommerie, ayant observé que le contour du château de Versailles était empuanti d'urine, ordonna à ses domestiques et à ses vassaux de venir lâcher de l'eau autour de son château.

— La Fontaine, entendant plaindre le sort des damnés au milieu du feu de l'enfer, dit : « Je me flatte qu'ils s'y accoutument, et qu'à la fin ils sont là comme le poisson dans l'eau. »

— Madame de Nesle avait M. de Soubise. M. de Nesle, qui méprisait sa femme, eut un jour une dispute avec elle en présence de son amant ; il lui dit : » Madame, on sait bien que je vous passe tout ; je dois pourtant vous dire que vous avez des fantaisies trop dégradantes, que je ne vous passerai pas : telle est celle que vous avez pour le perruquier de mes gens, avec lequel je vous ai vue sortir et rentrer chez vous. » Après quelques menaces, il sortit, et la laissa avec M. de Soubise, qui la souffleta, quoiqu'elle pût dire. Le mari alla ensuite conter ce bel exploit, ajoutant que l'histoire du perruquier était fausse, se moquant de M. de Soubise qui l'avait crue, et de sa femme qui avait été souffletée.

— On a dit, sur le résultat du conseil de guerre tenu à Lorient pour juger l'affaire de M. de Grasse : *L'armée innocentée, le général innocent, le ministre hors de cour, le roi condamné aux dépens.* Il faut savoir que ce conseil coûta au roi quatre millions, et qu'on prévoyait la chute de M. de Castries.

— On répétait cette plaisanterie devant une assemblée de jeunes gens de la cour. Un d'eux, enchanté jusqu'à l'ivresse, dit en levant les mains après un instant de silence et avec un air profond : « Comment ne serait-on pas charmé des grands événemens, des bouleversemens même qui font dire de si jolis mots ? » On suivit cette idée, on repassa les mots, les chansons faites sur tous les désastres de la France. La chanson sur la bataille d'Hochstet fut trouvée mauvaise, et quelques-uns dirent à ce sujet : « Je suis fâché de la perte de cette bataille, la chanson ne vaut rien. »

— Il s'agissait de corriger Louis xv, jeune encore, de l'habitude de déchirer les dentelles de ses courtisans ; M. de Maurepas s'en chargea. Il parut devant le roi avec les plus belles dentelles du monde ; le roi s'approche, et lui en déchire une ; M. de Maurepas froidement déchire celle de l'autre main, et dit simplement : « Cela ne m'a fait nul plaisir. » Le roi surpris devint rouge, et depuis ce temps ne déchira plus de dentelles.

— Beaumarchais, qui s'était laissé maltraiter par le duc de Chaulnes sans se battre avec lui, reçut un défi de M. de La Blache. Il lui répondit: « J'ai refusé mieux. »

— M......, pour peindre d'un seul mot la rareté des honnêtes gens, me disait que, dans la société, l'honnête homme est une variété de l'espèce humaine.

— Louis XV pensait qu'il fallait changer l'esprit de la nation, et causait, sur les moyens d'opérer ce grand effet, avec M. Bertin (le petit ministre), lequel demanda gravement du temps pour y rêver. Le résultat de son rêve, c'est-à-dire, de ses réflexions, fut qu'il serait à souhaiter que la nation fût animée de l'esprit qui règne à la Chine. Et c'est cette belle idée qui a valu au public la collection intitulée: *Histoire de la Chine*, ou *Annales des Chinois*.

— M. de Sourches, petit fat, hideux, le teint noir, et ressemblant à un hibou, dit un jour en se retirant: « Voilà la première fois, depuis deux ans, que je vais coucher chez moi. » L'évêque d'Agde, se retournant et voyant cette figure, lui dit en le regardant: « Monsieur perche apparemment ? »

— M. de R. venait de lire dans une société trois ou quatre épigrammes contre autant de personnes dont aucune n'était vivante. On se tourna vers M. de......, comme pour lui demander s'il n'en avait pas quelques-unes dont il pût régaler l'assemblée. « Moi ! dit-il naïvement: tout mon monde vit, je ne puis vous rien dire. »

— Plusieurs femmes s'élèvent dans le monde au-dessus de leur rang, donnent à souper aux grands seigneurs, aux grandes dames, reçoivent des princes, des princesses, qui doivent cette considération à la galanterie. Ce sont, en quelque sorte, des filles avouées par les honnêtes gens, et chez lesquelles on va, comme en vertu de cette convention tacite, sans que cela signifie quelque chose et tire le moins du monde à conséquence. Telles ont été, de nos jours, madame Brisard, madame Caze et tant d'autres.

— M. de Fontenelle, âgé de quatre-vingt-dix-sept ans, venant de dire à madame Helvétius, jeune, belle et nouvellement mariée, mille choses aimables et galantes, passa devant elle pour se mettre à table, ne l'ayant pas aperçue. « Voyez, lui dit madame Helvétius, le cas que je dois faire de vos galanteries ; vous passez devant moi sans me regarder. — Madame, dit le vieillard, si je vous eusse regardée, je n'aurais pas passé. »

— Dans les dernières années du règne de Louis xv, le roi étant à la chasse, et ayant peut-être de l'humeur contre madame Dubarri, s'avisa de dire un mot contre les femmes ; le maréchal de Noailles se répandit en invectives contre elles, et dit que, quand on avait fait d'elles ce qu'il faut en faire, elles n'étaient bonnes qu'à renvoyer. Après la chasse, le maître et le valet se retrouvèrent chez madame Dubarri, à qui M. de Noailles dit mille jolies choses. « Ne le croyez pas, dit le roi. » Et alors il répéta ce qu'avait dit le maréchal à la chasse. Madame Dubarri se mit en colère, et le maréchal lui répondit : « Madame, à la vérité, j'ai dit cela au roi ; mais c'était à propos des dames de Saint-Germain, et non pas de celles de Versailles. » Les dames de Saint-Germain étaient sa femme, madame de Tessé, madame de Duras, etc. Cette anecdote m'a été contée par le maréchal de Duras, témoin oculaire.

— Le duc de Lauzun disait : « J'ai souvent de vives disputes avec M. de Calonne ; mais, comme ni l'un ni l'autre nous n'avons de caractère, c'est à qui se dépêchera de céder ; et celui de nous deux qui trouve la plus jolie tournure pour battre en retraite, est celui qui se retire le premier. »

— Le roi Stanislas venait d'accorder des pensions à plusieurs ex-jésuites ; M. de Tressan lui dit : « Sire, votre majesté ne fera-t-elle rien pour la famille de Damiens, qui est dans la plus profonde misère ? »

— Fontenelle, âgé de quatre-vingts ans, s'empressa de relever l'éventail d'une femme jeune et belle, mais mal élevée, qui reçut sa politesse dédaigneusement. « Ah ! madame, lui dit-il, vous prodiguez bien vos rigueurs. »

— M. de Brissac, ivre de gentilhommerie, désignait souvent Dieu par cette phrase : Le gentilhomme d'en haut. »

— M.... disait que d'obliger, rendre service,

sans y mettre toute la délicatesse possible, était presque peine perdue. Ceux qui y manquent n'obtiennent jamais le cœur, et c'est lui qu'il faut conquérir. Ces bienfaiteurs maladroits ressemblent à ces généraux qui prennent une ville, en laissant la garnison se retirer dans la citadelle, et qui rendent ainsi leur conquête presqu'inutile.

— M. Lorri, médecin, racontait que Mme de Sully, étant indisposée, l'avait appelé et lui avait conté une insolence de Bordeu, lequel lui avait dit : « Votre maladie vient de vos besoins ; voilà un homme. » Et en même temps il se présenta dans un état peu décent. Lorri excusa son confrère, et dit à madame de Sully force galanteries respectueuses. Il ajoutait : « Je ne sais ce qui est arrivé depuis ; mais ce qu'il y a de certain, c'est qu'après m'avoir rappelé une fois, elle reprit Bordeu. »

— L'abbé Arnaud avait tenu autrefois sur ses genoux une petite fille, devenue depuis madame Dubarri. Un jour elle lui dit qu'elle voulait lui faire du bien ; elle ajouta : « Donnez-moi un mémoire. Un mémoire ! lui dit-il ; il est tout fait ; le voici : je suis l'abbé Arnaud. »

— Le curé de Bray, ayant passé trois ou quatre fois de la religion catholique à la religion protestante, et ses amis s'étonnant de cette indifférence : « Moi, indifférent ! dit le curé ; moi, inconstant ! rien de tout cela, au contraire, je ne change point ; je veux être curé de Bray. »

— Le chevalier de Montbarey avait vécu dans je ne sais quelle ville de province; et, à son retour, ses amis le plaignaient de la société qu'il avait eue. « C'est ce qui vous trompe, répondit-il; la bonne compagnie de cette ville y est comme par tout, et la mauvaise y est excellente. »

— Un paysan partagea le peu de biens qu'il avait entre ses quatre fils, et alla vivre tantôt chez l'un, tantôt chez l'autre. On lui dit, à son retour d'un de ses voyages chez ses enfans : « Eh bien ! comment vous ont-ils reçu ? comment vous ont-ils traité ? — Ils m'ont traité, dit-il, comme leur enfant. » Ce mot paraît sublime dans la bouche d'un père tel que celui-ci. »

— Dans une société où se trouvait M. de Schwalow, ancien amant de l'impératrice Elisabeth, on voulait savoir quelque fait relatif à la Russie. Le bailli de Chabrillant dit : « M. de Schwalow, dites-nous cette histoire ; vous devez la savoir, vous qui étiez le Pompadour de ce pays-là. »

— Le comte d'Artois, le jour de ses noces, prêt à se mettre à table, et environné de tous ses grands officiers et de ceux de madame la comtesse d'Artois, dit à sa femme, de façon que plusieurs personnes l'entendirent : « Tout ce monde que vous voyez, ce sont nos gens. » Ce mot a couru ; mais c'est le millième; et cent mille autres pareils n'empêcheront jamais la noblesse française de briguer en foule les emplois où l'on fait exactement la fonction de valet.

— « Pour juger de ce que c'est que la noblesse, disait M..., il suffit d'observer que M. le prince de Turenne, actuellement vivant, est plus noble que M. de Turenne, et que le marquis de Laval est plus noble que le connétable de Montmorenci.

— M. de..., qui voyait la source de la dégradation de l'espèce humaine, dans l'établissement de la secte nazaréenne et dans la féodalité, disait que, pour valoir quelque chose, il fallait se défranciser et se débaptiser, et devenir Grec ou Romain par l'âme.

— Le roi de Prusse demandait à d'Alembert s'il avait vu le roi de France. « Oui, sire, dit celui-ci, en lui présentant mon discours de réception à l'académie francaise. — Eh bien ! reprit le roi de Prusse, que vous a-t-il dit ? — Il ne m'a pas parlé, sire. — A qui donc parle-t-il, poursuivit Frédéric ? »

— C'est un fait certain et connu des amis de M. d'Aiguillon, que le roi ne l'a jamais nommé ministre des affaires étrangères ; ce fut madame Dubarri qui lui dit : « Il faut que tout ceci finisse, et je veux que vous alliez demain matin remercier le roi de vous avoir nommé à la place. » Elle dit au roi : « M. d'Aiguillon ira demain vous remercier de sa nomination à la place de secrétaire d'état des affaires étrangères. » Le roi ne dit mot. M. d'Aiguillon n'osait pas y aller : madame Dubarri le lui ordonna ; il y alla. Le roi ne lui dit rien, et M. d'Aiguillon entra en fonction sur-le-champ. »

— M. Amelot, ministre de Paris, homme excessivement borné, disait à M. Bignon : « Achetez beaucoup de livres pour la bibliothèque du roi, que nous ruinions ce Necker. » Il croyait que trente ou quarante mille francs de plus feraient une grande affaire.

— M.... faisant sa cour au prince Henri, à Neufchâtel, lui dit que les Neufchâtelois adoraient le roi de Prusse. « Il est fort simple, dit le prince, que les sujets aiment un maître qui est à trois cents lieues d'eux. »

— L'abbé Raynal dinant à Neufchâtel avec le prince Henri, s'empara de la conversation, et ne laissa point au prince le moment de placer un mot. Celui-ci, pour obtenir audience, fit semblant de croire que quelque chose tombait du plancher et profita du silence pour parler à son tour.

— Le roi de Prusse causant avec d'Alembert, il entra chez le roi un de ses gens du service domestique, homme de la plus belle figure qu'on pût voir; d'Alembert en parut frappé. « C'est, dit le roi, le plus bel homme de mes états : il a été quelque temps mon cocher; et j'ai eu une tentation bien violente de l'envoyer ambassadeur en Russie. »

— Quelqu'un disait que la goutte est la seule maladie qui donne de la considération dans le monde. « Je le crois bien, répondit M......., c'est la croix de Saint-Louis de la galanterie. »

— M. de la Reynière devoit épouser mademoiselle de Jarinte, jeune et aimable. Il revenait de la voir, enchanté du bonheur qui l'attendait, et disait à M. de Malesherbes, son beau-frère : « Ne pensez-vous pas en effet que mon bonheur sera parfait? — Cela dépend de quelques circonstances. — Comment! que voulez-vous dire? — Cela dépend du premier amant qu'elle aura. »

— Diderot était lié avec un mauvais sujet qui, par je ne sais quelle mauvaise action récente, venait de perdre l'amitié d'un oncle, riche chanoine, qui voulait le priver de sa succession. Diderot va voir l'oncle, prend un air grave et philosophique, prêche en faveur du neveu, et essaie de remuer la passion et de prendre le ton pathétique. L'oncle prend la parole, et lui conte deux ou trois indignités de son neveu. « Il a fait pis que tout cela, reprend Diderot. — Et quoi? dit l'oncle. — Il a voulu vous assassiner un jour dans la sacristie, au sortir de votre messe; et c'est l'arrivée de deux ou trois personnes qui l'en a empêché. — Cela n'est pas vrai, s'écria l'oncle; c'est une calomnie. — Soit, dit Diderot; mais, quand cela serait vrai, il faudrait encore pardonner à la vérité de son repentir, à sa position et aux malheurs qui l'attendent, si vous l'abandonnez. »

— Parmi cette classe d'hommes nés avec une imagination vive et une sensibilité délicate, qui font regarder les femmes avec un vif intérêt, plusieurs m'ont dit qu'ils avaient été frappés de voir combien peu de femmes avaient de goût pour les arts, et particulièrement pour la poésie. Un poète connu par des ouvrages très-agréables, me peignait un jour la surprise qu'il avait éprouvée en voyant une femme pleine d'esprit, de grâces, de sentiment, de goût dans sa parure, bonne musicienne et jouant de plusieurs instrumens; qui n'avait pas l'idée de la mesure d'un vers, du mélange des rimes, qui substituait à un mot heureux et de génie un autre mot trivial et qui même rompait la mesure du vers. Il ajoutait qu'il avait éprouvé plusieurs fois ce qu'il appelait un petit malheur, mais qui en était un très-grand pour un poète érotique, lequel avait sollicité toute sa vie le suffrage des femmes.

— M. de Voltaire se trouvant avec madame la duchesse de Chaulnes, celle-ci, parmi les éloges qu'elle lui donna, insista principalement sur l'harmonie de sa prose. Tout d'un coup, voilà M. de Voltaire qui se jette à ses pieds. « Ah! Madame, je vis avec un cochon qui n'a pas d'organes, qui ne sait pas ce que c'est qu'harmonie, mesure, etc. » Le cochon dont il parlait, c'était madame Duchâtelet, son Émilie.

— Le roi de Prusse a fait plus d'une fois lever des plans géographiques très-défectueux de tel ou tel pays; la carte indiquait tel marais impraticable qui ne l'était point, et que les ennemis croyaient tel sur la foi du faux plan.

— M.... disait que le grand monde est un mauvais lieu que l'on avoue.

— Je demandais à M.... pourquoi aucun des

plaisirs ne paraissait avoir prise sur lui; il me répondit: « Ce n'est pas que j'y sois insensible; mais il n'y en a pas un qui ne m'ait paru surpayé. La gloire expose à la calomnie; la considération demande des soins continuels; les plaisirs, du mouvement, de la fatigue corporelle. La société entraîne mille inconvéniens : tout est vu, revu et jugé. Le monde ne m'a rien offert de tel qu'en descendant en moi-même, je n'aie trouvé encore mieux chez moi. Il est résulté de ces expériences réitérées cent fois, que, sans être apathique ni indifférent, je suis devenu comme immobile, et que ma position actuelle me paraît toujours la meilleure, parce que sa bonté même résulte de son immobilité et s'accroît avec elle. L'amour est une source de peines; la volupté sans amour est un plaisir de quelques minutes; le mariage est jugé encore plus que le reste; l'honneur d'être père amène une suite de calamités; tenir maison est le métier d'un aubergiste. Les misérables motifs qui font que l'on recherche un homme et qu'on le considère, sont transparens et ne peuvent tromper qu'un sot, ni flatter qu'un homme ridiculement vain. J'en ai conclu que le repos, l'amitié et la pensée étaient les seuls biens qui convinssent à un homme qui a passé l'âge de la folie. »

— Le marquis de Villequier était des amis du grand Condé. Au moment où ce prince fut arrêté par ordre de la cour, le marquis de Villequier, capitaine des gardes, était chez madame de Motteville, lorsqu'on annonça cette nouvelle. « Ah mon Dieu! s'écria le marquis, je suis perdu! » Madame de Motteville, surprise de cette exclamation, lui dit : « Je savais bien que vous étiez des amis de M. le prince; mais j'ignorais que vous fussiez son ami à ce point. — Comment! dit le marquis de Villequier, ne voyez-vous pas que cette exécution me regardait? et, puisqu'on ne m'a point employé, n'est-il pas clair qu'on n'a nulle confiance en moi? » Madame de Motteville, indignée, lui répondit : « Il me semble que, n'ayant point donné lieu à la cour de soupçonner votre fidélité, vous devriez n'avoir point cette inquiétude, et jouir tranquillement du plaisir de n'avoir point mis votre ami en prison. » Villequier fut honteux du premier mouvement, qui avait trahi la bassesse de son âme.

— On annonça, dans une maison où soupait madame d'Egmont, un homme qui s'appelait Duguesclin. A ce nom son imagination s'allume; elle fait mettre cet homme à table à côté d'elle, lui fait mille politesses, et enfin lui offre du plat qu'elle avait devant elle (c'étaient des truffes) : « Madame, répond le sot, il n'en faut pas à côté de vous. —A ce ton, dit-elle, en contant cette histoire, j'eus grand regret à mes honnêtetés. Je fis comme ce dauphin qui, dans le naufrage d'un vaisseau, crut sauver un homme, et le rejeta dans la mer, en voyant que c'était un singe. »

— Marmontel, dans sa jeunesse, recherchait beaucoup le vieux Boindin, célèbre par son esprit et son incrédulité. Le vieillard lui dit : « Trouvez-vous au café Procope. — Mais nous ne pourrons pas parler de matières philosophiques. — Si fait, en convenant d'une langue particulière, d'un argot. » Alors ils firent leur dictionnaire : l'âme s'appelait *Margot;* la religion, *Javotte;* la liberté, *Jeanneton;* et le père-éternel, *M. de l'Être.* Les voilà disputant et s'entendant très-bien. Un homme en habit noir, avec une fort mauvaise mine, se mêlant à la conversation, dit à Boindin : « Monsieur, oserais-je vous demander ce que c'était que ce monsieur de l'Être qui s'est si souvent mal conduit, et dont vous êtes si mécontent ? — Monsieur, reprit Boindin, c'était un espion de police. » On peut juger de l'éclat de rire, cet homme étant lui-même du métier.

— Le lord Bolingbroke donna à Louis XIV mille preuves de sensibilité pendant une maladie très-dangereuse. Le roi étonné lui dit : « J'en suis d'autant plus touché, que vous autres Anglais, vous n'aimez pas les rois. — Sire, dit Bolingbroke, nous ressemblons aux maris qui, n'aimant pas leurs femmes, n'en sont que plus empressés à plaire à celles de leurs voisins. »

— Dans une dispute que les représentans de Genève eurent avec le chevalier de Bouteville, l'un d'eux s'échauffant, le chevalier lui dit : « Savez-vous que je suis le représentant du roi mon maître? — Savez-vous, lui dit le Genevois, que je suis le représentant de mes égaux? »

— La comtesse d'Egmont, ayant trouvé un homme du premier mérite à mettre à la tête de l'éducation de M. de Chinon, son neveu, n'osa pas le présenter en son nom. Elle était pour M. de Fronsac, son frère, un personnage trop grave. Elle pria le poëte Bernard de passer chez elle. Il y alla; elle le mit au fait. Bernard lui dit : « Madame, l'auteur de l'*Art d'aimer* n'est pas un personnage bien imposant; mais je le suis encore un peu trop pour cette occasion : je pourrais vous dire que mademoiselle Arnould serait un passe-port beaucoup meilleur auprès de monsieur votre frère...... — Eh bien! dit madame d'Egmont en riant, arrangez le soupé chez mademoiselle Arnould. » Le soupé s'arrangea. Bernard y proposa l'abbé Lapdant pour précepteur : il fut agréé. C'est celui qui a depuis achevé l'éducation du duc d'Enghien.

— Un philosophe, à qui l'on reprochait son extrême amour pour la retraite, répondit : « Dans le monde, tout tend à me faire descendre; dans la solitude, tout tend à me faire monter. »

— M. de B. est un de ces sots qui regardent, de bonne foi, l'échelle des conditions comme celle du mérite; qui, le plus naïvement du monde, ne conçoit pas qu'un honnête homme non décoré ou au-dessous de lui soit plus estimé que lui. Le rencontre-t-il dans une de ces maisons où l'on sait encore honorer le mérite ? M. de B. ouvre de grands yeux, montre un étonnement stupide ; il croit que cet homme vient de gagner un quaterne à la loterie : il l'appelle mon cher un tel, quand la société la plus distinguée vient de le traiter avec la plus grande considération. J'ai vu plusieurs de ces scènes dignes du pinceau de La Bruyère.

— J'ai bien examiné M...., et son caractère m'a paru piquant : très-aimable, et nulle envie de plaire, si ce n'est à ses amis ou à ceux qu'il estime ; en récompense, une grande crainte de déplaire. Ce sentiment est juste, et accorde ce qu'on doit à l'amitié et ce qu'on doit à la société. On peut faire plus de bien que lui : nul ne fera moins de mal. On sera plus empressé, jamais moins importun. On caressera davantage : on ne choquera jamais moins.

— L'abbé Delille devait lire des vers à l'académie pour la réception d'un de ses amis. Sur quoi il disait : « Je voudrais bien qu'on ne le sût pas d'avance, mais je crains bien de le dire à tout le monde. »

— Madame Beauzée couchait avec un maître de langue allemande. M. Beauzée les surprit au retour de l'académie. L'Allemand dit à la femme : « Quand je vous disais qu'il était temps que je m'en *aille*. » M. Beauzée, toujours puriste, lui dit : « Que je m'en *allasse*, monsieur. »

— M. Dubreuil, pendant la maladie dont il mourut, disait à son ami M. Pehméja : « Mon ami, pourquoi tout ce monde dans ma chambre? Il ne devrait y avoir que toi ; ma maladie est contagieuse. »

— On demandait à Pehméja quelle était sa fortune? — « Quinze cents livres de rente. — C'est bien peu. — Oh! reprit Pehméja, Dubreuil est riche. »

— Madame la comtesse de Tessé disait après la mort de M. Dubreuil : « Il était trop inflexible, trop inabordable aux présens, et j'avais un accès de fièvre toutes les fois que je songeais à lui en faire. — Et moi aussi, lui répondit madame de Champagne qui avait placé trente six mille livres sur sa tête ; voilà pourquoi j'ai mieux aimé me donner tout de suite une bonne maladie, que d'avoir tous ces petits accès de fièvre dont vous parlez. »

— L'abbé Maury, étant pauvre, avait enseigné le latin à un vieux conseiller de grand'chambre, qui voulait entendre les *Institutes* de Justinien. Quelques années se passent, et il rencontre ce conseiller étonné de le voir dans une maison honnête. « Ah! l'abbé, vous voilà, lui dit-il lestement? par quel hasard vous trouvez-vous dans cette maison-ci? — Je m'y trouve comme vous vous y trouvez. — Oh! ce n'est pas la même chose. Vous êtes donc mieux dans vos affaires? Avez-vous fait quelque chose dans votre métier de prêtre? — Je suis grand-vicaire de M. de Lombez. — Diable! c'est quelque chose : et combien cela vaut-il ?

— Mille francs. — C'est bien peu ; et il reprend le ton leste et léger. — Mais j'ai un prieuré de mille écus. — Mille écus ! bonnes affaires (*avec l'air de la considération*). — Et j'ai fait la rencontre du maître de cette maison-ci, chez M. le cardinal de Rohan. — Peste ! vous allez chez le cardinal de Rohan ? — Oui, il m'a fait avoir une abbaye. — Une abbaye ! ah ! cela posé, monsieur l'abbé, faites-moi l'honneur de revenir dîner chez moi. »

— M. de La Popelinière se déchaussait un soir devant ses complaisans, et se chauffait les pieds ; un petit chien les lui léchait. Pendant ce temps-là, la société parlait d'amitié, d'amis : « Un ami, dit M. de La Popelinière, montrant son chien, le voilà. »

— Jamais Bossuet ne put apprendre au grand dauphin à écrire une lettre. Ce prince était très-indolent. On raconte que ses billets à la comtesse du Roure finissaient tous par ces mots : *Le roi me fait mander pour le conseil.* Le jour que cette comtesse fut exilée, un des courtisans lui demanda s'il n'était pas bien affligé. « Sans doute, dit le dauphin ; mais cependant me voilà délivré de la nécessité d'écrire le petit billet. »

— L'archevêque de Toulouse (Brienne) disait à M. de Saint-Priest, grand-père de M. d'Entragues : » Il n'y a eu en France, sous aucun roi, aucun ministre qui ait poussé ses vues et son ambition jusqu'où elles pouvaient aller. » M. de Saint-Priest lui dit : « Et le cardinal de Richelieu ? — Arrêté à moitié chemin ; répondit l'archevêque.» Ce mot peint tout un caractère.

— Le maréchal de Broglie avait épousé la fille d'un négociant; il eut deux filles. On lui proposait, en présence de madame de Broglie, de faire entrer l'une dans un chapitre. « Je me suis fermé, dit-il, en épousant madame, l'entrée de tous les chapitres....— Et de l'hôpital, ajouta-t-elle. »

— La maréchale de Luxembourg, arrivant à l'église un peu trop tard, demanda où en était la messe, et dans cet instant la sonnette du lever-dieu sonna. Le comte de Chabot lui dit en bégayant : « Madame la maréchale,

« J'entends la petite clochette,
» Le petit mouton n'est pas loin. »

Ce sont deux vers d'un opéra comique.

— La jeune madame de M........, étant quittée par le vicomte de Noailles, était au désespoir, et disait: « J'aurai vraisemblablement beaucoup d'amans ; mais je n'en aimerai aucun, autant que j'aime le vicomte de Noailles. ».

— Le duc de Choiseul, à qui l'on parlait de son étoile, qu'on regardait comme sans exemple, répondit : « Elle l'est pour le mal autant que pour le bien. — Comment ? — Le voici: j'ai toujours très-bien traité les filles: il y en a une que je néglige; elle devient reine de France, ou à peu près. J'ai traité à merveille tous les inspecteurs. je leur ai prodigué l'or et les honneurs : Il y en a un extrêmement méprisé que je traite légèrement, il devient ministre de la guerre, c'est M. de Monteynard. Les ambassadeurs, on sait ce que j'ai fait pour eux sans exception, hormis un seul : mais il y en a un qui a le travail lent et lourd, que tous les autres méprisent, qu'ils ne veulent plus voir à cause d'un ridicule mariage : c'est M. de Vergennes ; et il devient ministre des affaires étrangères. Convenez que j'ai des raisons de dire que mon étoile est aussi extraordinaire en mal qu'en bien. »

— M. le président de Montesquieu avait un caractère fort au-dessous de son génie. On connaît ses faiblesses sur la gentilhommerie, sa petite ambition, etc. Lorsque l'*Esprit des Lois* parut, il s'en fit plusieurs critiques mauvaises ou médiocres, qu'il méprisa fortement. Mais un homme de lettres connu en fit une dont M. du Pin voulut bien se reconnaître l'auteur, et qui contenait d'excellentes choses. M. de Montesquieu en eut connaissance, et en fut au désespoir. On la fit imprimer, et elle allait paraître, lorsque M. de Montesquieu alla trouver madame de Pompadour qui, sur sa prière, fit venir l'imprimeur et l'édition tout entière. Elle fut hachée, et on n'en sauva que cinq exemplaires.

— Le maréchal de Noailles disait beaucoup de mal d'une tragédie nouvelle. On lui dit : « Mais M. d'Aumont, dans la loge duquel vous l'avez entendue, prétend qu'elle vous a fait pleurer. — Moi! dit le maréchal, point du tout; mais comme il pleurait lui-même dès la première scène, j'ai cru honnête de prendre part à sa douleur. »

— Monsieur et madame d'Angeviler, Monsieur et madame Necker paraissent deux couples uniques, chacun dans son genre. On croirait que chacun d'eux convenait à l'autre exclusivement, et que l'amour ne peut aller plus loin. Je les ai étudiés, et j'ai trouvé qu'ils se tenaient très-peu par le cœur; et que, quant au caractère, ils ne se tenaient que par des contrastes.

— M. Th...... me disait un jour qu'en général dans la société, lorsqu'on avait fait quelque action honnête et courageuse par un motif digne d'elle, c'est-à-dire, très-noble, il fallait que celui qui avait fait cette action lui prêtât, pour adoucir l'envie, quelque motif moins honnête et plus vulgaire.

— Louis xv demanda au duc d'Ayen (depuis maréchal de Noailles) s'il avait envoyé sa vaisselle à la monnaie; le duc répondit que non. « Moi, dit le roi, j'ai envoyé la mienne. — Ah! sire, dit M. d'Ayen, quand Jésus-Chrit mourut le vendredi-saint, il savait bien qu'il ressusciterait le dimanche. »

— Dans le temps qu'il y avait des jansénistes, on les distinguait à la longueur du collet de leur manteau. L'archevêque de Lyon avait fait plusieurs enfans; mais, à chaque équipée de cette espèce, il avait soin de faire allonger d'un pouce le collet de son manteau. Enfin, le collet s'allongea tellement qu'il a passé quelque temps pour janséniste, et a été suspect à la cour.

— Un Français avait été admis à voir le cabinet du roi d'Espagne. Arrivé devant son fauteuil et son bureau : « C'est donc ici, dit-il, que ce grand roi travaille. — Comment, travaille! dit le conducteur : quelle insolence! ce grand roi travailler! Vous venez chez lui pour insulter sa majesté! » Il s'engagea une querelle où le Français eut beaucoup de peine à faire entendre à l'Espagnol qu'on n'avait pas eu l'intention d'offenser la majesté de son maître.

— M. de...... ayant aperçu que M. Barthe était jaloux (de sa femme), lui dit : « Vous jaloux! mais savez-vous bien que c'est une prétention? C'est bien de l'honneur que vous vous faites : je m'explique. N'est pas cocu qui veut : savez-vous que, pour l'être, il faut savoir tenir une maison, être poli, sociable, honnête? Commencez par acquérir toutes ces qualités, et puis les honnêtes gens verront ce qu'ils auront à faire pour vous. Tel que vous êtes, qui pourrait vous faire cocu? une espèce? Quand il sera temps de vous effrayer, je vous en ferai mon compliment. »

— Madame de Créqui me disait du baron de Breteuil : « Ce n'est morbleu pas une bête, que le baron; c'est un sot. »

— Un homme d'esprit me disait un jour que

le gouvernement de France était une monarchie absolue, tempérée par des chansons.

— L'abbé Delille, entrant dans le cabinet de M. Turgot, le vit lisant un manuscrit : c'était celui des *Mois* de M. Roucher. L'abbé Delille s'en douta, et dit en plaisantant : « Odeur de vers se sentait à la ronde. — Vous êtes trop parfumé, lui dit M. Turgot, pour sentir les odeurs. »

— M. de Fleuri, procureur-général, disait devant quelques gens de lettres : « Il n'y a que depuis ces derniers temps que j'entends parler du peuple dans les conversations où il s'agit du gouvernement. C'est un fruit de la philosophie nouvelle. Est-ce que l'on ignore que le *tiers n'est qu'adventice dans la constitution ?* (Cela veut dire, en d'autres termes, que vingt-trois millions neuf cents mille hommes ne sont qu'un hasard et un accessoire dans la totalité de vingt-quatre millions d'hommes.) »

— Milord Hervey, voyageant dans l'Italie et se trouvant non loin de la mer, traversa une lagune dans l'eau de laquelle il trempa son doigt : « Ah ! ah ! dit-il, l'eau est salée ; ceci est à nous. »

— Duclos disait à un homme ennuyé d'un sermon prêché à Versailles : « Pourquoi avez-vous entendu ce sermon jusqu'au bout ? — J'ai craint de déranger l'auditoire et de le scandaliser. — Ma foi, reprit Duclos, plutôt que d'entendre ce sermon, je me serais converti au premier point. »

— M. d'Aiguillon, dans le temps qu'il avait

madame Dubarri, prit ailleurs une galanterie : il se crut perdu, s'imaginant l'avoir donnée à la comtesse ; heureusement il n'en était rien. Pendant le traitement, qui lui paraissait très-long et qui l'obligeait à s'abstenir de madame Dubarri, il disait au médecin : « Ceci me perdra, si vous ne me dépêchez. » Ce médecin était M. Busson, qui l'avait guéri, en Bretagne, d'une maladie mortelle et dont les médecins avaient désespéré. Le souvenir de ce mauvais service rendu à la province, avait fait ôter à M. Busson toutes ses places, après la ruine de M. d'Aiguillon. Celui-ci, devenu ministre, fut très-long-temps sans rien faire pour M. Busson, qui, en voyant la manière dont le duc en usait avec Linguet, disait : « M. d'Aiguillon ne néglige rien, hors ceux qui lui ont sauvé l'honneur et la vie. »

— M. de Turenne, voyant un enfant passer derrière un cheval, de façon à pouvoir être estropié par une ruade, l'appela et lui dit : « Mon bel enfant, ne passez jamais derrière un cheval sans laisser entre lui et vous l'intervalle nécessaire pour que vous ne puissiez en être blessé. Je vous promets que cela ne vous fera pas faire une demi-lieue de plus dans le cours de votre vie entière ; et souvenez-vous que c'est M. de Turenne qui vous l'a dit. »

— M. de Th..., pour exprimer l'insipidité des bergeries de M. de Florian, disait : « Je les aimerais assez, s'il y mettait des loups. »

— On demandait à Diderot quel homme était M. d'Épinai. « C'est un homme, dit-il, qui a mangé deux millions, sans dire un bon mot et sans faire une bonne action. »

— M. de Fronsac alla voir une mappemonde que montrait l'artiste qui l'avait imaginée. Cet homme, ne le connaissant pas et lui voyant une croix de Saint-Louis, ne l'appelait que le chevalier. La vanité de M. de Fronsac blessée de ne pas être appelé duc, lui fit inventer une histoire, dont un des interlocuteurs, un de ses gens, l'appelait *monseigneur*. M. de Genlis l'arrête à ce mot, et lui dit : « Qu'est-ce que tu dis là ? monseigneur ! on va te prendre pour un évêque. »

— M. de Lassay, homme très-doux, mais qui avait une grande connaissance de la société, disait qu'il faudrait avaler un crapaud tous les matins, pour ne trouver plus rien de dégoûtant le reste de la journée, quand on devait la passer dans le monde.

— M. d'Alembert eut occasion de voir madame Denis, le lendemain de son mariage avec M. du Vivier. On lui demanda si elle avait l'air d'être heureuse. « Heureuse ! dit-il, je vous en réponds : heureuse à faire mal au cœur. »

— Quelqu'un ayant entendu la traduction des *Géorgiques* de l'abbé Delille, lui dit : « Cela est excellent ; je ne doute pas que vous n'ayez le premier bénéfice qui sera à la nomination de Virgile. »

— M. de B. et M. de C. sont intimes amis, au point d'être cités pour modèles. M. de B. disait un jour à M. de C. : « Ne t'est-il point arrivé de trouver, parmi les femmes que tu as eues, quelque étourdie qui t'ait demandé si tu renoncerais à moi pour elle, si tu m'aimais mieux qu'elle? — Oui, répondit celui-ci. — Qui donc? — Madame de M.... » C'était la maîtresse de son ami.

— M..... me racontait, avec indignation, une malversation de vivriers : « Il en coûta, me dit-il, la vie à cinq mille hommes qui moururent exactement de faim ; *et voilà, monsieur, comme le roi est servi!* »

— M. de Voltaire, voyant la religion tomber tous les jours, disait une fois : « Cela est pourtant fâcheux, car de quoi nous moquerons-nous? — Oh! lui dit M. Sabatier de Cabre, consolez-vous; les occasions ne vous manqueront pas plus que les moyens. — Ah! monsieur, reprit douloureusement M. de Voltaire, hors de l'église point de salut. »

— Le prince de Conti disait, dans sa dernière maladie, à Beaumarchais, qu'il ne pourrait s'en tirer, vu l'état de sa personne épuisée par les fatigues de la guerre, du vin et de la jouissance. « A l'égard de la guerre, dit celui-ci, le prince Eugène a fait vingt-une campagnes, et il est mort à soixante dix-huit ans ; quant au vin, le marquis de Brancas buvait par jour six bouteilles de vin de Champagne, et il est mort à quatre-vingt-quatre ans. — Oui, mais le coït, reprit le prince ? — Madame votre mère.... répondit Beaumarchais. (La princesse était morte à soixante-dix neuf ans.) — Tu as raison, dit le prince ; il n'est pas impossible que j'en revienne. »

— M. le régent avait promis de faire *quelque chose* du jeune Arouet, c'est-à-dire, d'en faire un important et le placer. Le jeune poète attendit le prince au sortir du conseil, au moment où il était suivi de quatre secrétaires d'état. Le régent le vit, et lui dit : « Arouet, je ne t'ai pas oublié, et je te destine le département des niaiseries. — Monseigneur, dit le jeune Arouet, j'aurais trop de rivaux : en voilà quatre. » Le prince pensa étouffer de rire.

— Quand le maréchal de Richelieu vint faire sa cour à Louis xv, après la prise de Mahon, la première chose ou plutôt la seule que lui dit le roi fut celle-ci : « Maréchal, savez-vous la mort de ce pauvre Lansmatt ? » Lansmatt était un vieux garçon de la chambre.

— Quelqu'un, ayant lu une lettre très-sotte de M. Blanchard sur le ballon, dans le *Journal de Paris* : « Avec cet esprit-là, dit-il, ce M. Blanchard doit bien s'ennuyer en l'air. »

— Un bon trait de prêtre de cour, c'est la ruse dont s'avisa l'évêque d'Autun, Montazet, depuis archevêque de Lyon. Sachant bien qu'il y avait de bonnes frasques à lui reprocher, et qu'il était facile de le perdre auprès de l'évêque de Mirepoix, le théatin Boyer, il écrivit contre lui-même une lettre anonyme pleine de calomnies absurdes et faciles à convaincre d'absurdité. Il l'adressa à l'évêque de Narbonne; il entra ensuite en explication avec lui, et fit voir l'atrocité de ses ennemis prétendus. Arrivèrent ensuite les lettres anonymes écrites en effet par eux, et contenant des inculpations réelles : ces lettres furent méprisées. Le résultat des premières avait mené le théatin à l'incrédulité sur les secondes.

— Louis xv se fit peindre par La Tour. Le peintre, tout en travaillant, causait avec le roi, qui paraissait le trouver bon. La Tour, encouragé et naturellement indiscret, poussa la témérité jusqu'à lui dire : « Au fait, sire, vous n'avez point de marine. » Le roi répondit sèchement: « Que dites-vous là ? Et Vernet, donc ? »

— On dit à la duchesse de Chaulnes, mourante et séparée de son mari: « Les sacremens sont là. — Un petit moment. — M. le duc de Chaulnes voudrait vous revoir. — Est-il là ? — Oui. — Qu'il attende: il entrera avec les sacremens. »

— Je me promenais un jour avec un de mes amis, qui fut salué par un homme d'assez mauvaise mine. Je lui demandai ce que c'était que cet homme: il me répondit que c'était un homme qui faisait, pour sa patrie, ce que Brutus n'aurait pas fait pour la sienne. Je le priai de mettre cette grande idée à mon niveau. J'appris que son homme était un espion de police.

— M. Lemière a mieux dit qu'il ne voulait, en disant qu'entre sa *Veuve de Malabar*, jouée en 1770, et sa *Veuve de Malabar*, jouée en 1781, il y avait la différence d'une falourde à une voie de bois. C'est en effet le bûcher perfectionné qui a fait le succès de la pièce.

— Un philosophe, retiré du monde, m'écrivait une lettre pleine de vertu et de raison. Elle finissait par ces mots : «Adieu, mon ami; conservez, si vous pouvez, les intérêts qui vous attachent à la société; mais cultivez les sentimens qui vous en séparent.»

— Diderot, âgé de soixante-deux ans, et amoureux de toutes les femmes, disait à un de ses amis : «Je me dis souvent à moi-même, vieux fou, vieux gueux, quand cesseras-tu donc de t'exposer à l'affront d'un refus ou d'un ridicule?»

M. de C...., parlant un jour du gouvernement d'Angleterre et de ses avantages, dans une assemblée où se trouvaient quelques évêques, quelques abbés; l'un d'eux nommé l'abbé de Seguerand, lui dit : «Monsieur, sur le peu que je sais de ce pays-là, je ne suis nullement tenté d'y vivre, et je sais que je m'y trouverais très mal. — M. l'abbé, lui répondit naïvement M. de C..., c'est parceque vous y seriez mal, que le pays est excellent.»

— Plusieurs officiers français étant allés à Berlin, l'un d'eux parut devant le roi sans uniforme et en bas blancs. Le roi s'approcha de lui, et lui demanda son nom. « Le marquis de Beaucour. — De quel régiment ? — De Champagne. — Ah! oui, ce régiment où l'on se f... de l'ordre. » Et il parla ensuite aux officiers qui étaient en uniforme et en bottes.

— M. de Chaulnes avait fait peindre sa femme en Hébé ; il ne savait comment se faire peindre pour faire pendant. Mademoiselle Quinaut, à qui il disait son embarras, lui dit : « Faites-vous peindre en hébété.»

— Le médecin Bouvard avait sur le visage une balafre en forme de C, qui le défigurait beaucoup. Diderot disait que c'était un coup qu'il s'était donné, en tenant maladroitement la faulx de la mort.

— L'empereur, passant à Trieste *incognito* selon sa coutume, entra dans une auberge. Il demanda s'il y avait une bonne chambre ; on lui dit qu'un évêque d'Allemagne venait de prendre la dernière, et qu'il ne restait plus que deux petits bouges. Il demanda à souper ; on lui dit qu'il n'y avait plus que des œufs et des légumes, parce que l'évêque et sa suite avaient demandé toute la volaille. L'empereur fit demander à l'évêque si un étranger pouvait souper avec lui ; l'évêque refusa. L'empereur soupa avec un aumônier de l'évêque, qui ne mangeait point avec son maître. Il demanda à cet aumônier ce qu'il allait faire à Rome. « Monseigneur, dit celui-ci, va solliciter un bénéfice de cinquante mille livres de rente, avant que l'empereur soit informé qu'il est vacant. » On change de conversation. L'empereur écrit une lettre au cardinal dataire, et une autre à son ambassadeur. Il fait promettre à l'aumônier de remettre ces deux lettres à leur adresse, en arrivant à Rome. Celui-ci tient sa promesse. Le cardinal dataire fait expédier les provisions à l'aumônier surpris. Il va conter son histoire à son évêque qui veut partir. L'autre, ayant affaire à Rome, voulut rester, et apprit à son évêque que cette aventure était l'effet d'une lettre, écrite au cardinal dataire et à l'ambassadeur de l'empire, par l'empereur, lequel était cet étranger avec lequel monseigneur n'avait pas voulu souper à Trieste.

— Le comte de.... et le marquis de.... me demandant quelle différence je faisais entre eux, en fait de principes, je répondis : « La différence qu'il y a entre vous, est que l'un lécherait l'écumoire, et que l'autre l'avalerait. »

— Le baron de Breteuil, après son départ du ministère, en 1788, blâmait la conduite de l'archevêque de Sens. Il le qualifiait de despote, et disait : « Moi, je veux que la puissance royale ne dégénère point en despotisme ; et je veux qu'elle se renferme dans les limites où elle était resserrée sous Louis xiv. » Il croyait, en tenant ce discours, faire acte de citoyen, et risquer de se perdre à la cour.

— Madame Desparbès, couchant avec Louis xv, le roi lui dit : « Tu as couché avec tous mes sujets. — Ah! sire. — Tu as eu le duc de Choiseul. — Il est si puissant! — Le maréchal de Richelieu. — Il a tant d'esprit! — Monville. — Il a une si belle jambe! — A la bonne heure; mais le duc d'Aumont, qui n'a rien de tout cela. — Ah! sire, il est attaché à votre majesté! »

— Madame de Maintenon et madame de Caylus se promenaient autour de la pièce d'eau de Marly. L'eau était très-transparente, et on y voyait des carpes dont les mouvemens étaient lents, et qui paraissaient aussi tristes qu'elles étaient maigres. Madame de Caylus le fit remarquer à madame de Maintenon, qui répondit : « Elles sont comme moi; elles regrettent leur bourbe. »

— Collé avait placé une somme d'argent considérable, à fonds perdu et à dix pour cent, chez un financier qui, à la seconde année, ne lui avait pas encore donné un sou.» Monsieur, lui dit Collé, dans une visite qu'il lui fit, quand je place mon argent en viager, c'est pour être payé de mon vivant. »

— Uu ambassadeur anglais à Naples avait donné une fête charmante, mais qui n'avait pas coûté bien cher. On le sut, et on partit de là pour dénigrer sa fête, qui avait d'abord beaucoup réussi. Il s'en vengea en véritable Anglais, et en homme à qui les guinées ne coûtaient pas grand chose. Il annonça une autre fête. On crut que c'était pour prendre sa revanche, et que la fête serait superbe. On accourt. Grande affluence. Point d'apprêts. Enfin, on apporte un réchaud à l'esprit-de-vin. On s'attendait à quelque miracle. «Messieurs, dit-il, ce sont les dépenses, et non l'agrément d'une fête, que vous cherchez : regardez bien (et il entr'ouvre son habit dont il montre la doublure), c'est un tableau du Dominicain, qui vaut cinq mille guinées; mais ce n'est pas tout : voyez ces dix billets; ils sont de mille guinées chacun, payables à vue sur la banque d'Amsterdam. (Il en fait un rouleau, et les met sur le réchaud allumé.) Je ne doute pas, messieurs, que cette fête ne vous satisfasse, et que vous ne vous retiriez tous contens de moi. Adieu, messieurs, la fête est finie. »

— « La postérité, disait M. de B...., n'est pas autre chose qu'un public qui succède à un autre : or, vous voyez ce que c'est que le public d'à présent. »

— « Trois choses, disait N...., m'importunent, tant au moral qu'au physique, au sens figuré comme au sens propre : le bruit, le vent et la fumée. »

— A propos d'une fille qui avait fait un mariage avec un homme jusqu'alors réputé assez honnête, madame de L.... disait : « Si j'étais une catin, je serais encore une fort honnête femme ; car je ne voudrais point prendre pour amant un homme qui serait capable de m'épouser. »

— « Madame de G...., disait M...., a trop d'esprit

et d'habileté pour être jamais méprisée autant que beaucoup de femmes moins méprisables. »

— Feue madame la duchesse d'Orléans était fort éprise de son mari, dans les commencemens de son mariage, et il y avait peu de réduits dans le Palais-Royal qui n'en eussent été témoins. Un jour les deux époux allèrent faire visite à la duchesse douairière qui était malade. Pendant la conversation, elle s'endormit; et le duc et la jeune duchesse trouvèrent plaisant de se divertir sur le pied du lit de la malade. Elle s'en aperçut, et dit à sa belle-fille : « Il vous était réservé, madame, de faire rougir du mariage. »

— Le maréchal de Duras, mécontent d'un de ses fils, lui dit : « Misérable, si tu continues, je te ferai souper avec le roi. » C'est que le jeune homme avait soupé deux fois à Marly, où il s'était ennuyé à périr.

— Duclos, qui disait sans cesse des injures à l'abbé d'Olivet, disait de lui : « C'est un si grand coquin, que, malgré les duretés dont je l'accable, il ne me hait pas plus qu'un autre. »

— Duclos parlait un jour du paradis que chacun se fait à sa manière. Madame de Rochefort lui dit : « Pour vous, Duclos, voici de quoi composer le vôtre : du pain, du vin, du fromage et la première venue. »

— Uu homme a osé dire : « Je voudrais voir le dernier des rois étranglé avec le boyau du dernier des prêtres. »

— C'était l'usage chez madame Deluchet que l'on achetât une bonne histoire à celui qui la faisait...« Combien en voulez-vous?... Tant. » Il arriva que madame Deluchet demandant à sa femme de chambre l'emploi de cent écus, celle-ci parvint à rendre ce compte à l'exception de trente-six livres; lorsque tout-à-coup elle s'écria : « Ah! madame, et cette histoire pour laquelle vous m'avez sonné, que vous avez achetée à M. Coqueley, et que j'ai payée trente-six livres! »

— M. de Bissi, voulant quitter la présidente d'Aligre, trouva sur sa cheminée une lettre dans laquelle elle disait à un homme avec qui elle était en intrigue, qu'elle voulait ménager M. de Bissi, et s'arranger pour qu'il la quittât le premier. Elle avait même laissé cette lettre à dessein. Mais M. de Bissi ne fit semblant de rien, et la garda six mois, en l'importunant de ses assiduités.

— M. de R. a beaucoup d'esprit, mais tant de sottises dans l'esprit, que beaucoup de gens pourraient le croire un sot.

— M. d'Epréménil vivait depuis long-temps avec madame Tilaurier. Celle-ci voulait l'épouser. Elle se servit de Cagliostro, qui faisait espérer la découverte de la pierre philosophale. On sait que Cagliostro mêlait le fanatisme et la superstition aux sottises de l'alchimie. D'Epréménil se plaignant de ce que cette pierre philosophale n'arrivait pas, et une certaine formule n'ayant point eu d'effet, Cagliostro lui fit entendre que cela venait de ce qu'il vivait dans un commerce criminel avec madame Tilaurier. « Il faut, pour réussir, que vous soyez en harmonie avec les puissances invisibles et avec leur chef, l'Être Suprême. Épousez ou quittez madame Tilaurier. » Celle-ci redoubla de coquetterie ; d'Epréménil épousa, et il n'y eut que sa femme qui trouva la pierre philosophale.

— On disait à Louis xv qu'un de ses gardes, qu'on lui nommait, allait mourir sur-le-champ, pour avoir fait la mauvaise plaisanterie d'avaler un écu de six livres. « Ah ! bon Dieu, dit le roi, qu'on aille chercher Andouillet, Lamartinière, Lassone. — Sire, dit le duc de Noailles, ce ne sont point là les gens qu'il faut. — Et qui donc ? — Sire, c'est l'abbé Terray. — L'abbé Terray ! comment ? — Il arrivera, il mettra sur ce gros écu un premier dixième, un second dixième, un premier vingtième, un second vingtième ; le gros écu sera réduit à trente-six sous, comme les nôtres ; il s'en ira par les voies ordinaires, et voilà le malade guéri. » Cette plaisanterie fut la seule qui ait fait de la peine à l'abbé Terray ; c'est la seule dont il eût conservé le souvenir : il le dit lui même au marquis de Sesmaisons.

— M. d'Ormesson, étant contrôleur-général, disait devant vingt personnes qu'il avait longtemps cherché à quoi pouvaient avoir été utiles des gens comme Corneille, Boileau, La Fontaine, et qu'il ne l'avait jamais pu trouver. Cela passait, car, quand on est contrôleur-général, tout passe.

M. Pelletier de Mort-Fontaine, son beau-père, lui dit avec douceur : « Je sais que c'est votre façon de penser ; mais ayez pour moi le ménagement de ne pas la dire. Je voudrais bien obtenir que vous ne vous vantassiez plus de ce qui vous manque. Vous occupez la place d'un homme qui s'enfermait souvent avec Racine et Boileau, qui les menait à sa maison de campagne, et disait, en apprenant l'arrivée de plusieurs évêques : « Qu'on « leur montre le château, les jardins, tout, ex- « cepté moi. »

— La source des mauvais procédés du cardinal de Fleury à l'égard de la reine, femme de Louis xv, fut le refus qu'elle fit d'écouter ses propositions galantes. On en a eu la preuve depuis la mort de la reine, par une lettre du roi Stanislas, en réponse à celle où elle lui demandait conseil sur la conduite qu'elle devait tenir. Le cardinal avait pourtant soixante-seize ans ; mais, quelques mois auparavant, il avait violé deux femmes. Madame la maréchale de Mouchi et une autre femme ont vu la lettre de Stanislas.

— De toutes les violences exercées à la fin du règne de Louis xiv, on ne se souvient guère que des dragonades, des persécutions contre les huguenots qu'on tourmentait en France et qu'on y retenait par force, des lettres de cachet prodiguées contre Port-Royal, les jansénistes, le molinisme et le quiétisme. C'est bien assez : mais on oublie l'inquisition secrète, et quelquefois déclarée, que la bigoterie de Louis XIV exerça contre ceux qui faisaient gras les jours maigres ; les recherches à Paris et dans les provinces que faisaient les evêques et les intendans sur les hommes et les femmes qui étaient soupçonnés de vivre ensemble, recherches qui firent déclarer plusieurs mariages secrets. On aimait mieux s'exposer aux inconvéniens d'un mariage déclaré avant le temps, qu'aux effets de la persécution du roi et des prêtres. N'était-ce pas une ruse de madame de Maintenon qui voulait par là faire deviner qu'elle était reine ?

— On appela à la cour le célèbre Levret, pour accoucher la feue dauphine. M. le dauphin lui dit : « Vous êtes bien content, M. Levret, d'accoucher madame la dauphine ? cela va vous faire de la réputation. — Si ma réputation n'était pas faite, dit tranquillement l'accoucheur, je ne serais pas ici. »

— Duclos disait un jour à madame de Rochefort et à madame de Mirepoix, que les courtisanes devenaient bégueules, et ne voulaient plus entendre le moindre conte un peu trop vif. « Elles étaient, disait-il, plus timorées que les femmes honnêtes. » Et là-dessus, il enfile une histoire fort gaie ; puis une autre encore plus forte ; enfin à une troisième qui commençait encore plus vivement, madame de Rochefort l'arrête et lui dit : « Prenez donc garde, Duclos, vous nous croyez aussi par trop honnêtes femmes. »

— Le cocher du roi de Prusse l'ayant renversé,

le roi entra dans une colère épouvantable. « Eh bien ! dit le cocher, c'est un malheur ; et vous, n'avez-vous jamais perdu une bataille ? »

— M. de Choiseul-Gouffier, voulant faire, à ses frais, couvrir de tuiles les maisons de ses paysans exposées à des incendies, ils le remercièrent de sa bonté, et le prièrent de laisser leurs maisons comme elles étaient, disant que, si leurs maisons étaient couvertes de tuiles au lieu de chaume, les subdélégués augmenteraient leurs tailles.

— Le maréchal de Villars fut adonné au vin, même dans sa vieillesse. Allant en Italie, pour se mettre à la tête de l'armée dans la guerre de 1734, il alla faire sa cour au roi de Sardaigne, tellement pris de vin qu'il ne pouvait se soutenir, et qu'il tomba à terre. Dans cet état, il n'avait pourtant pas perdu la tête, et il dit au roi : « Me voilà porté tout naturellement aux pieds de votre majesté. »

— Madame Geoffrin disait de madame de la Ferté-Imbaut, sa fille : « Quand je la considère, je suis étonnée comme une poule qui a couvé un œuf de cane. »

— Le lord Rochester avait fait, dans une pièce de vers, l'éloge de la poltronnerie. Il était dans un café ; arrive un homme qui avait reçu des coups de bâton sans se plaindre ; Milord Rochester, après beaucoup de complimens, lui dit : « Monsieur, si vous étiez homme à recevoir des coups de bâton si patiemment, que ne le disiez-vous ? je vous les aurais donnés, moi, pour me remettre en crédit. »

— Louis XIV se plaignant, chez madame de Maintenon, du chagrin que lui causait la division des évêques : « Si l'on pouvait, disait-il, ramener les neuf opposans, on éviterait un schisme ; mais cela ne sera pas facile.— Eh bien ! sire, dit en riant madame la duchesse, que ne dites-vous aux quarante de revenir de l'avis des neuf ? ils ne vous refuseront pas. »

— Le roi, quelque temps après la mort de Louis XV, fit terminer, avant le temps ordinaire, un concert qui l'ennuyait, et dit : « Voilà assez de musique. » Les concertans le surent, et l'un d'eux dit à l'autre : « Mon ami, quel règne se prépare ! »

— Ce fut le comte de Grammont lui-même qui vendit quinze cents livres le manuscrit des Mémoires où il est si clairement traité de fripon. Fontenelle, censeur de l'ouvrage, refusait de l'approuver, par égard pour le comte. Celui-ci s'en plaignit au chancelier, à qui Fontenelle dit les raisons de son refus. Le comte ne voulant pas perdre les quinze cents livres, força Fontenelle d'approuver le livre d'Hamilton.

— M. de L...., misantrope à la manière de Timon, venait d'avoir une conversation un peu mélancolique avec M. de B...., misantrope moins sombre, et quelquefois même très-gai ; M. de L.... parlait de M. de B... avec beaucoup d'intérêt, et disait qu'il voulait se lier avec lui. Quelqu'un lui dit : « Prenez garde ; malgré son air grave, il est quelquefois très-gai ; ne vous y fiez pas. »

— Le maréchal de Belle-Isle, voyant que M. de Choiseul prenait trop d'ascendant, fit faire contre lui un mémoire pour le roi, par le jésuite Neuville. Il mourut, sans avoir présenté ce mémoire ; et le porte-feuille fut porté à M. le duc de Choiseul, qui y trouva le mémoire fait contre lui. Il fit l'impossible pour reconnaître l'écriture, mais inutilement. Il n'y songeait plus, lorsqu'un jésuite considérable lui fit demander la permission de lui lire l'éloge qu'on faisait de lui, dans l'oraison funèbre du maréchal de Belle-Isle, composée par le père de Neuville. La lecture se fit sur le manuscrit de l'auteur, et M. de Choiseul reconnut alors l'écriture. La seule vengeance qu'il en tira, ce fut de faire dire au père Neuville qu'il réussissait mieux dans le genre de l'oraison funèbre, que dans celui des mémoires au roi.

— M. d'Invau, étant contrôleur-général, demanda au roi la permission de se marier ; le roi, instruit du nom de la demoiselle, lui dit : « Vous n'êtes pas assez riche. » Celui-ci lui parla de sa place, comme d'une chose qui suppléait à la richesse : « Oh ! dit le roi, la place peut s'en aller et la femme reste. »

— Des députés de Bretagne soupèrent chez M. de Choiseul ; un d'eux, d'une mine très-grave, ne dit pas un mot. Le duc de Grammont, qui avait été frappé de sa figure, dit au chevalier de Court, colonel des Suisses : « Je voudrais bien savoir de quelle couleur sont les paroles de cet homme. » Le chevalier lui adresse la parole. — « Monsieur, de quelle ville êtes-vous ? — De Saint-Malo. — De Saint-Malo ! Par quelle bizarrerie la ville est-elle gardée par des chiens? — Quelle bizarrerie y a-t-il là ? répondit le grave personnage ; le roi est bien gardé par des Suisses. »

— Pendant la guerre d'Amérique, un Écossais disait à un Français, en lui montrant quelques prisonniers américains : « Vous vous êtes battu pour votre maître ; moi, pour le mien ; mais ces gens-ci, pour qui se battent-ils ? » Ce trait vaut bien celui du roi de Pegu, qui pensa mourir de rire en apprenant que les Vénitiens n'avaient pas de roi.

— Un vieillard, me trouvant trop sensible à je ne sais quelle injustice, me dit : « Mon cher enfant, il faut apprendre de la vie à souffrir la vie. »

— L'abbé de la Galaisière était fort lié avec M. Orri, avant qu'il fût contrôleur-général. Quand il fut nommé à cette place, son portier, devenu suisse, semblait ne pas le reconnaître. « Mon ami, lui dit l'abbé de la Galaisière, vous êtes insolent beaucoup trop tôt ; votre maître ne l'est pas encore. »

— Une femme âgée de quatre-vingt-dix ans disait à M. de Fontenelle, âgé de quatre-vingt-quinze : « La mort nous a oubliés. — Chut ! lui répondit M. de Fontenelle, en mettant le doigt sur sa bouche. »

— M. de Vendôme disait de madame de Nemours, qui avait un long nez courbé sur des lèvres vermeilles : « Elle a l'air d'un perroquet qui mange une cerise. »

— M. le prince de Charolais ayant surpris M. de Brissac chez sa maîtresse, lui dit : « Sortez. » M. de Brissac lui répondit : « Monseigneur, vos ancêtres auraient dit : « Sortons. »

— M. de Castries, dans le temps de la querelle de Diderot et de Rousseau, dit avec impatience à M. de R..., qui me l'a répété : « Cela est incroyable ; on ne parle que de ces gens-là, gens sans état, qui n'ont point de maison, logés dans un grenier : on ne s'accoutume point à cela. »

— M. de Voltaire, étant chez madame du Châtelet et même dans sa chambre, s'amusait avec l'abbé Mignot, encore enfant, et qu'il tenait sur ses genoux. Il se mit à jaser avec lui, et à lui donner des instructions. « Mon ami, lui dit-il, pour réussir avec les hommes, il faut avoir les femmes pour soi ; pour avoir les femmes pour soi, il faut les connaître. Vous saurez donc que toutes les femmes sont fausses et catins....—Comment ! toutes les femmes ! Que dites-vous là, monsieur, dit madame du Châtelet en colère ? — Madame, dit M. de Voltaire, il ne faut pas tromper l'enfance. »

— M. de Turenne dînant chez M. de Lamoignon, celui-ci lui demanda si son intrépidité n'était pas ébranlée au commencement d'une bataille. « Oui, dit M. de Turenne, j'éprouve une grande agitation ; mais il y a dans l'armée plusieurs officiers subalternes et un grand nombre de soldats qui n'en éprouvent aucune. »

— Diderot, voulant faire un ouvrage qui pouvait compromettre son repos, confiait son secret à un ami qui, le connaissant bien, lui dit : « Mais, vous-même, me garderez-vous bien le secret ? » En effet, ce fut Diderot qui le trahit.

— C'est M. de Maugiron qui a commis cette action horrible, que j'ai entendu conter, et qui me parut une fable. Étant à l'armée, son cuisinier fut pris comme maraudeur ; on vient le lui dire : « Je suis très-content de mon cuisinier, répondit-il ; mais j'ai un mauvais marmiton. » Il fait venir ce dernier, lui donne une lettre pour le grand-prévôt. Le malheureux y va, est saisi, proteste de son innocence, et est pendu.

— Je proposais à M. de L.... un mariage qui semblait avantageux. Il me répondit : « Pourquoi me marierais-je ? le mieux qui puisse m'arriver, en me mariant, est de n'être pas cocu, ce que j'obtiendrai encore plus sûrement en ne me mariant pas. »

— Fontenelle avait fait un opéra où il y avait un chœur de prêtres qui scandalisa les dévots ; l'archévêque de Paris voulut le faire supprimer : « Je ne me mêle point de son clergé, dit Fontenelle ; qu'il ne se mêle pas du mien. »

— M. d'Alembert a entendu dire au roi de

Prusse, qu'à la bataille de Minden, si M. de Broglie eût attaqué les ennemis et secondé M. de Contades, le prince Ferdinand était battu. Les Broglie ont fait demander à M. d'Alembert s'il était vrai qu'il eût entendu dire ce fait au roi de Prusse, et il a répondu qu'oui.

—Un courtisan disait: « Ne se brouille pas avec moi qui veut. »

— On demandait à M. de Fontenelle mourant: « Comment cela va-t-il ?—Cela ne va pas, dit-il ; cela s'en va. »

—Le roi de Pologne, Stanislas, avait des bontés pour l'abbé Porquet, et n'avait encore rien fait pour lui. L'abbé lui en faisait l'observation : « Mais, mon cher abbé, dit le roi, il y a beaucoup de votre faute ; vous tenez des discours très-libres; on prétend que vous ne croyez pas en Dieu; il faut vous modérer ; tâchez d'y croire ; je vous donne un an pour cela. »

—M. Turgot, qu'un de ses amis ne voyait plus depuis long-temps, dit à cet ami, en le retrouvant : « Depuis que je suis ministre, vous m'avez disgracié. »

—Louis XV ayant refusé vingt-cinq mille francs de sa cassette à Lebel, son valet de chambre, pour la dépense de ses petits appartemens, et lui disant de s'adresser au trésor royal, Lebel lui répondit : « Pourquoi m'exposerais-je aux refus et aux tracasseries de ces gens-là, tandis que vous avez là plusieurs millions ? » Le roi lui répartit:

« Je n'aime point à me dessaisir ; il faut toujours avoir de quoi vivre. » (*Anecdote contée par Lebel à M. Buscher.*)

— Le feu roi était, comme on sait, en correspondance secrète avec le comte de Broglie. Il s'agissait de nommer un ambassadeur en Suède ; le comte de Broglie proposa M. de Vergennes, alors retiré dans ses terres, à son retour de Constantinople : le roi ne voulait pas ; le comte insistait. Il était dans l'usage d'écrire au roi à mi-marge, et le roi mettait la réponse à côté. Sur la dernière lettre le roi écrivit : « Je n'approuve point le choix de M. de Vergennes ; c'est vous qui m'y forcez : soit, qu'il parte ; mais je défends qu'il amène sa vilaine femme avec lui. » (*Anecdote contée par Favier, qui avait vu la réponse du roi dans les mains du comte de Broglie.*)

— On s'étonnait de voir le duc de Choiseul se soutenir aussi long-temps contre madame Dubarri. Son secret était simple : au moment où il paraissait le plus chanceler, il se procurait une audience ou un travail avec le roi, et lui demandait ses ordres relativement à cinq ou six millions d'économie qu'il avait faite dans le département de la guerre, observant qu'il n'était pas convenable de les envoyer au trésor royal. Le roi entendait ce que cela voulait dire, et lui répondait : « Parlez à Bertin ; donnez-lui trois millions en tels effets : je vous fais présent du reste. » Le roi partageait ainsi avec le ministre ; et n'étant pas sûr que son successeur lui offrît les mêmes facilités, gardait M. de Choiseul, malgré les intrigues de madame Dubarri.

— M. Harris, fameux négociant de Londres, se trouvant à Paris dans le cours de l'année 1786, à l'époque de la signature du traité de commerce, disait à des Français : « Je crois que la France n'y perdra un million sterling par an que pendant les vingt-cinq ou trente premières années, mais qu'ensuite la balance sera parfaitement égale. »

— On sait que M. de Maurepas se jouait de tout ; en voici une preuve nouvelle. M. Francis avait été instruit par une voie sûre, mais sous le secret, que l'Espagne ne se déclarerait dans la guerre d'Amérique que pendant l'année 1780. Il l'avait affirmé à M. de Maurepas ; et une année s'étant passée sans que l'Espagne se déclarât, le prophète avait pris du crédit. M. de Vergennes fit venir M. Francis, et lui demanda pourquoi il répandait ce bruit. Celui-ci répondit : « C'est que j'en suis sûr. » Le ministre, prenant la morgue ministérielle, lui ordonna de lui dire sur quoi il fondait cette opinion. M. Francis répondit que c'était son secret ; et que, n'étant pas en activité, il ne devait rien au gouvernement. Il ajouta que M. le comte de Maurepas savait, sinon son secret, au moins tout ce qu'il pouvait dire là-dessus. M. de Vergenne fut étonné ; il en parle à M. de Maurepas, qui lui dit : « Je le savais ; j'ai oublié de vous le dire. »

— M. de Tressan, autrefois amant de madame

de Genlis, et père de ses deux enfans, alla, dans sa vieillesse, les voir à Sillery, une de leurs terres. Ils l'accompagnèrent dans sa chambre à coucher, et ouvrirent les rideaux de son lit, dans lequel ils avaient fait mettre le portrait de leur défunte mère. Il les embrassa, s'attendrit ; ils partagèrent sa sensibilité : et cela produisit une scène de sentiment la plus ridicule du monde.

— Le duc de Choiseul avait grande envie de ravoir les lettres qu'il avait écrites à M. de Calonne dans l'affaire de M. de la Chalotais; mais il était dangereux de manifester ce désir. Cela produisit une scène plaisante entre lui et M. de Calonne, qui tirait ces lettres d'un porte-feuille, bien numérotées, les parcourait, et disait à chaque fois : « En voilà une bonne à brûler », ou telle autre plaisanterie ; M. de Choiseul dissimulant toujours l'importance qu'il y mettait, et M. de Calonne se divertissant de son embarras, et lui disant : « Si je ne fais pas une chose dangereuse pour moi, cela m'ôte tout le piquant de la scène. » Mais ce qu'il y eut de plus singulier, c'est que M. d'Aiguillon l'ayant su, écrivit à M. de Calonne : « Je sais, monsieur, que vous avez brûlé les lettres de M. de Choiseul relatives à l'affaire de M. de la Chalotais ; je vous prie de garder toutes les miennes. »

— Quand l'archevêque de Lyon, Montazet, alla prendre possession de son siége, une vieille chanoinesse de....., sœur du cardinal de Tencin, lui fit compliment de ses succès auprès des femmes, et entr'autres de l'enfant qu'il avait eu de madame de Mazarin. Le prélat nia tout, et ajouta : « Madame, vous savez que la calomnie ne vous a pas ménagée vous-même ; mon histoire avec madame de Mazarin n'est pas plus vraie que celle qu'on vous prête avec M. le cardinal. — En ce cas, dit la chanoinesse tranquillement, l'enfant est de vous. »

— Un homme très-pauvre, qui avait fait un livre contre le gouvernement, disait : « Morbleu ! la Bastille n'arrive point ; et voilà qu'il faut tout à l'heure payer mon terme. »

— Le roi et la reine de Portugal étaient à Belem, pour aller voir un combat de taureaux, le jour du tremblement de terre de Lisbonne ; c'est ce qui les sauva ; et une chose avérée, et qui m'a été garantie par plusieurs Français alors en Portugal, c'est que le roi n'a jamais su l'énormité du désastre. On lui parla d'abord de quelques maisons tombées, ensuite de quelques églises ; et, n'étant jamais revenu à Lisbonne, on peut dire qu'il est le seul homme de l'Europe qui ne se soit pas fait une véritable idée du désastre arrivé à une lieue de lui.

— Madame de C.... disait à M. de B.... : « J'aime en vous.... — Ah, madame ! dit-il avec feu, si vous savez quoi, je suis perdu. »

— J'ai connu un misantrope, qui avait des instans de bonhomie, dans lesquels il disait : « Je ne serais pas étonné qu'il y eût quelque honnête homme caché dans quelque coin, et que personne ne connaisse. »

— Le maréchal de Broglie, affrontant un danger inutile et ne voulant pas se retirer, tous ses amis faisaient de vains efforts pour lui en faire sentir la nécessité. Enfin, l'un d'entr'eux, M. de Jaucour, s'approcha, et lui dit à l'oreille : « Monsieur le maréchal, songez que, si vous êtes tué, c'est M. de Routhe qui commandera. » C'était le plus sot des lieutenans-généraux. M. de Broglie, frappé du danger que courait l'armée, se retira.

— Le prince de Conti pensait et parlait mal de M. de Silhouette. Louis xv lui dit un jour : « On songe pourtant à le faire contrôleur-général. — Je le sais, dit le prince; et, s'il arrive à cette place, je supplie votre majesté de me garder le secret. » Le roi, quand M. de Silhouette fut nommé, en apprit la nouvelle au prince, et ajouta : « Je n'oublie point la promesse que je vous ai faite, d'autant plus que vous avez une affaire qui doit se rapporter au conseil. » (*Anecdote contée par madame de Bouflers.*)

— Le jour de la mort de madame de Châteauroux, Louis xv paraissait accablé de chagrin; mais ce qui est extraordinaire, c'est le mot par lequel il le témoigna : « *Être malheureux pendant quatre-vingt-dix ans! car je suis sûr que je vivrai jusques-là.* » Je l'ai ouï raconter par madame de Luxembourg, qui l'entendit elle-même, et qui ajoutait : « Je n'ai raconté ce trait que depuis la mort de Louis xv. » Ce trait méritait pourtant d'être su, pour le singulier mélange qu'il contient d'amour et d'égoïsme.

— Un homme buvait à table d'excellent vin, sans le louer. Le maître de la maison lui en fit servir de très-médiocre. « Voilà de bon vin, dit le buveur silencieux. — C'est du vin à dix sous, dit le maître, et l'autre est du vin des dieux. — Je le sais, reprit le convive ; aussi ne l'ai-je pas loué. C'est celui-ci qui a besoin de recommandation. »

— Duclos disait, pour ne pas profaner le nom de Romain, en parlant des Romains modernes : *Un Italien de Rome.*

— « Dans ma jeunesse même, me disait M...., j'aimais à intéresser, j'aimais assez peu à séduire, et j'ai toujours détesté de corrompre. »

— M. me disait : « Toutes les fois que je vais chez quelqu'un, c'est une préférence que je lui donne sur moi ; je ne suis pas assez désœuvré pour y être conduit par un autre motif. »

— « Malgré toutes les plaisanteries qu'on rebat sur le mariage, disait M...., je ne vois pas ce qu'on peut dire contre un homme de soixante ans qui épouse une femme de cinquante-cinq. »

— M. de L.... me disait de M. de R.... : « C'est l'entrepôt du venin de toute la société. Il le rassemble comme les crapauds, et le darde comme les vipères. »

— On disait de M. de Calonne, chassé après la déclaration du déficit : « On l'a laissé tranquille quand il a mis le feu, et on l'a puni quand il a sonné le tocsin. »

— Je causais un jour avec M. de V...., qui paraît vivre sans illusions, dans un âge où l'on en est encore susceptible. Je lui témoignais la surprise qu'on avait de son indifférence. Il me répondit gravement : » On ne peut pas être et avoir été. J'ai été dans mon temps, tout comme un autre, l'amant d'une femme galante, le jouet d'une coquette, le passe-temps d'une femme frivole, l'instrument d'une intrigante. Que peut-on être de plus ? — L'ami d'une femme sensible. — Ah! nous voilà dans les romans. »

— « Je vous prie de croire, disait M... à un homme très-riche, que je n'ai pas besoin de ce qui me manque. »

— M...., à qui on offrait une place dont quelques fonctions blessaient sa délicatesse, répondit : « Cette place ne convient ni à l'amour-propre que je me permets, ni à celui que je me commande. »

— Un homme d'esprit ayant lu les petits traités de M. d'Alembert sur l'élocution oratoire, sur la poésie, sur l'ode, on lui demanda ce qu'il en pensait. Il répondit : « Tout le monde ne peut pas être sec. »

— M...., qui avait une collection des discours de réception à l'académie française, me disait : « Lorsque j'y jette les yeux, il me semble voir des carcasses de feu d'artifice, après la Saint-Jean. »

— « Je repousse, disait M..., les bienfaits de la protection, je pourrais peut-être recevoir et honorer ceux de l'estime, mais je ne chéris que ceux de l'amitié. »

— On demandait à M.... qu'est-ce qui rend plus aimable dans la société? Il répondit : « C'est de plaire. »

— On disait à un homme que M...., autrefois son bienfaiteur, le haïssait. « Je demande, répondit-il, la permission d'avoir un peu d'incrédulité à cet égard. J'espère qu'il ne me forcera pas à changer en respect pour moi, le seul sentiment que j'ai besoin de lui conserver. »

— M... tient à ses idées. Il aurait de la suite dans l'esprit, s'il avait de l'esprit. On en ferait quelque chose, si l'on pouvait changer ses préjugés en principes.

— Une jeune personne, dont la mère était jalouse et à qui les treize ans de sa fille déplaisaient infiniment, me disait un jour : « J'ai toujours envie de lui demander pardon d'être née. »

— M...., homme de lettres connu, n'avait fait aucune démarche pour voir tous ces princes voyageurs, qui, dans l'espace de trois ans, sont venus en France l'un après l'autre. Je lui demandai la raison de ce peu d'empressement. Il me répondit: « Je n'aime, dans les scènes de la vie, que ce qui met les hommes dans un rapport simple et vrai les uns avec les autres. Je sais, par exemple, ce que c'est qu'un père et un fils, un amant et une maîtresse, un ami et une amie, un protecteur et un protégé, et même un acheteur et un vendeur, etc. ; mais ces visites produisant des scènes sans objet, où tout est comme réglé par l'étiquette, dont le dialogue est comme écrit d'avance, je n'en fais aucun cas. J'aime mieux un canevas italien, qui a du moins le mérite d'être joué à l'impromptu. »

— M.... voyant, dans ces derniers temps, jusqu'à quel point l'opinion publique influait sur les grandes affaires, sur les places, sur le choix des ministres, disait à M. de L..., en faveur d'un homme qu'il voulait voir arriver : « Faites-nous, en sa faveur, un peu d'opinion publique. »

— Je demandais à M. N.... pourquoi il n'allait plus dans le monde. Il me répondit : « C'est que je n'aime plus les femmes, et que je connais les hommes. »

— M.... disait de Sainte-Foix, homme indifférent au mal et au bien, dénué de tout instinct moral : « C'est un chien placé entre une pastille et un excrément, et ne trouvant d'odeur ni à l'une ni à l'autre. »

— M... avait montré beaucoup d'insolence et de vanité, après une espèce de succès au théâtre (c'était son premier ouvrage). Un de ses amis lui dit : « Mon ami, tu sèmes les ronces devant toi ; tu les trouveras en repassant. »

—« La manière dont je vois distribuer l'éloge et le blâme, disait M. de B...., donnerait au plus honnête homme du monde l'envie d'être diffamé. »

— Une mère, après un trait d'entêtement de son fils, disait que les enfans étaient très-égoïstes. « Oui, dit M...., en attendant qu'ils soient polis. »

— On disait à M.... : « Vous aimez beaucoup la considération. » Il répondit ce mot qui me frappa : « Non, j'en ai pour moi, ce qui m'attire quelquefois celle des autres. »

— On compte cinquante-six violations de la foi publique, depuis Henri IV jusqu'au ministère du cardinal de Loménie inclusivement. M. D.... appliquait aux fréquentes banqueroutes de nos rois, ces deux vers de Racine :

> Et d'un trône si saint la moitié n'est fondée
> Que sur la foi promise, et rarement gardée.

— On disait à M...., académicien : « Vous vous marierez quelque jour. » Il répondit : « J'ai tant plaisanté l'académie, et j'en suis ; j'ai toujours peur qu'il ne m'arrive la même chose pour le mariage. »

— M.... disait de mademoiselle...., qui n'était point vénale, n'écoutait que son cœur, et restait fidèle à l'objet de son choix : « C'est une personne charmante, et qui vit le plus honnêtement qu'il est possible, hors du mariage et du célibat. »

— Un mari disait à sa femme : « Madame, cet

homme a des droits sur vous, il vous a manqué devant moi; je ne le souffrirai pas. Qu'il vous maltraite quand vous êtes seule : mais, en ma présence, c'est me manquer à moi-même. »

— J'étais à table à côté d'un homme, qui me demanda si la femme qu'il avait devant lui, n'était pas la femme de celui qui était à côté d'elle. J'avais remarqué que celui-ci ne lui avait pas dit un mot; c'est ce qui me fit répondre à mon voisin : « Monsieur, ou il ne la connaît pas, ou c'est sa femme. »

— Je demandais à M. de.... s'il se marierait. « Je ne le crois pas, me disait-il; » et il ajouta en riant : « La femme qu'il me faudrait, je ne la cherche point, je ne l'évite même pas. »

— Je demandais à M. de T.... pourquoi il négligeait son talent, et paraissait si complètement insensible à la gloire; il me répondit ces propres paroles : « Mon amour-propre a péri dans le naufrage de l'intérêt que je prenais aux hommes. »

— On disait à un homme modeste : « Il y a quelquefois des fentes au boisseau sous lequel se cachent les vertus. »

— M...., qu'on voulait faire parler sur différens abus publics ou particuliers, répondit froidement : « Tous les jours j'accrois la liste des choses dont je ne parle plus. Le plus philosophe est celui dont la liste est la plus longue. »

— « Je proposerais volontiers, disait M. D...., je proposerais aux calomniateurs et aux méchans le traité que voici. Je dirais aux premiers : je veux bien que l'on me calomnie, pourvu que, par une action ou indifférente ou même louable, j'aie fourni le fond de la calomnie ; pourvu que son travail ne soit que la broderie du canevas ; pourvu qu'on n'invente pas les faits en même temps que les circonstances ; en un mot, pourvu que la calomnie ne fasse pas les frais à la fois et du fond et de la forme. Je dirais aux méchans : je trouve simple qu'on me nuise, pourvu que celui qui me nuit y ait quelque intérêt personnel ; en un mot, qu'on ne me fasse pas du mal gratuitement comme il arrive. »

— On disait d'un escrimeur adroit mais poltron, spirituel et galant auprès des femmes, mais impuissant : « Il manie très-bien le fleuret et la fleurette, mais le duel et la jouissance lui font peur. »

— « C'est bien mal fait, disait M...., d'avoir laissé tomber le cocuage, c'est-à-dire, de s'être arrangé pour que ce ne soit plus rien. Autrefois, c'était un état dans le monde, comme de nos jours celui de joueur. A présent, ce n'est plus rien du tout. »

— M. de L...., connu pour misantrope, me disait un jour à propos de son goût pour la solitude : « Il faut diablement aimer quelqu'un pour le voir. »

— M.... aime qu'on dise qu'il est méchant, à peu près comme les jésuites n'étaient pas fâchés qu'on dît qu'ils assassinaient les rois. C'est l'orgueil qui veut régner par la crainte sur la faiblesse.

— Un célibataire, qu'on pressait de se marier, répondit plaisamment : « Je prie Dieu de me préserver des femmes, aussi bien que je me préserverai du mariage. »

— Un homme parlait du respect que mérite le public. « Oui, dit M...., le respect qu'il obtient de la prudence. Tout le monde méprise les harangères; cependant qui oserait risquer de les offenser en traversant la halle ? »

— Je demandais à M. R...., homme plein d'esprit et de talens, pourquoi il ne s'était nullement montré dans la révolution de 1789; il me répondit : « C'est que, depuis trente ans, j'ai trouvé les hommes si méchans en particulier et pris un à un, que je n'ai osé espérer rien de bon d'eux, en public et pris collectivement. »

— « Il faut que ce qu'on appelle *la police* soit une chose bien terrible, disait plaisamment madame de...., puisque les Anglais aiment mieux les voleurs et les assassins, et que les Turcs aiment mieux la peste. »

— « Ce qui rend le monde désagréable, me disait M. de L...., ce sont les fripons, et puis les honnêtes gens; de sorte que, pour que tout fût passable, il faudrait anéantir les uns et corriger les autres; il faudrait détruire l'enfer et récomposer le paradis. »

— D.... s'étonnait de voir M. de L...., homme très-accrédité, échouer dans tout ce qu'il essayait de faire pour un de ses amis. C'est que la faiblesse de son caractère anéantit la puissance de sa position. Celui qui ne sait pas ajouter sa volonté à sa force, n'a point de force.

— Quand madame de F..... a dit joliment une chose bien pensée, elle croit avoir tout fait ; de façon que, si une de ses amies faisait à sa place ce qu'elle a dit qu'il fallait faire, cela ferait à elles deux une philosophe. M. de.... disait d'elle que, quand elle a dit une jolie chose sur l'émétique, elle est toute surprise de n'être point purgée.

— Un homme d'esprit définissait Versailles un pays où, en descendant, il faut toujours paraître monter, c'est-à-dire, s'honorer de fréquenter ce qu'on méprise.

— M.... me disait qu'il s'était toujours bien trouvé des maximes suivantes sur les femmes : « Parler toujours bien du sexe en général, louer celles qui sont aimables, se taire sur les autres, les voir peu, ne s'y fier jamais, et ne jamais laisser dépendre son bonheur d'une femme, quelle qu'elle soit. »

— Un philosophe me disait qu'après avoir examiné l'ordre civil et politique des sociétés, il n'étudiait plus que les sauvages dans les livres des voyageurs, et les enfans dans la vie ordinaire.

— Madame de.... disait de M. B..... « Il est honnête, mais médiocre et d'un caractère épineux : c'est comme la perche, blanche, saine, mais insipide et pleine d'arêtes. »

— M.... étouffe plutôt ses passions qu'il ne sait les conduire. Il me disait là-dessus : « Je ressemble à un homme qui, étant à cheval, et ne sachant pas gouverner sa bête qui l'emporte, la tue d'un coup de pistolet et se précipite avec elle. »

— « Ne voyez vous pas, disait M..., que je ne suis rien que par l'opinion qu'on a de moi ; que lorsque je m'abaisse je perds de ma force, et que je tombe lorsque je descends ? »

— C'est une chose bien extraordinaire que deux auteurs pénétrés et panégyristes, l'un en vers, l'autre en prose, de l'amour immoral et libertin, Crébillon et Bernard, soient morts épris passionnément de deux filles. Si quelque chose est plus étonnant, c'est de voir l'amour sentimental posséder madame de Voyer jusqu'au dernier moment, et la passionner pour le vicomte de Noailles ; tandis que, de son côté, M. de Voyer a laissé deux cassettes pleines de lettres céladoniques copiées deux fois de sa main. Cela rappelle les poltrons, qui chantent pour déguiser leur peur.

— « Qu'un homme d'esprit, disait en riant M. de..., ait des doutes sur sa maîtresse, cela se conçoit ; mais sur sa femme ! il faut être bien bête. »

— C'est un caractère curieux que celui de M. L... ; son esprit est plaisant et profond ; son cœur est fier et calme ; son imagination est douce, vive et même passionnée.

— Je demandais à M.... pourquoi il avait refusé plusieurs places ; il me répondit: « Je ne veux rien de ce qui met un rôle à la place d'un homme. »

— « Dans le monde, disait M..., vous avez trois sortes d'amis : vos amis qui vous aiment, vos amis qui ne se soucient pas de vous, et vos amis qui vous haïssent. »

— M.... disait : « Je ne sais pourquoi madame de L.... désire tant que j'aille chez elle ; car quand j'ai été quelque temps sans y aller, je la méprise moins. » On pourrait dire cela du monde en général.

— D..., misantrope plaisant, me disait, à propos de la méchanceté des hommes : « Il n'y a que l'inutilité du premier déluge qui empêche Dieu d'en envoyer un second. »

— On attribuait à la philosophie moderne le tort d'avoir multiplié le nombre des célibataires ; sur quoi M.... dit : « Tant qu'on ne me prouvera pas que ce sont les philosophes qui se sont cotisés pour faire les fonds de mademoiselle Bertin, et pour élever sa boutique, je croirai que le célibat pourrait bien avoir une autre cause. »

M. de.... disait qu'il ne fallait rien lire dans les séances publiques de l'académie française, par-delà ce qui est imposé par les statuts ; et il motivait son avis en disant : « En fait d'inutilités, il ne faut que le nécessaire. »

— N.... disait qu'il fallait toujours examiner si la liaison d'une femme et d'un homme est d'âme à âme, ou de corps à corps ; si celle d'un particulier et d'un homme en place ou d'un homme de la cour, est de sentiment à sentiment, ou de position à position, etc.

— On proposait un mariage à M...; il répondit : « Il y a deux choses que j'ai toujours aimées à la folie ; ce sont les femmes et le célibat. J'ai perdu ma première passion, il faut que je conserve la seconde. »

— « La rareté d'un sentiment vrai fait que je m'arrête quelquefois dans les rues à regarder un chien ronger un os : c'est au retour de Versailles, Marly, Fontainebleau, disait M. de..., que je suis plus curieux de ce spectacle. »

— M. Thomas me disait un jour : « Je n'ai pas besoin de mes contemporains ; mais j'ai besoin de la postérité. » Il aimait beaucoup la gloire. « Beau résultat de philosophie, lui dis-je, de pouvoir se passer des vivans, pour avoir besoin de ceux qui ne sont pas nés ! »

— N.... disait à M. Barthe : « Depuis dix ans que je vous connais, j'ai toujours cru qu'il était impossible d'être votre ami ; mais je me suis trompé ; il y en aurait un moyen. — Et lequel ? — Celui de faire une parfaite abnégation de soi, et d'adorer sans cesse votre égoïsme. »

— M. de R... était autrefois moins dur et moins dénigrant qu'aujourd'hui ; il a usé toute son indulgence; et le peu qui lui en reste, il le garde pour lui.

— M.... disait que le désavantage d'être au-dessous des princes est richement compensé par l'avantage d'en être loin.

— On proposait à un célibataire de se marier. Il répondit par de la plaisanterie; et comme il y avait mis beaucoup d'esprit, on lui dit : « Votre femme ne s'ennuierait pas. » Sur quoi il répondit : « Si elle était jolie, sûrement elle s'amuserait tout comme une autre. »

— On accusait M..... d'être misantrope. « Moi, dit-il, je ne le suis pas; mais j'ai bien pensé l'être, et j'ai vraiment bien fait d'y mettre ordre.—Qu'avez-vous fait pour l'empêcher? Je me suis fait solitaire. »

— Il est temps, disait M......, que la philosophie ait aussi son *index*, comme l'inquisition de Rome et de Madrid. Il faut qu'elle fasse une liste des livres qu'elle proscrit, et cette proscription sera plus considérable que celle de sa rivale. Dans les livres même qu'elle approuve en général, combien d'idées particulières ne condamnerait-elle pas comme contraires à la morale, et même au bon sens! »

— » Ce jour-là je fus très-aimable, point brutal, me disait M. S..., qui était en effet l'un et l'autre. »

— M...., qui venait de publier un ouvrage qui avait beaucoup réussi, était sollicité d'en publier un second, dont ses amis faisaient grand cas.

« Non, dit-il, il faut laisser à l'envie le temps d'essuyer son écume. »

— M.... me dit un jour plaisamment, à propos des femmes et de leurs défauts : « Il faut choisir d'aimer les femmes ou de les connaître : il n'y a pas de milieu. »

— M...., jeune homme, me demandait pourquoi madame de B.... avait refusé son hommage qu'il lui offrait, pour courir après celui de M. de L...., qui semblait se refuser à ses avances. Je lui dis : « Mon cher ami, Gênes, riche et puissante, a offert sa souveraineté à plusieurs rois qui l'ont refusée; et on a fait la guerre pour la Corse, qui ne produit que des châtaignes, mais qui était fière et indépendante. »

— Un des parens de M. de Vergennes lui demandait pourquoi il avait laissé arriver au ministère de Paris le baron de Breteuil, qui était dans le cas de lui succéder. « C'est que, dit-il, c'est un homme qui, ayant toujours vécu dans le pays étranger, n'est pas connu ici; c'est qu'il a une réputation usurpée ; que quantité de gens le croient digne du ministère : il faut les détromper, le mettre en évidence, et faire voir ce que c'est que le baron de Breteuil. »

— On reprochait à M. L...., homme de lettres, de ne plus rien donner au public. « Que voulez-vous qu'on imprime, dit-il, dans un pays où l'almanach de Liége est défendu de temps en temps? »

— M........ disait de M. de La Reynière, chez

qui tout le monde va pour sa table, et qu'on trouve très-ennuyeux : « On le mange, mais on ne le digère pas. »

— M. de F......., qui avait vu à sa femme plusieurs amans, et qui avait toujours joui de temps en temps de ses droits d'époux, s'avisa un soir de vouloir en profiter. Sa femme s'y refuse. « Eh quoi ! lui dit-elle, ne savez-vous pas que je suis en affaire avec M....? — Belle raison, dit-il ! ne m'avez-vous pas laissé mes droits quand vous aviez L...., S...., N...., B... T...? Oh ! quelle différence ! était-ce de l'amour que j'avais pour eux ? Rien, pures fantaisies ; mais avec M...... c'est un sentiment : c'est à la vie et à la mort. — Ah ! je ne savais pas cela ; n'en parlons plus. » Et en effet tout fut dit. M. de R....., qui entendait conter cette histoire, s'écria : « Mon Dieu ! que je vous remercie d'avoir amené le mariage à produire de pareilles gentillesses ! »

— « Mes ennemis ne peuvent rien contre moi, disait M......; car ils ne peuvent m'ôter la faculté de bien penser, ni celle de bien faire.

— Je demandais à M.... s'il se marierait. Il me répondit : « Pourquoi faire ? pour payer au roi de France la capitation et les trois vingtièmes après ma mort ? »

— M. de.... demandait à l'évêque de... une maison de campagne où il n'allait jamais. Celui-ci lui répondit : « Ne savez-vous pas qu'il faut toujours avoir un endroit où l'on n'aille point, et où l'on croie que l'on serait heureux si on y allait ? M. de....., après un instant de silence, répondit : « Cela est vrai, et c'est ce qui a fait la fortune du paradis. »

— Milton, après le rétablissement de Charles II, était dans le cas de reprendre une place très-lucrative qu'il avait perdue ; sa femme l'y exhortait ; il lui répondit : « Vous êtes femme, et vous voulez avoir un carosse ; moi, je veux vivre et mourir en honnête homme. »

— Je pressais M. de L..... d'oublier les torts de M. de B..... qui l'avait autrefois obligé ; il me répondit : « Dieu a recommandé le pardon des injures ; il n'a point recommandé celui des bienfaits. »

— M...... me disait : « Je ne regarde le roi de France que comme le roi d'environ cent mille hommes, auxquels il partage et sacrifie la sueur, le sang et les dépouilles de vingt-quatre millions neuf cents mille hommes, dans des proportions déterminées par les idées féodales, militaires, anti-morales et anti-politiques qui avilissent l'Europe depuis vingt siècles. »

— M. de Calonne, voulant introduire des femmes dans son cabinet, trouva que la clef n'entrait point dans la serrure. Il lâcha un f...... d'impatience ; et, sentant sa faute : « Pardon, mesdames, dit-il ! j'ai fait bien des affaires dans ma vie, et j'ai vu qu'il n'y a qu'un mot qui serve. » En effet, la clef entra tout de suite.

— Je demandais à M..... pourquoi, en se condamnant à l'obscurité, il se dérobait au bien qu'on pouvait lui faire. « Les hommes, me dit-il, ne peuvent rien faire pour moi qui vaille leur oubli.»

— M. de... promettait je ne sais quoi à M. L...., et jurait foi de gentilhomme. Celui-ci lui dit : « Si cela vous est égal, ne pourriez-vous pas dire foi d'honnête homme ? »

— Le fameux Ben-Jonhson disait que tous ceux qui avaient pris les Muses pour femmes étaient morts de faim, et que ceux qui les avaient prises pour maîtresses s'en étaient fort bien trouvés. Cela revient assez à ce que j'ai ouï dire à Diderot, qu'un homme de lettres sensé pouvait être l'amant d'une femme qui fait un livre ; mais ne devait être le mari que de celle qui sait faire une chemise. Il y a mieux que tout cela : c'est de n'être ni l'amant de celle qui fait un livre, ni le mari d'aucune.

— « J'espère qu'un jour, disait M...., au sortir de l'assemblée nationale, présidée par un juif, j'assisterai au mariage d'un catholique séparé par divorce de sa première femme luthérienne, et épousant une jeune anabaptiste ; qu'ensuite nous irons dîner chez le curé, qui nous présentera sa femme, jeune personne de la religion anglicane, qu'il aura lui-même épousée en secondes noces, étant fille d'une calviniste. »

— « Ce doit être, me disait M. de M......., un homme très-vulgaire, que celui qui dit à la for-

tunè : « Je ne veux de toi qu'à telle condition ; tu
« subiras le joug que je veux t'imposer » ; et qui
dit à la gloire : « Tu n'es qu'une fille à qui je veux
» bien faire quelques caresses, mais que je re-
» pousserai si tu en risques avec moi de trop fami-
» lières et qui ne conviennent pas. » C'était lui-
même qu'il peignait ; et tel est en effet son caractère.

— On disait d'un courtisan léger, mais non
corrompu : « Il a pris de la poussière dans le tour-
billon ; mais il n'a pas pris de tache dans la boue. »

— M....... disait qu'il fallait qu'un philosophe
commençât par avoir le bonheur des morts, celui
de ne pas souffrir et d'être tranquille ; puis celui
des vivans, de penser, sentir et s'amuser. »

— M. de Vergennes n'aimait pas les gens de
lettres, et on remarqua qu'aucun écrivain disti-
gué n'avait fait des vers sur la paix de 1783 ; sur
quoi quelqu'un disait : « Il y en a deux raisons ;
il ne donne rien aux poètes et ne prête pas à la
poésie. »

— Je demandais à M.... qu'elle était sa raison
de refuser un mariage avantageux. « Je ne veux
point me marier, dit-il, dans la crainte d'avoir
un fils qui me ressemble. » Comme j'étais surpris,
vu que c'est un très-honnête homme : « Oui, dit-
il, oui, dans la crainte d'avoir un fils qui, étant
pauvre comme moi, ne sache ni mentir, ni flatter, ni ramper, et ait à subir les mêmes épreuves
que moi. »

— Une femme parlait emphatiquement de sa vertu, et ne voulait plus, disait-elle, entendre parler d'amour. Un homme d'esprit dit là-dessus : « A quoi bon toute cette forfanterie? ne peut-on pas trouver un amant sans dire cela? »

— Dans le temps de l'assemblée des notables, un homme voulait faire parler le perroquet de madame de.... « Ne vous fatiguez pas, lui dit elle, il n'ouvre jamais le bec. — Comment avez-vous un perroquet qui ne dit mot? Ayez-en un qui dise au moins : *Vive le roi!* — Dieu m'en préserve, dit-elle : un perroquet disant vive le roi! je ne l'aurais plus; on en aurait fait un notable. »

— Un malheureux portier, à qui les enfans de son maître refusèrent de payer un legs de mille livres, qu'il pouvait réclamer par justice, me dit : « Voulez-vous, monsieur, que j'aille plaider contre les enfans d'un homme que j'ai servi vingt-cinq ans, et que je sers eux-mêmes depuis quinze? » Il se faisait, de leur injustice même, une raison d'être généreux à leur égard.

— On demandait à M......... pourquoi la nature avait rendu l'amour indépendant de notre raison. « C'est, dit-il, parce que la nature ne songe qu'au maintien de l'espèce; et, pour la perpétuer, elle n'a que faire de notre sottise. Qu'étant ivre, je m'adresse à une servante de cabaret ou à une fille, le but de la nature peut-être aussi bien rempli, que si j'eusse obtenu Clarisse après deux ans de soins; au lieu que ma raison me sauverait de la servante, de la fille, et de Clarisse même peut-être. A ne consulter que la raison, quel est l'homme qui voudrait être père et se préparer tant de soucis pour un long avenir? Quelle femme, pour une épilepsie de quelques minutes, se donnerait une maladie d'une année entière? la nature, en nous dérobant à notre raison, assure mieux son empire; et voilà pourquoi elle a mis de niveau sur ce point Zénobie et sa fille de basse-cour, Marc-Aurèle et son palefrenier. »

— M...... est un homme mobile, dont l'âme est ouverte à toutes les impressions, dépendant de ce qu'il voit, de ce qu'il entend, ayant une larme prête pour la belle action qu'on lui raconte, et un sourire pour le ridicule qu'un sot essaye de jeter sur elle.

— M..... prétend que le monde le plus choisi est entièrement conforme à la description qui lui fut faite d'un mauvais lieu, par une jeune personne qui y logeait. Il la rencontre au Vaux-hall; il s'approche d'elle, et lui demande en quel endroit on pourrait la voir seule pour lui confier quelques petits secrets. « Monsieur, dit-elle, je demeure chez madame....... C'est un lieu très-honnête, où il ne va que des gens comme il faut, la plupart en carosse; une porte cochère, un joli salon où il y a des glaces et un beau lustre. On y soupe quelquefois et on est servi en vaisselle plate. — Comment donc, mademoiselle! j'ai vécu en bonne compagnie, et je n'ai rien vu de mieux que cela. — Ni moi non plus, qui ai pourtant habité presque toutes ces sortes de maisons. » M....... reprenait toutes les circonstances, et faisait voir qu'il n'y en avait pas une qui ne s'appliquât au monde tel qu'il est.

— M....... jouit excessivement des ridicules qu'il peut saisir et apercevoir dans le monde. Il paraît même charmé lorsqu'il voit quelqu'injustice absurde, des places données à contre-sens, des contradictions ridicules dans la conduite de ceux qui gouvernent, des scandales de toute espèce que la société offre trop souvent. D'abord j'ai cru qu'il était méchant; mais, en le fréquentant davantage, j'ai démêlé à quel principe appartient cette étrange manière de voir : c'est un sentiment honnête, une indignation vertueuse qui l'a rendu long-temps malheureux, et à laquelle il a substitué une habitude de plaisanterie, qui voudrait n'être que gaie, mais qui, devenant quelquefois amère et *sarcasmatique,* dénonce la source dont elle part.

— Les amitiés de N....... ne sont autre chose que le rapport de ses intérêts avec ceux de ses prétendus amis. Ses amours ne sont que le produit de quelques bonnes digestions. Tout ce qui est au-dessus ou au-delà n'existe point pour lui. Un mouvement noble et désintéressé en amitié, un sentiment délicat lui paraissent une folie non moins absurde que celle qui fait mettre un homme aux Petites-Maisons.

— M. de Ségur ayant publié une ordonnance qui obligeait à ne recevoir dans le corps de l'artillerie que des gentilshommes, et d'une autre part ces fonctions n'admettant que des gens instruits, il arriva une chose plaisante : c'est que l'abbé Bossut, examinateur des élèves, ne donna d'attestation qu'à des roturiers, et Cherin, qu'à des gentilshommes. Sur une centaines d'élèves, il n'y en eut que quatre ou cinq qui remplirent les deux conditions.

— M. de L...... me disait, relativement au plaisir des femmes, que lorsqu'on cesse de pouvoir être prodigue, il faut devenir avare, et qu'en ce genre celui qui cesse d'être riche commence à être pauvre. « Pour moi, dit-il, aussitôt que j'ai été obligé de distinguer entre la lettre de change payable à vue et la lettre payable à échéance, j'ai quitté la banque. »

— Un homme de lettres à qui un grand seigneur faisait sentir la supériorité de son rang, lui dit : « Monsieur le duc, je n'ignore pas ce que je dois savoir ; mais je sais aussi qu'il est plus aisé d'être au-dessus de moi qu'à côté. »

— Madame de L..... est coquette avec illusion, en se trompant elle-même. Madame de B..... l'est sans illusion ; et il ne faut pas la chercher parmi les dupes qu'elle fait.

— Le maréchal de Noailles avait un procès au parlement avec un de ses fermiers. Huit à neuf conseillers se récusèrent, disant tous : « En qualité de parent de M. de Noailles. » Et il l'étaient en effet au *huitantième* degré. Un conseiller, nommé M. Hurson, trouvant cette vanité ridicule, se leva, disant : « Je me récuse aussi. » Le premier président lui demanda en quelle qualité. Il répondit : « Comme parent du fermier. »

— Madame de........ âgée de soixante-cinq ans, ayant épousé M......, âgé de vingt-deux, quelqu'un dit que c'était le mariage de Pyrame et de Baucis.

— M....., à qui on reprochait son indifférence pour les femmes, disait : « Je puis dire sur elles ce que madame de C...... disait sur les enfans : j'ai dans la tête un fils dont je n'ai jamais pu accoucher; j'ai dans l'esprit une femme *comme il y en a peu*, qui me préserve des femmes comme il y en a beaucoup ; j'ai bien des obligations à cette femme-là.

— « Ce qui me paraît le plus comique dans le monde civil, disait M....., c'est le mariage, c'est l'état de mari ; ce qui me paraît le plus triste dans le monde politique, c'est la royauté, c'est le métier de roi. Voilà les deux choses qui m'égaient le plus : ce sont les deux sources intarissables de mes plaisanteries. Ainsi, qui me marierait et me ferait roi, m'ôterait à la fois une partie de mon esprit et de ma gaîté. »

— On avisait dans une société aux moyens de déplacer un mauvais ministre, déshonoré par vingt turpitudes. Un de ses ennemis connus dit tout-à-coup : « Ne pourrait-on pas lui faire faire quelque opération raisonnable, quelque chose d'honnête, pour le faire chasser ? »

— « Que peuvent pour moi, disait M......., les grands et les princes ? Peuvent-ils me rendre ma jeunesse ou m'ôter ma pensée, dont l'usage me console de tout ? »

— Madame de...... disait un jour à M...... : « Je ne saurais être à ma place dans votre esprit, parce que j'ai beaucoup vu pendant quelque temps M. d'Ur...... Je vais vous en dire la raison, qui est en même-temps ma meilleure excuse. Je couchais avec lui ; et je hais si fort la mauvaise compagnie, qu'il n'y avait qu'une pareille raison qui pût me justifier à mes yeux, et, je m'imagine, aux vôtres. »

— M. de B..... voyait madame de L...... tous les jours ; le bruit courut qu'il allait l'épouser. Sur quoi il dit à l'un de ses amis : « Il y a peu d'hommes qu'elle n'épousât pas plus volontiers que moi, et réciproquement. Il serait bien étrange que, dans quinze ans d'amitié, nous n'eussions pas vu combien nous sommes antipathiques l'un à l'autre. »

— « L'illusion, disait M......., ne fait d'effet sur moi, relativement aux personnes que j'aime, que celui d'un verre sur un pastel. Il adoucit les traits sans changer les rapports ni les proportions. »

— On agitait dans une société la question : *Lequel était plus agréable de donner ou de recevoir.* Les uns prétendaient que c'était de donner ; d'autres, que, quand l'amitié était parfaite, le plaisir de recevoir était peut-être aussi délicat et plus vif. Un homme d'esprit, à qui on demanda son avis, dit : « Je ne demanderais pas lequel des deux plaisirs est le plus vif ; mais je préférerais celui de donner ; il m'a semblé qu'au moins il était le plus durable ; et j'ai toujours vu que c'était celui des deux dont on se souvenait plus long-temps. »

— Les amis de M....... voulaient plier son caractère à leurs fantaisies, et, le trouvant toujours le même, disaient qu'il était incorrigible. Il leur répondit : « Si je n'étais pas incorrigible, il y a bien long-temps que je serais corrompu. »

— « Je me refuse, disait M....., aux avances de M de B......., parce que j'estime assez peu les qualités pour lesquelles il me recherche, et que, s'il savait quelles sont les qualités pour lesquelles je m'estime, il me fermerait sa porte. »

— On reprochait à M. de.......... d'être le médecin *Tant-Pis*. « Cela vient, répondit-il, de ce que j'ai vu enterrer tous les malades du médecin *Tant-Mieux*. Au moins, si les miens meurent, on n'a point à me reprocher d'être un sot. »

— Un homme qui avait refusé d'avoir madame de Staël, disait : « A quoi sert l'esprit, s'il ne sert à n'avoir point madame de....? »

— M. Joli de Fleuri, contrôleur-général en 1781, a dit à mon ami M. B.... : « Vous parlez toujours de nation ; il n'y a point de nation. Il faut dire le peuple ; le peuple que nos plus anciens publicistes définissent : *Peuple serf, corvéable et taillable à merci et miséricorde.* »

— On offrait à M.... une place lucrative qui ne lui convenait pas ; il répondit : Je sais qu'on vit avec de l'argent ; mais je sais aussi qu'il ne faut pas vivre pour de l'argent. »

— Quelqu'un disait d'un homme très-personnel : « Il brûlerait votre maison pour se faire cuire deux œufs. »

Le duc de...., qui avait autrefois de l'esprit, qui recherchait la conversation des honnêtes gens, s'est mis, à cinquante ans, à mener la vie d'un courtisan ordinaire. Ce métier et la vie de Versailles lui conviennent dans la décadence de son esprit, comme le jeu convient aux vieilles femmes.

— Un homme, dont la santé s'était rétablie en assez peu de temps, et à qui on en demandait la raison, répondit : « C'est que je compte avec moi, au lieu qu'auparavant je comptais sur moi. »

— « Je crois, disait M...., sur le duc de...., que son nom est son plus grand mérite, et qu'il a toutes les vertus qui se font dans une parcheminerie. »

— On accusait un jeune homme de la cour d'aimer les filles avec fureur. Il y avait là plusieurs femmes honnêtes et considérables avec qui cela pouvait le brouiller. Un de ses amis, qui était présent, répondit : « Exagération ! méchanceté ! il a aussi des femmes. »

M...., qui aimait beaucoup les femmes, me

disait que leur commerce lui était nécessaire, pour tempérer la sévérité de ses pensées, et occuper la sensibilité de son âme. « J'ai, disait-il, du Tacite dans la tête, et du Tibulle dans le cœur. »

— M. de L.... disait qu'on aurait dû appliquer au mariage la police relative aux maisons, qu'on loue par un bail pour trois, six et neuf ans, avec pouvoir d'acheter la maison si elle vous convient.

— « La différence qu'il y a de vous à moi, me disait M...., c'est que vous avez dit à tous les masques : « Je vous connais ; » et moi je leur ai laissé l'espérance de me tromper. Voilà pourquoi le monde m'est plus favorable qu'à vous. C'est un bal dont vous avez détruit l'intérêt pour les autres, et l'amusement pour vous-même. »

— Quand M. de R... a passé une journée sans écrire, il répète le mot de Titus : « J'ai perdu un jour. »

— « L'homme, disait M...., est un sot animal, si j'en juge par moi. »

— M.... avait, pour exprimer le mépris, une formule favorite : « C'est l'avant-dernier des hommes. — Pourquoi l'avant-dernier, lui demandait-on ? — Pour ne décourager personne ; car il y a presse. »

— « Au physique, disait M....., homme d'une santé délicate et d'un caractère très-fort, je suis le roseau qui plie et ne rompt pas ; au moral, je suis au contraire le chêne qui rompt et qui ne plie point. *Homo interior totus nervus*, dit Vanhelmont. »

— « J'ai connu, me disait M. de L......, âgé de quatre-vingt-onze ans, des hommes qui avaient un caractère grand, mais sans pureté ; d'autres qui avaient un caractère pur, mais sans grandeur. »

— M. de Condorcet avait reçu un bienfait de M. d'Anville ; celui-ci avait recommandé le secret. Il fut gardé. Plusieurs années après, il se brouillèrent ; alors M. de Condorcet révéla le secret du bienfait qu'il avait reçu. M. Talleyrand, leur ami commun, instruit, demanda à M. de Condorcet la raison de cette apparente bizarrerie. Celui-ci répondit : « J'ai tû son bienfait tant que je l'ai aimé. Je parle, parce que je ne l'aime plus. C'était alors son secret ; à présent, c'est le mien. »

— M...... disait du prince de Beauveau, grand puriste : « Quand je le rencontre dans ses promenades du matin, et que je passe dans l'ombre de son cheval (il se promène souvent à cheval pour sa santé), j'ai remarqué que je ne fais pas une faute de français de toute la journée. »

— N..... disait, qu'il s'étonnait toujours de ces festins meurtriers qu'on se donne dans le monde. « Cela se concevrait entre parens qui héritent les uns des autres ; mais entre amis qui n'héritent pas, quel peut en être l'objet ? »

— On engageait M. de.... à quitter une place, dont le titre seul faisait sa sûreté contre des hommes puissans ; il répondit : « On peut couper à Samson sa chevelure ; mais il ne faut pas lui conseiller de prendre perruque. »

— J'ai vu, disait M...., peu de fierté dont j'aie été content. Ce que je connais de mieux en ce genre, c'est celle de Satan dans le *Paradis Perdu*. ».

— « Le bonheur, disait M...., n'est pas chose aisée. Il est très-difficile de le trouver en nous, et impossible de le trouver ailleurs. »

— On disait que M.... était peu sociable. « Oui, dit un de ses amis, il est choqué de plusieurs choses qui dans la société choquent la nature. »

— On fesait la guerre à M.... sur son goût pour la solitude ; il répondit : « C'est que je suis plus accoutumé à mes défauts qu'à ceux d'autrui. »

— M. de...., se prétendant ami de M. Turgot, alla faire compliment à M. de Maurepas d'être délivré de M. Turgot.

Ce même ami de M. Turgot fut un an sans le voir après sa disgrâce ; et M. Turgot ayant eu besoin de le voir, il lui donna un rendez-vous, non chez M. Turgot, non chez lui-même, mais chez Duplessis, au moment où il se faisait peindre.

Il eut depuis la hardiesse de dire à M. Bert....., qui n'était parti de Paris que huit jours après la mort de M. Turgot : « Moi qui ai vu M. Turgot dans tous les momens de sa vie, moi, son ami intime, qui lui ai fermé les yeux. »

Il n'a commencé à braver M. Necker, que quand celui-ci fut très-mal avec M. de Maurepas ; et à sa chûte, il alla dîner chez Sainte-Foix avec Bourboulon, ennemi de Necker, qu'il méprisait tous les deux.

Il passa sa vie à médire de M. de Calonne, qu'il a fini par loger ; de M. de Vergennes, qu'il n'a cessé de capter par le moyen d'Hénin, qu'il a ensuite mis à l'écart ; il lui a substitué dans son amitié Renneval, dont il s'est servi pour faire faire un traitement très-considérable à M. Dornano, nommé pour présider à la démarcation des limites de France et d'Espagne.

Incrédule, il fait maigre les vendredi et samedi à tout hasard. Il s'est fait donner cent mille livres du roi pour payer les dettes de son frère, et a eu l'air de faire de son propre argent tout ce qu'il a fait pour lui, comme frais pour son logement du Louvre, etc. Nommé tuteur du petit Bart....., à qui sa mère avait donné cent mille écus par testament, au préjudice de sa sœur, madame de Verg....., il a fait une assemblée de famille, dans laquelle il a engagé le jeune homme à renoncer à son legs, à déchirer le testament ; et, à la première faute de jeune homme qu'a faite son pupille, il s'est débarrassé de la tutelle.

—On se souvient encore de la ridicule et excessive vanité de l'archevêque de Reims, Le Tellier-Louvois, sur son sang et sur sa naissance. On sait combien, de son temps, elle était célèbre dans toute la France. Voici une des occasions où elle se montra tout entière le plus plaisamment. Le duc d'A..., absent de la cour depuis plusieurs années, revenu dans son gouvernement de Berri, allait à Versailles. Sa voiture versa et se rompit. Il faisait un froid très-aigu. On lui dit qu'il fallait deux heures pour la remettre en état. Il vit un relais, et demanda pour qui c'était : on lui dit que c'était pour l'archevêque de Reims qui allait à Versailles aussi. Il envoya ses gens devant lui, n'en réservant qu'un, auquel il recommanda de ne point paraître sans son ordre. L'archevêque arrive. Pendant qu'on attelait, le duc charge un des gens de l'archevêque de lui demander une place pour un honnête homme, dont la voiture vient de se briser, et qui est condamné à attendre deux heures qu'elle soit rétablie. Le domestique va et fait la commission. « Quel homme est-ce? dit l'archevêque. Est-ce quelqu'un comme il faut? — Je le crois, monseigneur ; il a un air bien honnête. — Qu'appelles-tu bien honnête? est-il bien mis? — Monseigneur, simplement, mais bien. — A-t-il des gens? — Monseigneur, je l'imagine. — Va-t-en le savoir. (Le domestisque va et revient).— Monseigneur, il les a envoyés devant à Versailles. —Ah! c'est quelque chose. Mais ce n'est pas tout. Demande-lui s'il est gentilhomme. (Le laquais va et revient.) — Oui, monseigneur, il est gentilhomme. — A la bonne heure : qu'il vienne, nous verrons ce que c'est. » Le duc arrive, salue. L'archevêque fait un signe de tête, se range à peine pour faire une petite place dans sa voiture. Il voit une croix de Saint-Louis. « Monsieur, dit-il au duc, je suis fâché de vous avoir fait attendre ; mais je ne pouvais donner une place dans ma voiture à un homme de rien : vous en conviendrez. Je sais que vous êtes gentilhomme. Vous avez servi, à ce que je vois ? — Oui, monseigneur. — Et vous allez à Versailles ? — Oui, monseigneur. — Dans les bureaux, apparemment? — Non, je n'ai rien à faire dans les bureaux. Je vais remercier... — Qui ? M. de Louvois ? — Non, monseigneur, le roi. — Le roi ! (Ici l'archevêque se recule et fait un peu de place.) Le roi vient donc de vous faire quelque grâce toute récente ? — Non, monseigneur ; c'est une longue histoire. — Contez toujours. — C'est qu'il y a deux ans j'ai marié ma fille à un homme peu riche (l'archevêque reprend un peu de l'espace qu'il a cédé dans la voiture), mais d'un très-grand nom (l'archevêque recède la place.) » Le duc continue : « Sa majesté avait bien voulu s'intéresser à ce mariage.... (l'archevêque fait beaucoup de place) et avait même promis à mon gendre le premier gouvernement qui vaquerait. — Comment donc ? Un petit gouvernement sans doute ! De quelle ville ? — Ce n'est pas d'une ville, monseigneur ; c'est d'une province. — D'une province, monsieur ! crie l'archevêque, en reculant dans l'angle de sa voiture ; d'une province ! — Oui, et il va y en avoir un de vacant. — Lequel donc ? — Le mien, celui de Berri, que je veux faire passer à mon gendre. — Quoi ! monsieur... Vous êtes gouverneur de ?... Vous êtes donc le duc de?... (et il veut descendre de sa voiture...) Mais, monsieur le duc, que ne parliez vous? Mais cela est incroyable. Mais à quoi m'exposez-vous! Pardon de vous avoir fait attendre...... Ce maraud de laquais qui ne me dit pas.... Je suis bien heureux encore d'avoir cru, sur votre parole, que vous étiez gentilhomme : tant de gens le disent sans l'être ! Et puis ce d'Hosier est un fripon ! Ah! M. le duc, je suis confus.—Remettez-vous, monseigneur. Pardonnez à votre laquais, qui s'est contenté de vous dire que j'étais un honnête homme. Pardonnez à d'Hosier, qui vous exposait à recevoir dans votre voiture un vieux militaire non titré; et pardonnez-moi aussi de n'avoir pas commencé par faire mes preuves, pour monter dans votre carosse. »

— Au Pérou, il n'était permis qu'aux nobles d'étudier. Les nôtres pensent différemment.

— Louis xiv, voulant envoyer en Espagne un portrait du duc de Bourgogne, le fit faire par Coypel ; et, voulant en retenir un pour lui-même, chargea Coypel d'en faire faire une copie. Les deux tableaux furent exposés en même temps dans la galerie : il était impossible de les distinguer. Louis xiv, prévoyant qu'il allait se trouver dans cet embarras, prit Coypel à part, et lui dit: « Il n'est pas décent que je me trompe en cette occasion; dites-moi de quel côté est le tableau original.» Coypel le lui indiqua ; et Louis xiv, repassant, dit : « La copie et l'original sont si semblables qu'on pourrait s'y méprendre; cependant on peut voir avec un peu d'attention que celui-ci est l'original. »

— M.... disait d'un sot sur lequel il n'y a pas de prise : « C'est une cruche sans anse. »

— « Henri IV fut un grand roi : Louis XIV fut le roi d'un beau règne. » Ce mot de Voisenon passe sa portée ordinaire.

— Le feu prince de Conti, ayant été très-maltraité de paroles par Louis XV, conta cette scène désagréable à son ami le lord Tirconnel, à qui il demandait conseil. Celui-ci, après avoir rêvé, lui dit naïvement : « Monseigneur, il ne serait pas impossible de vous venger, si vous aviez de l'argent et de la considération. »

— Le roi de Prusse, qui ne laisse pas d'avoir employé son temps, dit qu'il n'y a peut-être pas d'homme qui ait fait la moitié de ce qu'il aurait pu faire.

— Messieurs Montgolfier, après leur superbe découverte des aérostats, sollicitaient à Paris un bureau de tabac pour un de leurs parens; leur demande éprouvait mille difficultés de la part de plusieurs personnes, et entre autres de M. de Colonia, de qui dépendait le succès de l'affaire. Le comte d'Antraigues, ami des Montgolfier, dit à M. de Colonia : « Monsieur, s'ils n'obtiennent pas ce qu'ils demandent, j'imprimerai ce qui s'est passé à leur égard en Angleterre, et ce qui, grâce à vous, leur arrive en France dans ce moment-ci.

— Et que s'est-il passé en Angleterre? — Le voici, écoutez : M. Étienne Montgolfier est allé en Angleterre l'année dernière; il a été présenté au roi qui lui a fait un grand accueil, et l'a invité à lui demander quelque grâce. M. Montgolfier répondit au lord Sidney, qu'étant étranger, il ne voyait pas ce qu'il pouvait demander. Le lord le pressa de faire une demande quelconque. Alors M. Montgolfier se rappela qu'il avait à Quebec un frère prêtre et pauvre; il dit qu'il souhaiterait bien qu'on lui fît avoir un petit bénéfice de cinquante guinées. Le lord répondit que cette demande n'était digne ni de messieurs Montgolfier, ni du roi, ni du ministre. Quelque temps après, l'évêché de Quebec vint à vaquer; le lord Sidney le demanda au roi qui l'accorda, en ordonnant au duc de Glocester de cesser la sollicitation qu'il faisait pour un autre. Ce ne fut point sans peine que messieurs Montgolfier obtinrent que cette bonté du roi n'eût de moins grands effets. » Il y a loin de là au bureau de tabac refusé en France.

— On parlait de la dispute sur la préférence qu'on devait donner, pour les inscriptions, à la langue latine ou à la langue française. « Comment peut-il y avoir une dispute sur cela, dit M. B....? — Vous avez bien raison, dit M. T.... — Sans doute, reprit M. B..., c'est la langue latine, n'est-il pas vrai? — Point du tout, dit M. T...., c'est la langue française. »

— « Comment trouvez-vous M. de...? — Je le

trouve très-aimable; je ne l'aime point du tout. » L'accent dont le dernier mot fut dit, marquait très-bien la différence de l'homme aimable et de l'homme digne d'être aimé.

— « Le moment où j'ai renoncé à l'amour, disait M...., le voici : c'est lorsque les femmes ont commencé à dire : « M...., je l'aime beaucoup, je l'aime » de tout mon cœur, etc. » Autrefois, ajoutait-il, quand j'étais jeune, elles disaient : « M...., je l'es- » time infiniment, c'est un jeune homme bien » honnête. »

— Je hais si fort le despotisme, disait M...., que je ne puis souffrir le mot *ordonnance* du médecin.

— Un homme était abandonné des médecins ; on demanda à M. Tronchin s'il fallait lui donner le viatique. « Cela est bien colant, répondit-il. »

— Quand l'abbé de Saint-Pierre approuvait quelque chose, il disait : « Ceci est bon, pour moi, quant à présent. » Rien ne peint mieux la variété des jugemens humains, et la mobilité du jugement de chaque homme.

— Avant que Mademoiselle Clairon eût établi le costume au théâtre français, on ne connaissait, pour le théâtre tragique, qu'un seul habit qu'on appellait l'habit à la romaine, et avec lequel on jouait les pièces grecques, américaines, espagnoles, etc. Lekain fut le premier à se soumettre au costume, et fit faire un habit grec pour jouer Oreste d'*Andromaque*. Dauberval arrive dans la loge de Lekain, au moment où le tailleur de la comédie apportait l'habit d'Oreste. La nouveauté de cet habit frappa Dauberval qui demanda ce que c'était. « Cela s'appelle un habit à la grecque, dit Lekain. — Ah qu'il est beau, reprend Dauberval! le premier habit à la romaine dont j'aurai besoin, je le ferai faire à la grecque. »

— M.... disait qu'il y avait tels ou tels principes excellens pour tel ou tel caractère ferme et vigoureux, et qui ne vaudraient rien pour des caractères d'un ordre inférieur. Ce sont les armes d'Achille qui ne peuvent convenir qu'à lui, et sous lesquelles Patrocle lui-même est opprimé.

— Après le crime et le mal faits à dessein, il faut mettre les mauvais effets des bonnes intentions, les bonnes actions nuisibles à la société publique, comme le bien fait aux méchans, les sottises de la bonhomie, les abus de la philosophie appliquée mal à propos, la maladresse en servant ses amis, les fausses applications des maximes utiles ou honnêtes, etc.

— La nature, en nous accablant de tant de misère et en nous donnant un attachement invincible pour la vie, semble en avoir agi avec l'homme comme un incendiaire qui mettrait le feu à notre maison, après avoir posé des sentinelles à notre porte. Il faut que le danger soit bien grand, pour nous obliger à sauter par la fenêtre.

— Les ministres en place s'avisent quelquefois, lorsque par hazard ils ont de l'esprit, de parler du temps où ils ne seront plus rien. On en est communément la dupe, et l'on s'imagine qu'ils croient ce qu'ils disent. Ce n'est de leur part qu'un trait d'esprit. Ils sont comme les malades qui parlent souvent de leur mort, et qui n'y croient pas, comme on peut le voir par d'autres mots qui leur échappent.

— On disait à Delon, médecin mesmériste : « Eh bien ! M. de B... est mort, malgré la promesse que vous aviez faite de le guérir. — Vous avez, dit-il, été absent; vous n'avez pas suivi les progrès de la cure : il est mort guéri. »

— On disait de M...., qui se créait des chimères tristes et qui voyait tout en noir : « Il fait des cachots en Espagne. »

— L'abbé Dangeau, de l'académie française, grand puriste, travaillait à une grammaire et ne parlait d'autre chose. Un jour on se lamentait devant lui sur les malheurs de la dernière campagne (c'étoit pendant les dernières années de Louis XIV.) « Tout cela n'empêche pas, dit-il, que je n'aie dans ma cassette deux mille verbes français bien conjugués. »

— Un gazetier mit dans sa gazette : « Les uns disent le cardinal Mazarin mort, les autres vivant; moi je ne crois ni l'un ni l'autre. »

— Le vieux d'Arnoncour avait fait un contrat de douze cents livres de rente à une fille, pour tout le temps qu'il en serait aimé. Elle se sépara de lui étourdiment, et se lia avec un jeune homme qui, ayant vu ce contrat, se mit en tête de le faire revivre. Elle réclama en conséquence les quartiers échus depuis le dernier paiement, en lui faisant signifier, sur papier timbré, qu'elle l'aimait toujours.

— Un marchand d'estampes voulait (le 25 juin) vendre cher le portrait de madame Lamotte (fouettée et marquée le 21), et donnait pour raison que l'estampe était avant la lettre.

— Massillon était fort galant. Il devint amoureux de madame de Simiane, petite fille de madame de Sévigné. Cette dame aimait beaucoup le style soigné, et ce fut pour lui plaire qu'il mit tant de soin à composer ses *Synodes*, un de ses meilleurs ouvrages. Il logeait à l'Oratoire et devait être rentré à neuf heures; madame de Simiane soupait à sept par complaisance pour lui. Ce fut à un de ces soupers tête-à-tête qu'il fit une chanson très-jolie, dont j'ai retenu la moitié d'un couplet.

. . . .
Aimons-nous tendrement, Elvire :
Ceci n'est qu'une chanson
Pour qui voudrait en médire;
Mais, pour nous, c'est tout de bon.

— On demandait à madame de Rochefort, si elle aurait envie de connaître l'avenir: « Non, dit-elle, il ressemble trop au passé. »

— On pressait l'abbé Vatri de solliciter une place vacante au Collége royal. « Nous verrons cela », dit-il, et ne sollicita point. La place fut donnée à un autre Un ami de l'abbé court chez lui : « Eh bien ! voilà comme vous êtes ! vous n'avez pas voulu solliciter la place, elle est donnée. — Elle est donnée, reprit-il ! eh bien ! je vais la demander. — Êtes-vous fou ? — Parbleu ! non ; j'avais cent concurrens, je n'en ai plus qu'un. » Il demanda la place et l'obtint.

— Madame......, tenant un bureau d'esprit, disait de L.... « Je n'en fais pas grand cas ; il ne vient pas chez moi. »

— L'abbé de Fleury avait été amoureux de madame la maréchale de Noailles, qui le traita avec mépris. Il devint premier ministre ; elle eut besoin de lui ; et il lui rappella ses rigueurs. « Ah ! monseigneur, lui dit naïvement la maréchale, qui l'aurait pû prévoir ? »

— M. le duc de Chabot ayant fait peindre une Renommée sur son carrosse, on lui appliqua ces vers :

> Votre prudence est endormie,
> De loger magnifiquement
> Et de traiter superbement
> Votre plus cruelle ennemie.

— Un médecin de village allait visiter un malade au village prochain. Il prit avec lui un fusil pour chasser en chemin et se désennuyer. Un paysan le rencontra, et lui demanda où il allait. « Voir un malade. — Avez-vous peur de le manquer ? »

— Une fille, étant à confesse, dit : « Je m'accuse d'avoir estimé un jeune homme. — Estimé ! combien de fois ? demanda le père. »

— Un homme étant à l'extrémité, un confesseur alla le voir, et il lui dit : « Je viens vous exhorter à mourir. — Et moi, répondit l'autre, je vous exhorte à me laisser mourir. »

— On parlait à l'abbé Terrasson d'une certaine édition de la *Bible*, et on la vantait beaucoup. « Oui, dit-il, le scandale du texte y est conservé dans toute sa pureté. »

— Une femme causant avec M. de M...., lui dit : « Allez, vous ne savez que dire des sottises. — Madame, répondit-il, j'en entends quelquefois, et vous me prenez sur le fait. »

— « Vous bâillez, disait une femme à son mari. — Ma chère amie, lui dit celui-ci, le mari et la femme ne sont qu'un, et quand je suis seul, je m'ennuie. »

— Maupertuis, étendu dans son fauteuil et bâillant, dit un jour : « Je voudrais, dans ce moment-ci, résoudre un beau problème qui ne fût pas difficile. » Ce mot le peint tout entier.

— Mademoiselle d'Entragues, piquée de la façon dont Bassompierre refusait de l'épouser, lui dit : « Vous êtes le plus sot homme de la cour. — Vous voyez bien le contraire, répondit-il. »

— Le roi nomma M. de Navailles gouverneur de M. le duc de Chartres, depuis régent ; M. de Navailles mourut au bout de huit jours : le roi nomma M. d'Estrade pour lui succéder; il mourut au bout du même terme : sur quoi Benserade dit : « On ne peut pas élever un gouverneur pour M. le duc de Chartres. »

— Un entrepreneur de spectacles ayant prié M. de Villars d'ôter l'entrée *gratis* aux pages, lui dit : « Monseigneur, observez que plusieurs pages font un volume. »

— Diderot, s'étant aperçu qu'un homme à qui il prenait quelqu'intérêt, avait le vice de voler et l'avait volé lui-même, lui conseilla de quitter ce pays-ci. L'autre profita du conseil, et Diderot n'en entendit plus parler pendant dix ans. Après dix ans, un jour il entend tirer sa sonnette avec violence. Il va ouvrir lui-même, reconnaît son homme, et, d'un air étonné, il s'écrie : « Ha! Ha! c'est vous! » Celui-ci lui répond : « Ma foi, il ne s'en est guère fallu. » Il avait démêlé que Diderot s'étonnait qu'il ne fût pas pendu.

— M. de..., fort adonné au jeu, perdit en un seul coup de dez son revenu d'une année; c'était mille écus. Il les envoya demander à M...., son ami, qui connaissait sa passion pour le jeu, et qui voulait l'en guérir. Il lui envoya la lettre de change suivante: « Je prie M...., banquier, de donner à M...., ce qu'il lui demandera, à la concurrence de ma fortune. » Cette leçon terrible et généreuse produisit son effet.

— On faisait l'éloge de Louis XIV, devant le roi de Prusse. Il lui contestait toutes ses vertus et ses talens. « Au moins votre majesté accordera qu'il faisait bien le roi. — Pas si bien que Baron, dit le roi de Prusse avec humeur. »

— Une femme était à une représentation de *Mérope*, et ne pleurait point; on était surpris. « Je pleurerais bien, dit-elle; mais je dois souper en ville. »

— Un pape causant avec un étranger, de toutes les merveilles de l'Italie, celui-ci dit gauchement : « J'ai tout vu, hors un conclave que je voudrais bien voir. »

— Henri IV s'y prit singulièrement pour faire connaître à un ambassadeur d'Espagne le caractère de ses trois ministres, Villeroi, le président Jeannin et Sully. Il fit appeler d'abord Villeroi : « Voyez-vous cette poutre qui menace ruine ? — Sans doute, dit Villeroi, sans lever la tête, il faut la faire raccomoder, je vais donner des ordres. » Il appela ensuite le président Jeannin : « Il faudra s'en assurer, dit celui-ci. » On fait venir Sully qui regarde la poutre : « Eh ! sire, y pensez-vous, dit-il? cette poutre durera plus que vous et moi. »

— J'ai entendu un dévot, parlant contre des gens qui discutent des articles de foi, dire naïvement : « Messieurs, un vrai chrétien n'examine point ce qu'on lui ordonne de croire. Tenez, il en est de cela comme d'une pillule amère; si vous la mâchez, jamais vous ne pourrez l'avaler. »

— M. le régent disait à madame de Parabère,

dévote, qui, pour lui plaire, tenait quelques discours peu chrétiens : « Tu as beau faire, tu seras sauvée. »

— Un prédicateur disait : « Quand le père Bourdaloue prêchait à Rouen, il y causait bien du désordre ; les artisans quittaient leurs boutiques, les médecins leurs malades, etc. J'y prêchai l'année d'après, ajoutait-il, j'y remis tout dans l'ordre. »

— Les papiers anglais rendirent compte ainsi d'une opération de finances de M. l'abbé Terray : « Le roi vient de réduire les actions des fermes à la moitié. Le reste à l'ordinaire prochain. »

— Quand M. de B.... lisait, ou voyait, ou entendait conter quelqu'action bien infâme ou très-criminelle, il s'écriait : « Oh ! comme je voudrais qu'il m'en eût coûté un petit écu, et qu'il y eût un Dieu. »

— Bachelier avait fait un mauvais portrait de Jésus ; un de ses amis lui dit : « Ce portrait ne vaut rien, je lui trouve une figure basse et niaise. — Qu'est-ce que vous dites ? répondit naïvement Bachelier ; d'Alembert et Diderot, qui sortent d'ici, l'ont trouvé très ressemblant. »

— M. de Saint-Germain demandait à M. de Malesherbes quelques renseignemens sur sa conduite, sur les affaires qu'il devait proposer au conseil : « Décidez les grandes vous-même, lui dit M. de Malesherbes, et portez les autres au conseil. »

— Le chanoine Récupéro, célèbre physicien,

ayant publié une savante dissertation sur le mont Etna, où il prouvait, d'après les dates des éruptions et la nature de leurs laves, que le monde ne pouvait pas avoir moins de quatorze mille ans, la cour lui fit dire de se taire, et que l'arche sainte avait aussi ses éruptions. Il se le tint pour dit. C'est lui-même qui a conté cette anecdote au chevalier de la Tremblaye.

— Marivaux disait que le style a un sexe, et qu'on reconnaissait les femmes à une phrase.

— On avait dit à un roi de Sardaigne que la noblesse de Savoie était très-pauvre. Un jour plusieurs gentils-hommes, apprenant que le roi passait par je ne sais quelle ville, vinrent lui faire leur cour en habits de gala magnifiques. Le roi leur fit entendre qu'il n'étaient pas aussi pauvres qu'on le disait. « Sire, répondirent-ils, nous avons appris l'arrivée de votre majesté ; nous avons fait tout ce que nous devions, mais nous devons tout ce nous avons fait. »

— On condamna en même temps le livre de l'*Esprit* et le poëme de la *Pucelle*. Ils furent tous les deux défendus en Suisse. Un magistrat de Berne, après une grande recherche de ces deux ouvrages, écrivit au sénat : « Nous n'avons trouvé dans tout le canton, ni *Esprit* ni *Pucelle*. »

— « J'appelle un honnête homme celui à qui le récit d'une bonne action rafraîchit le sang, et un malhonnête celui qui cherche chicane à une bonne action. » C'est un mot de M. de Mairan.

— La Gabrielli, célèbre chanteuse, ayant demandé cinq mille ducats à l'impératrice, pour chanter deux mois à Pétersbourg, l'impératrice répondit : « Je ne paie sur ce pied-là aucun de mes feld-maréchaux. — En ce cas, dit la Gabrielli, votre majesté n'a qu'à faire chanter ses feld-maréchaux. » L'impératrice paya les cinq mille ducats.

— Madame du D.... disait de M.... qu'il était aux petits soins pour déplaire.

— « Les athées sont meilleure compagnie pour moi, disait M. D...., que ceux qui croient en Dieu. A la vue d'un athée, toutes les demi-preuves de l'existence de Dieu me viennent à l'esprit ; et à la vue d'un croyant, toutes les demi-preuves contre son existence se présentent à moi en foule. »

— M.... disait : « On m'a dit du mal de M. de....; j'aurais cru cela il y a six mois, mais nous sommes réconciliés. »

— Un jour que quelques conseillers parlaient un peu trop haut à l'audience, M. de Harlay, premier président, dit : « Si ces messieurs qui causent ne faisaient pas plus de bruit que ces messieurs qui dorment, cela accommoderait fort ces messieurs qui écoutent.

— Un certain marchand, avocat, homme d'esprit, disait : « On court les risques du dégoût, en voyant comment l'administration, la justice et la cuisine se préparent. »

— Colbert disait, à propos de l'industrie de la nation, que le Français changerait les rochers en or, si on le laissait faire.

— « Je sais me suffire, disait M..., et dans l'occasion je saurai bien me passer de moi », voulant dire qu'il mourrait sans chagrin.

— « Une idée qui se montre deux fois dans un ouvrage, surtout à peu de distance, disait M..., me fait l'effet de ces gens qui, après avoir pris congé, rentrent pour reprendre leur épée ou leur chapeau. »

— « Je joue aux échecs à vingt-quatre sous, dans un salon où le passe-dix est à cent louis », disait un général employé dans une guerre difficile et ingrate, tandis que d'autres faisaient des campagnes faciles et brillantes.

— Mademoiselle du Thé, ayant perdu un de ses amans, et cette aventure ayant fait du bruit, un homme qui alla la voir, la trouva jouant de la harpe, et lui dit avec surprise : « Eh! mon Dieu! je m'attendais à vous trouver dans la désolation.— Ah! dit-elle d'un ton pathétique, c'était hier qu'il fallait me voir. »

— La marquise de Saint-Pierre était dans une société où on disait que M. de Richelieu avait eu beaucoup de femmes, sans en avoir jamais aimé une. « Sans aimer, c'est bientôt dit, reprit-elle : moi, je sais une femme pour laquelle il est revenu de trois cents lieues. » Ici elle raconte l'histoire en troisième personne, et, gagnée par sa narration :

« Il la porte sur le lit avec une violence incroyable, et nous y sommes restés trois jours. »

— On faisait une question épineuse à M..., qui répondit : « Ce sont de ces choses que je sais à merveille quand on ne m'en parle pas, et que j'oublie quand on me les demande. »

— Le marquis de Choiseul-la-Baume, neveu de l'évêque de Châlons, dévot et grand janséniste, étant très-jeune, devint triste tout-à-coup. Son oncle l'évêque lui en demanda la raison : il lui dit qu'il avait vu une cafetière qu'il voudrait bien avoir, mais qu'il en désespérait. — « Elle est donc bien chère ? — Oui, mon oncle : vingt-cinq louis. » — L'oncle les donna à condition qu'il verrait cette cafetière. Quelques jours après, il en demanda des nouvelles à son neveu. — « Je l'ai, mon oncle, et la journée de demain ne se passera pas sans que vous ne l'ayez vue. » Il la lui montra en effet au sortir de la grand'messe. Ce n'était point un vase à verser du café, c'était une jolie cafetière, c'est-à-dire, limonadière, connue depuis sous le nom de madame de Bussi. On conçoit la colère du vieil évêque janséniste.

— Voltaire disait du poète Roi, qui avait été souvent repris de justice, et qui sortait de Saint-Lazare : « C'est un homme qui a de l'esprit, mais ce n'est pas un auteur assez châtié. »

— Je ne vois jamais jouer les pièces de ***, et le peu de monde qu'il y a, sans me rappeler le mot d'un major de place qui avait indiqué l'exercice pour telle heure. Il arrive, il ne voit qu'un trompette: « Parlez donc, messieurs les b..., d'où vient donc est-ce que vous n'êtes qu'un ? »

— Le marquis de Villette appelait la banqueroute de M. de Guémenée, la sérénissime banqueroute.

— Luxembourg, le crieur qui appelait les gens et les carosses au sortir de la comédie, disait, lorsqu'elle fut transportée au Carrousel: « La comédie sera mal ici, il n'y a point d'écho. »

— On demandait à un homme qui faisait profession d'estimer beaucoup les femmes, s'il en avait eu beaucoup. Il répondit : « Pas autant que si je les méprisais. »

— On faisait entendre à un homme d'esprit, qu'il ne connaissait pas bien la cour. Il répondit : « On peut être très-bon géographe, sans être sorti de chez soi. » Danville n'avait jamais quitté sa chambre.

— Dans une dispute sur les préjugé relatif aux peines infamantes, qui flétrissent la famille du coupable, M.... dit : « C'est bien assez de voir des honneurs et des récompenses où il n'y a pas de vertu, sans qu'il faille voir encore un châtiment où il n'y a pas de crime. »

— M. de L...., pour détourner madame de B...., veuve depuis quelque temps, de l'idée du mariage, lui dit : « Savez-vous que c'est une bien belle chose de porter le nom d'un homme qui ne peut plus faire de sottises ! »

— Milord Tirauley disait qu'après avoir ôté à un Espagnol ce qu'il avait de bon, ce qu'il en restait était un Portugais. Il disait cela étant ambassadeur en Portugal.

— Le vicomte de S.... aborda un jour M. de Vaines, en lui disant : « Est-il vrai, monsieur, que, dans une maison où l'on avait eu la bonté de me trouver de l'esprit, vous avez dit que je n'en avais pas du tout ? » M. de Vaines lui répondit : « Monsieur, il n'y a pas un seul mot de vrai dans tout cela ; je n'ai jamais été dans une maison où l'on vous trouvât de l'esprit, et je n'ai jamais dit que vous n'en aviez pas. »

— M.... me disait que ceux qui entrent par écrit dans de longues justifications devant le public, lui paraissaient ressembler aux chiens qui courent et jappent après une chaise de poste.

— L'homme arrive novice à chaque âge de la vie.

— M.... disait à un jeune homme qui ne s'apercevait pas qu'il était aimé d'une femme : « Vous êtes encore bien jeune, vous ne savez lire que les gros caractères. »

— « Pourquoi donc, disait mademoiselle de...., âgée de douze ans, pourquoi cette phrase : « Apprendre à mourir ? » Je vois qu'on y réussit très-bien dès la première fois. »

— On disait à M...., qui n'était plus jeune : « Vous n'êtes plus capable d'aimer. — Je ne l'ose plus, dit-il, mais je me dis encore quelquefois en voyant une jolie femme : « Combien je l'aimerais, si j'étais plus aimable! »

—Dans le temps où parut le livre de Mirabeau sur l'agiotage, dans lequel M. de Calonne est très-maltraité, on disait pourtant, à cause d'un passage contre M. Necker, que le livre était payé par M. de Calonne, et que le mal qu'on y disait de lui n'avait d'autre objet que de masquer la collusion. Sur quoi, M. de.... dit que cela ressemblerait trop à l'histoire du régent qui avait dit au bal à l'abbé Dubois : « Sois bien familier avec moi, pour qu'on ne me soupçonne pas. » Sur quoi l'abbé lui donna des coups de pied au c.., et le dernier étant un peu fort, le régent, passant sa main sur son derrière, lui dit: « L'abbé, tu me déguises trop. »

— Je n'aime point, disait M....., ces femmes impeccables, au-dessous de toute faiblesse. Il me semble que je vois sur leur porte le vers du Dante sur la porte de l'enfer :

« *Voi che intrate lasciate ogni speranza.*
» Vous qui entrez ici, laissez toute espérance. »

C'est la devise des damnés.

—« J'estime le plus que je peux, disait M..., et cependant j'estime peu : je ne sais comment cela se fait. »

—Un homme d'une fortune médiocre se chargea de secourir un malheureux qui avait été inutilement recommandé à la bienfaisance d'un grand seigneur et d'un fermier-général. Je lui appris ces deux circonstances chargées de détails qui aggravaient la faute de ces derniers. Il me répondit tranquillement : « Comment voudriez-vous que le monde subsistât, si les pauvres n'étaient pas continuellement occupés à faire le bien que les riches négligent de faire, ou à réparer le mal qu'ils font ? »

— On disait à un jeune homme de redemander ses lettres à une femme d'environ quarante ans, dont il avait été fort amoureux. « Vraisemblablement elle ne les a plus. — Si fait, lui répondit quelqu'un ; les femmes commencent vers trente ans à garder les lettres d'amour. »

— M... disait, à propos de l'utilité de la retraite et de la force que l'esprit y acquiert : « Malheur au poëte qui se fait friser tous les jours ? Pour faire de bonne besogne, il faut être en bonnet de nuit, et pouvoir faire le tour de sa tête avec sa main. »

— Les grands vendent toujours leur société à la vanité des petits.

— C'est une chose curieuse que l'histoire de Port-Royal écrite par Racine. Il est plaisant de voir l'auteur de *Phèdre* parler des grands desseins de Dieu sur la mère Agnès.

— D'Arnaud, entrant chez M. le comte de Frise, le vit à sa toilette ayant les épaules couvertes de ses beaux cheveux. « Ah ! Monsieur, dit-il, voilà vraiment des cheveux de génie. — Vous trouvez, dit le comte ? Si vous voulez, je me les ferai couper pour vous en faire une perruque. »

— Il n'y a pas maintenant en France un plus grand objet de politique étrangère, que la connaissance parfaite de ce qui regarde l'Inde. C'est à cet objet que Brissot de Warville a consacré des années entières; et je lui ai entendu dire que M. de Vergennes était celui qui lui avait suscité le plus d'obstacles, pour le détourner de cette étude.

— On disait à J.-J. Rousseau, qui avait gagné plusieurs parties d'échecs au prince de Conti, qu'il ne lui avait pas fait sa cour, et qu'il fallait lui en laisser gagner quelques-unes : « Comment ! dit-il, je lui donne la tour. »

— M... me disait que madame de Coislin, qui tâche d'être dévote, n'y parviendrait jamais, parce que, outre la sottise de croire, il fallait, pour faire son salut, un fond de bêtise quotidienne qui lui manquerait trop souvent ; « et c'est ce fonds, ajoutait-il, qu'on appelle la grâce. »

— Madame de Talmont, voyant M. de Richelieu, au lieu de s'occuper d'elle, faire sa cour à madame de Brionne, fort belle femme, mais qui n'avait pas la réputation d'avoir beaucoup d'esprit, lui dit : « M. le maréchal, vous n'êtes point aveugle ; mais je vous crois un peu sourd. »

— L'abbé Delaville voulait engager à entrer dans la carrière politique M. de....., homme modeste et honnête, qui doutait de sa capacité et qui se refusait à ses invitations. « Eh! monsieur, lui dit l'abbé, ouvrez l'*Almanach royal*. »

— Il y a une farce italienne où Arlequin dit, à propos des travers de chaque sexe, que nous serions tous parfaits, si nous n'étions ni hommes ni femmes.

— Sixte-Quint, étant pape, manda à Rome un jacobin de Milan, et le tança comme mauvais administrateur de sa maison, en lui rappelant une certaine somme d'argent qu'il avait prêtée quinze ans auparavant à un certain cordelier. Le coupable dit: « Cela est vrai, c'était un mauvais sujet qui m'a escroqué. — C'est moi, dit le pape, qui suis ce cordelier: voilà votre argent; mais n'y retombez plus, et ne prêtez jamais à des gens de cette robe. »

— La finesse et la mesure sont peut-être les qualités les plus usuelles et qui donnent le plus d'avantages dans le monde. Elles font dire des mots qui valent mieux que des saillies. On louait excessivement dans une société le ministère de M. Necker; quelqu'un, qui apparemment ne l'aimait pas, demanda: « Monsieur, combien de temps est-il resté en place depuis la mort de M. de Pezay? » Ce mot, en rappelant que M. Necker était l'ouvrage de ce dernier, fit tomber à l'instant tout cet enthousiasme.

— Le roi de Prusse, voyant un de ses soldats balafré au visage, lui dit: « Dans quel cabaret t'a-t-on équipé de la sorte? — Dans un cabaret où vous avez payé votre écot, à Colinn, dit le soldat. » Le roi, qui avait été battu à Colinn, trouva cependant le mot excellent.

— Christine, reine de Suède, avait appelé à sa cour le célèbre Naudé, qui avait composé un livre très-savant sur les différentes danses grecques, et Meibomius, érudit allemand, auteur du recueil et de la traduction de sept auteurs grecs qui ont écrit sur la musique. Bourdelot, son premier médecin, espèce de favori et plaisant de profession, donna à la reine l'idée d'engager ces deux savans, l'un à chanter un air de musique ancienne, et l'autre à le danser. Elle y réussit; et cette farce couvrit de ridicule les deux savans qui en avaient été les auteurs. Naudé prit la plaisanterie en patience; mais le savant en *us* s'emporta et poussa la colère jusqu'à meurtrir de coups de poing le visage de Bourdelot; et après cette équipée, il se sauva de la cour, et même quitta la Suède.

— M. le chancelier d'Aguesseau ne donna jamais de privilége pour l'impression d'aucun roman nouveau, et n'accordait même de permission tacite que sous des conditions expresses. Il ne donna à l'abbé Prévost la permission d'imprimer les premiers volumes de *Cléveland*, que sous la condition que *Cléveland* se ferait catholique au dernier volume.

— Le cardinal de la Roche-Aymon, malade de la maladie dont il mourut, se confessa de la façon de je ne sais quel prêtre, sur lequel on lui demanda sa façon de penser. « J'en suis très-content, dit-il ; il parle de l'enfer comme un ange. »

— M.... disait de madame la princesse de....: « C'est une femme qu'il faut absolument tromper ; car elle n'est pas de la classe de celles qu'on quitte. »

— On demandait à la Calprenède qu'elle était l'étoffe de ce bel habit qu'il portait. » C'est du *Sylvandre*, dit-il, un de ses romans qui avait réussi. »

— L'abbé de Vertot changea d'état très-souvent. On appelait cela les révolutions de l'abbé de Vertot.

— M.... disait : « Je ne me soucierais pas d'être chrétien ; mais je ne serais pas fâché de croire en Dieu. »

— Il est extraordinaire que M. de Voltaire n'ait pas mis dans la *Pucelle* un fou comme nos rois en avaient alors. Cela pouvait fournir quelques traits heureux pris dans les mœurs du temps.

— M. de...., homme violent, à qui on reprochait quelques torts, entra en fureur et dit qu'il irait vivre dans une chaumière. Un de ses amis lui répondit tranquillement : « Je vois que vous aimez mieux garder vos défauts que vos amis. »

— Louis XIV, après la bataille de Ramillies dont il venait d'apprendre le détail, dit : « Dieu a donc oublié tout ce que j'ai fait pour lui. (Anecdote contée à M. de Voltaire par un vieux duc de Brancas.)»

— Il est d'usage en Angleterre que les voleurs détenus en prison et sûrs d'être condamnés vendent tout ce qu'ils possèdent, pour en faire bonne chère avant de mourir. C'est ordinairement leurs chevaux qu'on est le plus empressé d'acheter, parce qu'ils sont pour la plupart excellens. Un d'eux, à qui un lord demandait le sien, prenant le lord pour quelqu'un qui voulait faire le métier, lui dit : « Je ne veux pas vous tromper ; mon cheval, quoique bon coureur, a un très-grand défaut, c'est qu'il recule quand il est auprès de la portière. »

— On ne distingue pas aisément l'intention de l'auteur dans le *Temple de Gnide*, et il y a même quelqu'obscurité dans les détails ; c'est pour cela que madame du Deffant l'appelait l'*Apocalypse* de la galanterie.

— On disait d'un certain homme qui répétait à différentes personnes le bien qu'elles disaient l'une de l'autre, qu'il était tracassier en bien.

— Fox avait emprunté des sommes immenses à différens Juifs, et se flattait que la succession d'un de ses oncles paierait toutes ces dettes. Cet oncle se maria et eut un fils ; à la naissance de l'enfant, Fox dit : « C'est le Messie que cet enfant ; il vient au monde pour la destruction des Juifs. »

— Dubuc disait que les femmes sont si décriées, qu'il n'y a même plus d'hommes à bonnes fortunes.

— Un homme disait à M. de Voltaire qu'il abusait du travail et du café, et qu'il se tuait. « Je suis né tué, répondit-il. »

— Une femme venait de perdre son mari. Son confesseur *ad honores* vint la voir le lendemain et la trouva jouant avec un jeune homme très-bien mis. « Monsieur, lui dit-elle, le voyant confondu, si vous étiez venu une demi-heure plus tôt, vous m'auriez trouvée les yeux baignés de larmes; mais j'ai joué ma douleur contre monsieur, et je l'ai perdue. »

— On disait de l'avant-dernier évêque d'Autun, monstrueusement gros, qu'il avait été créé et mis au monde pour faire voir jusqu'où peut aller la peau humaine.

— M.... disait, à propos de la manière dont on vit dans le monde : « La société serait une chose charmante, si on s'intéressait les uns aux autres. »

— Il paraît certain que l'homme au masque de fer est un frère de Louis XIV : sans cette explication, c'est un mystère absurde. Il paraît certain non-seulement que Mazarin eut la reine, mais (ce qui est plus inconcevable) qu'il était marié avec elle; sans cela, comment expliquer la lettre qu'il écrivit de Cologne, lorsqu'apprenant qu'elle avait pris parti sur une grande affaire, il lui mande : « Il vous convenait bien, madame, etc.? » Les vieux courtisans racontent d'ailleurs que, quelques jours avant la mort de la reine, il y eut une scène de tendresse, de larmes, d'explication entre la reine et son fils; et l'on est fondé à croire que c'est dans cette scène que fut faite la confidence de la mère au fils.

— Le baron de la Houze, ayant rendu quelques services au pape Ganganelli, ce pape lui demanda s'il pouvait faire quelque chose qui lui fût agréable. Le baron de la Houze, rusé gascon, le pria de lui faire donner un corps saint. Le pape fut très-surpris de cette demande, de la part d'un Français. Il lui fit donner ce qu'il demandait. Le baron, qui avait une petite terre dans les Pyrénées, d'un revenu très-mince, sans débouché pour les denrées, y fit porter son saint, le fit accréditer. Les chalans accoururent, les miracles arrivèrent; un village d'auprès se peupla, les denrées augmentèrent de prix, et les revenus du baron triplèrent.

— Le roi Jacques, retiré à Saint-Germain, et vivant des libéralités de Louis XIV, venait à Paris pour guérir les écrouelles, qu'il ne touchait qu'en qualité de roi de France.

— M. Cérutti avait fait une pièce de vers où il y avait ce vers :

Le vieillard de Ferney, celui de Pont-Chartrain.

D'Alembert, en lui renvoyant le manuscrit, changea le vers ainsi :

Le vieillard de Ferney, *le vieux* de Pont-Chartrain.

— M. de B...., âgé de cinquante ans, venait d'épouser mademoiselle de C...., âgée de treize ans. On disait de lui, pendant qu'il sollicitait ce mariage, qu'il demandait la survivance de la poupée de cette demoiselle.

— Un sot disait au milieu d'une conversation: «Il me vient une idée.» Un plaisant dit : « J'en suis bien surpris. »

— Milord Hamilton, personnage très-singulier, étant ivre dans une hôtellerie d'Angleterre, avait tué un garçon d'auberge et était rentré sans savoir ce qu'il avait fait. L'aubergiste arrive tout effrayé et lui dit : « Milord, savez-vous que vous avez tué ce garçon ? » — Mettez-le sur la carte. »

— Le chevalier de Narbonne, accosté par un importun dont la familiarité lui déplaisait, et qui lui dit, en l'abordant : « Bonjour, mon ami, comment te portes-tu ? » répondit : « Bonjour, mon ami, comment t'appelles-tu ? »

— Un avare souffrait beaucoup d'un mal de dent; on lui conseillait de la faire arracher : « Ah! dit-il, je vois bien qu'il faudra que j'en fasse la dépense. »

— On dit d'un homme tout-à-fait malheureux : Il tombe sur le dos et se casse le nez.

— Je venais de raconter une histoire galante de madame la présidente de...., et je ne l'avais pas nommée. M.... reprit naïvement : «. Cette présidente de Bernière dont vous venez de parler.... » Toute la société partit d'un éclat de rire.

— Le roi de Pologne Stanislas avançait tous les jours l'heure de son dîner. M. de la Galaisière lui dit à ce sujet : « Sire, si vous continuez, vous finirez par dîner la veille. »

— M.... disait, à son retour d'Allemagne : « Je ne sache pas de chose à quoi j'eusse été moins propre qu'à être un Allemand. »

— M.... me disait, à propos des fautes de régime qu'il commet sans cesse, des plaisirs qu'il se permet et qui l'empêchent seuls de recouvrer sa santé : » Sans moi, je me porterais à merveille. »

— Un catholique de Breslau vola, dans une église de sa communion, des petits cœurs d'or et autres offrandes. Traduit en justice, il dit qu'il les tient de la vierge. On le condamne. La sentence est envoyée au roi de Prusse pour la signer, suivant l'usage. Le roi ordonne une assemblée de théologiens pour décider s'il est rigoureusement impossible que la vierge fasse à un dévot catholique de petits présens. Les théologiens de cette communion, bien embarrassés, décident que la chose n'est pas rigoureusement impossible. Alors le roi écrit au bas de la sentence du coupable : « Je fais grâce au nommé N....; mais je lui défends, sous peine de la vie, de recevoir désormais aucune espèce de cadeau de la vierge ni des saints. »

— M. de Voltaire, passant par Soissons, reçut la visite des députés de l'académie de Soissons, qui disaient que cette académie était la fille aînée de l'académie française. » Oui, messieurs, répondit-il, la fille aînée, fille sage, fille honnête, qui n'a jamais fait parler d'elle. »

— M. l'évêque de L...., étant à déjeûner, il lui vint en visite l'abbé de....; l'évêque le prie de déjeûner, l'abbé refuse. Le prélat insiste : « Monseigneur, dit l'abbé, j'ai déjeûné deux fois; et d'ailleurs, c'est aujourd'hui jeûne. »

— L'évêque d'Arras, recevant dans sa cathédrale le corps du maréchal de Levi, dit, en mettant la main sur le cercueil : « Je le possède enfin cet homme vertueux. »

— Madame la princesse de Conti, fille de Louis xiv, ayant vu madame la dauphine de Bavière qui dormait, ou faisait semblant de dormir, dit, après l'avoir considérée : « Madame la dauphine est encore plus laide en dormant que lorsqu'elle veille. » Madame la dauphine, prenant la parole sans faire le moindre mouvement, lui répondit : « Madame, tout le monde n'est pas enfant de l'amour. »

— Un Américain, ayant vu six Anglais séparés de leur troupe, eut l'audace inconcevable de leur courir sus, d'en blesser deux, de désarmer les autres, et de les amener au général Washington. Le général lui demanda comment il avait pu faire pour se rendre maître de six hommes. « Aussitôt que je les ai vus, dit-il, j'ai couru sur eux, et je les ai environnés. »

— Dans le temps qu'on établit plusieurs impôts qui portaient sur les riches, un millionnaire se trouvant parmi des gens riches qui se plaignaient du malheur des temps, dit : « Qui est-ce qui est heureux dans ces temps-ci ?... quelques misérables. »

— Ce fut l'abbé S..... qui administra le viatique à l'abbé Pétiot, dans une maladie très-dangereuse, et il raconte qu'en voyant la manière très-prononcée dont celui-ci reçut ce que vous savez, il se dit à lui-même : « S'il en revient, ce sera mon ami. »

— Un poète consultait Chamfort sur un distique : « Excellent, répondit-il, sauf les longueurs. »

— Rulhière lui disait un jour : « Je n'ai jamais fait qu'une méchanceté dans ma vie. — Quand finira-t-elle ? demanda Chamfort. »

— M. de Vaudreuil se plaignait à Chamfort de son peu de confiance en ses amis. « Vous n'êtes point riche, lui disait-il, et vous oubliez notre amitié. — Je vous promets, répondit Chamfort, de vous emprunter vingt-cinq louis, quand vous aurez payé vos dettes. »

FIN DES CARACTÈRES ET ANECDOTES.

TABLEAUX HISTORIQUES

DE

LA RÉVOLUTION FRANÇAISE.

INTRODUCTION.

La révolution de 1789 est le résultat d'un assemblage de causes agissant depuis des siècles, et dont l'action rapidement accrue, fortement accélérée dans ces derniers temps, s'est trouvée tout-à-coup aidée d'un concours de circonstances dont la réunion paraît un prodige.

Jetons un coup-d'œil sur notre histoire; c'est celle de tous les maux politiques qui peuvent accabler un peuple. On s'étonne qu'il ait pu subsister tant de siècles, en gémissant sous le fardeau de tant de calamités. Mais c'est à la patience de nos ancêtres et de nos pères que les générations suivantes devront la félicité qui les attend. Si la révolution s'était faite plutôt, si l'ancien édifice fût tombé avant que la nation, par ses lumières récentes, fût en état d'en reconstruire un nouveau, sur un plan vaste, sage et régulier;

la France, dans les âges suivans, n'eût pas joui de la prospérité qui lui est réservée, et le bonheur de nos descendans n'eût pas été, comme il le sera sans doute, proportionné aux souffrances de leurs aïeux.

Après l'affranchissement des communes (car nous ne remonterons pas plus haut, le peuple était serf, et les esclaves n'ont point d'histoire), à cette époque, les Français sortirent de leur abrutissement; mais ils ne cessèrent pas d'être avilis. Un peu moins opprimés, moins malheureux; ils n'en furent pas moins contraints de ramper devant des hommes appelés nobles et prêtres qui, depuis si long-temps, formaient deux castes privilégiées. Seulement quelques individus parvenaient, de loin en loin, à s'élever au-dessus de la classe opprimée, par le moyen de l'anoblissement; invention de la politique ou plutôt de l'avarice des rois, qui vendirent à plusieurs de leurs sujets nommés roturiers quelques-uns des droits et des privilèges attribués aux nobles. Parmi ces privilèges, était l'exemption de plusieurs impôts avilissans, dont la masse, croissant par degrés, retombait sur la nation contribuable, qui voyait ainsi ses oppresseurs se recruter dans son sein, se perpétuer par elle, et les plus distingués de ses enfans passer parmi ses adversaires. Le droit de conférer la noblesse, et les abus qui en résultèrent, devinrent le fléau du peuple pendant plusieurs générations successives. Des guerres continuelles, les nouvelles impositions qu'elles occasionnèrent, rendirent ce fardeau toujours plus insupportable. Mais ce qui fut encore plus funeste, c'est qu'elles prolongèrent l'ignorance et la barbarie de la nation.

La renaissance des lettres, au seizième siècle, paraissait devoir amener celle de la raison: mais, égarée dès ses premiers pas dans le dédale des disputes religieuses et scholastiques, elle ne put servir aux progrès de la société; et cinquante ans de guerres civiles, dont l'ambition des grands fut la cause et dont la religion fut le prétexte, plongèrent la France dans un abîme de maux dont elle ne commença à sortir que vers la fin du règne de Henri IV. La régence de Marie de Médicis ne fut qu'une suite de faiblesses, de désordres et de déprédations. Enfin Richelieu parut, et l'aristocratie féodale sembla venir expirer au pied du trône. Le peuple, un peu soulagé, mais toujours avili, compta pour une vengeance et regarda comme un bonheur la chûte de ces tyrans subalternes écrasés sous le poids de l'autorité royale. C'était sans doute un grand bien, puisque le ministre faisait cesser les convulsions politiques qui tourmentaient la France depuis tant de siècles. Mais qu'arriva-t-il? Les aristocrates, en cessant d'être redoutables au roi, se rendirent aussitôt les soutiens du despotisme. Ils restèrent les principaux agens du monarque, les dépositaires de presque toutes les portions de son pouvoir.

Richelieu, né dans leur classe, dont il avait conservé tous les préjugés, crut, en leur accordant des préférences de toute espèce, ne leur donner qu'un faible dédommagement des immenses avantages qu'avaient perdus les principaux membres de cette classe privilégiée. Ils environnèrent le trône, ils en bloquèrent toutes les avenues. Maîtres de la personne du monarque et du berceau de ses enfans, ils ne laissèrent entrer, dans l'esprit des rois et dans l'éducation des princes, que des idées féodales et sacerdotales : c'était presque la même chose sous le rapport des privilèges communs aux nobles et aux prêtres. Tous les honneurs, toutes les places, tous les emplois qui exercent quelque influence sur les mœurs et sur l'esprit général d'un peuple, ne furent confiés qu'à des hommes plus ou moins imbus d'idées nobiliaires. Il se trouva que Richelieu avait bien détruit l'aristocratie comme puissance rivale de la royauté, mais qu'il l'avait laissée subsister comme puissance ennemie de la nation. Cet esprit de gentilhommerie, devant lequel les idées d'homme et de citoyen ont si long-temps disparu en Europe, cet esprit destructeur de toute société et (quoiqu'on puisse dire), de toute morale, reçut alors un nouvel accroissement, et pénétra plus avant dans toutes les classes. C'était une source empoisonnée que Richelieu venait de partager en différens ruisseaux. Aussi observe-t-on, à cette époque, un redoublement marqué dans la fureur des anoblissemens : maladie politique, vanité nationale, qui devait à la longue miner la monarchie ; et qui l'a minée en effet.

Les ennemis de la révolution ne cessent de vanter l'éclat extérieur que jeta la France sous ce ministère, et que répandirent sur elle les victoires du grand Condé sous celui de Mazarin. Ils en concluent qu'alors tout était bien ; et nous concluons seulement que, même chez une nation malheureuse et avilie, un gouvernement ferme, tel que celui de Richelieu, pouvait faire respecter la France par l'Espagne et l'Allemagne ; encore plus malheureuses, et surtout plus mal gouvernées. Nous concluons des victoires de Condé, qu'il était un guerrier plus habile ou plus heureux que les généraux qu'on lui opposa. Mais ce qui est, pour ces mêmes ennemis de la révolution, le sujet d'un triomphe éternel, c'est la gloire de Louis XIV, autour duquel un concours de circonstances heureuses fit naître et appela une foule de grands hommes. On a tout dit sur ce règne brillant et désastreux, où l'on vit un peuple entier, tour-à-tour victorieux et vaincu, mais toujours misérable, déifier un monarque qui sacrifiait sans cesse sa nation à sa cour et sa cour à lui-même. La banqueroute qui suivit ce règne théâtral n'éclaira point, ne désenchanta point les Français, qui, pendant cinquante années, ayant porté tout leur génie vers les arts d'agrément, restèrent épris de l'éclat, de la pompe extérieure, du luxe et des bagatelles, dont ils avaient été profondément occupés. Les titres, les noms, les grands continuèrent d'être leurs idoles, même sous la régence, pendant laquelle ces idoles n'avaient pourtant rien négligé pour s'avilir. Ce frivole égarement, cette folie servile, se perpétuèrent, à travers les maux publics, jusqu'au milieu du règne de Louis xv.

Alors on vit éclore en France le germe d'un esprit nouveau. On se tourna vers les objets utiles; et les sciences, dont les semences avaient été jetées le siècle précédent, commencèrent à produire quelques heureux fruits. Bientôt on vit s'élever ce monument littéraire si célèbre (1), qui, ne paraissant offrir à l'Europe qu'une distribution facile et pour ainsi dire l'inventaire des richesses de l'esprit humain, leur en ajoutait réellement de nouvelles, en inspirant de plus l'ambition de les accroître. Voltaire, après avoir parcouru la carrière des arts, attaquait tous les préjugés superstitieux dont la ruine devait avec le temps entraîner celle des préjugés politiques. Une nouvelle classe de philosophes, disciples des précédens, dirigea ses travaux vers l'étude de l'économie sociale, et soumit à des discussions approfondies des objets qui jusqu'alors avaient paru s'y soustraire. Alors la France offrit un spectacle singulier; c'était le pays des futilités, où la

---

(1) L'Encyclopédie.

raison venait chercher un établissement : tout fut contraste et opposition; dans ce combat des lumières nouvelles et des anciennes erreurs, appuyées de toute l'autorité d'un gouvernement d'ailleurs faible et avili. On vit, dans la nation, deux nations différentes s'occuper d'encyclopédie et de billets de confession, d'économie politique et de miracles jansénistes, d'Émile et d'un mandement d'évêque, d'un lit de justice et du Contrat social, de jésuites proscrits, de parlemens exilés, de philosophes persécutés. C'est à travers ce cahos que la nation marchait vers les idées qui devaient amener une constitution libre.

Louis xv meurt, non moins endetté que Louis xiv. Un jeune monarque lui succède, rempli d'intentions droites et pures, mais ignorant les piéges ou plutôt l'abîme caché sous ses pas. Il appelle à son secours l'expérience d'un ancien ministre disgracié. Maurepas, vieillard enfant, doué du don de plaire, gouverne, comme il avait vécu, pour s'amuser. La réforme des abus, l'économie, étaient les seules ressources capables de restaurer les finances. Il parut y recourir. Il met en place un homme que la voix publique lui désignait (1); mais il l'arrête dans le cours des réformes que voulait opérer ce ministre, dont tout le malheur fut d'être appelé quinze ans trop tôt à gouverner. Maurepas le sacrifie : il lui donne pour succes-

---

(1) M. Turgot.

seur un autre homme estimé, laborieux, intègre, qu'il gêne également et encore plus, qu'il inquiète, et qu'il retient dans une dépendance affligeante, ennemie de toute grande amélioration. Cependant il engage la France dans une alliance et dans une guerre étrangère, qui ne laisse au directeur des finances que l'alternative d'établir de nouveaux impôts ou de proposer des emprunts. Le dernier parti était le seul qui pût maintenir en place le directeur des finances, peu agréable à la cour et au ministre principal. Les emprunts se multiplient ; nulle réforme économique n'en assure les intérêts, au moins d'une manière durable. M. Necker est renvoyé. Cet emploi périlleux passe successivement en différentes mains mal-habiles, bientôt forcées d'abandonner ce pesant fardeau.

M. de Calonne, connu par son esprit et par un travail facile, osa s'en charger; mais ce poids l'accabla. Il avait à combattre la haine des parlemens et les préventions fâcheuses d'une partie de la nation. Toutefois son début fut brillant. Une opération heureuse et surtout sa confiante sécurité en imposa. Elle réveilla le crédit public, qui, fatigué de ses nouveaux efforts, s'épuisa et finit par succomber; enfin il fallut prononcer l'aveu d'une détresse complète. Il prit le parti désespéré, mais courageux, de convoquer une assemblée de notables pour leur exposer les besoins de l'état.

Alors fut déclaré le vide annuel des finances, si fameux sous le nom de *deficit*, mot qui, de l'idiôme des bureaux, passa dans la langue commune, et que la nation avait d'avance bien payé. Un cri général s'élève contre le ministre accusé de déprédations et de complaisances aveugles pour une cour follement dissipatrice. L'indignation publique n'eut plus de bornes. Elle devint une arme formidable dans les mains du clergé et de la noblesse, que M. de Calonne voulait ranger parmi les contribuables, en attaquant leurs priviléges pécuniaires. Les deux ordres se réunirent contre le ministre. Le royaume entier retentit de leurs clameurs, auxquelles se joignit la clameur populaire.

C'est alors qu'on reconnut tout l'empire de cette puissance nouvelle et désormais irrésistible, l'opinion publique. Elle avait précédemment entraîné M. de Maurepas dans la guerre d'Amérique; et ce triomphe même avait accru sa force. On avait pu apercevoir, pendant cette guerre, quels immenses progrès avaient faits les principes de la liberté. Une singularité particulière les avait fait reconnaître dans le traité avec les Américains, signé par le monarque; et on peut dire que les presses royales avaient, en quelque sorte, promulgué la déclaration des droits de l'homme, avant qu'elle le fût, en 1789, par l'assemblée nationale. C'est ainsi que le despotisme s'anéantit quelquefois par lui-même et par ses ministres.

Observons de plus qu'en 1787, outre cette classe déjà nombreuse de citoyens épris des maximes d'une philosophie générale, il s'en était depuis peu formé une autre, non moins nombreuse, d'hommes occupés des affaires publiques, encore plus par goût que par intérêt. M. Necker, en publiant, après sa disgrace, son compte rendu, et, quelques années après, son ouvrage sur l'administration des finances, avait donné au public des instructions que jusqu'alors on avait pris soin de lui cacher. Il avait formé en quelque sorte une école d'administrateurs théoriciens, qui devenaient les juges des administrateurs actifs; et parmi ces juges, alors si redoutables pour son rival, il s'en est trouvé plusieurs qui, quelque temps après, le sont devenus pour lui-même.

M. de Calonne fut renvoyé : une intrigue de cour, habilement tramée, mit à sa place son ennemi, l'archevêque de Sens, qui, avant d'être ministre, passait pour propre au ministère. C'était sur-tout celui des finances qu'il desirait, et c'était celui dont il était le plus incapable. Il porta dans sa place les idées avec lesquelles, trente ans plus tôt, on pouvait gouverner la France, et avec lesquelles il ne pouvait alors que se rendre ridicule. Il s'était servi des parlemens pour perdre M. de Calonne; et ensuite, sur le refus d'enregistrer des édits modelés sur ceux de son prédécesseur, dont il s'appropriait les plans comme une partie de sa dépouille, il exila les parlemens. La nation, qui, sans les aimer, les regardait comme la seule barrière qui lui restât contre le despotisme, leur montra un intérêt qu'ils exagérèrent, et du moins dont ils n'aperçurent pas les motifs. Ils s'étaient rendus recommandables à ses yeux en demandant la convocation des états-généraux, dans lesquels ils croyaient dominer, et dont ils espéraient influencer la composition. L'archevêque de Sens, entraîné par la force irrésistible du vœu national, avait promis cette convocation, qu'il se flattait d'éluder; de plus il avait reconnu et marqué du sceau de l'autorité royale le droit de la nation à consentir l'impôt, aveu qui, dans l'état des lumières publiques, conduisait, par des conséquences presque immédiates, à la destruction du despotisme.

Cette déclaration de leurs droits, donnée aux Français, comme un mot, fut acceptée par eux comme une chose; et le ministre put s'en apercevoir au soulèvement général qu'excita son projet de cour plénière. Il fallut soutenir par la force armée cette absurde invention; mais la force armée se trouva insuffisante, dans plusieurs provinces, contre le peuple, excité secrètement par les nobles, les prêtres et les parlementaires. La nation essayait ainsi contre le despotisme d'un seul la force qu'elle allait bientôt déployer contre le despotisme des ordres privilégiés; cette lutte ébranlait partout les fondemens des autorités alors reconnues. Les impôts qui les alimentent étaient mal perçus; et lorsqu'après une banqueroute partielle, prémices d'une banqueroute générale, l'archevêque de Sens eut cédé sa place à M. Necker, appelé une seconde fois au ministère par la voix publique, le gouvernement parut décidé en effet à convoquer ces états-généraux si universellement désiré. Chaque jour, chaque instant lui montrait sa faiblesse et la force du peuple.

M. Necker signala sa rentrée au ministère par le rappel des parlemens, qu'avait exilés l'archevêque de Sens. Bientôt après, il fit décider une seconde assemblée, composée des mêmes personnes que la précédente. Ces notables détruisirent, en 1788, ce qu'ils avaient statué en 1787, déclarant ainsi qu'ils avaient plus haï M. de Calonne qu'ils n'avaient aimé la nation. Mais en vain les notables, en vain les parlemens s'efforçaient de la faire rétrograder, en cherchant à soumettre la composition des états-généraux au mode adopté en 1614 : l'opinion publique, secondée depuis quelque temps de la liberté de la presse, triompha de tous ces obstacles. Le jour où M. Necker fit accorder au peuple une représentation égale à celle des deux ordres réunis, le couvrit d'une gloire plus pure que celle dont il avait joui quand son rappel au ministère était le sujet de l'allégresse publique. Heureux si, après avoir aidé la nation à faire un si grand pas, il eût pu l'accompagner, ou du moins la suivre! Mais il s'arrêta, et elle continua sa marche. Au milieu des désordres qu'entraîna la chûte subite du gouvernement, l'assemblée nationale poursuivit courageusement ses immenses travaux; et, dans l'espace de deux ans et quelques mois, elle consomma son ouvrage, malgré les fureurs des ennemis renfermés dans son sein ou répandus autour d'elle. Le peuple français prit sa place parmi les nations libres; et alors tomba ce préjugé politique, admis même de nos jours et par des philosophes, qu'une nation vieillie et long-temps corrompue ne pouvait plus renaître à la liberté. Maxime odieuse, qui condamnait presque tout le genre humain à une servitude éternelle!

PREMIER TABLEAU.

Le Serment de l'Assemblée nationale, dans le jeu de Paume, à Versailles, le 20 juin 1789.

LE tableau qui ouvre cette galerie vraiment nationale, est un de ceux qui sont le plus marqués d'un caractère auguste et imposant. Mais, pour assurer et accroître son effet sur l'âme des spectateurs, il convient de leur présenter le précis des événemens qui, depuis l'ouverture des états-généraux, ont préparé cette scène attachante, unique jusqu'ici dans l'histoire.

Dès la première séance des états, au moment de leur ouverture, le seul spectacle de ces trois ordres divisés d'intérêts, d'opinions, même de costumes, mais réunis par une nécessité impérieuse, la seule vue du maintien et des mouvemens de ces hommes si différens, oppresseurs et opprimés, mêlés et confondus sous le nom général de Français, auraient suffi pour faire pressentir à un observateur instruit et attentif qu'une telle assemblée, composée d'élémens si dissemblables, se dissoudrait, ou se constituerait sous une autre forme, qui, sans établir une véritable unité d'intérêts, forcerait tous ces intérêts opposés à marcher quelque temps ensemble. Il était facile dès-lors de prévoir quels seraient les embarras du trône, entre les privilèges qui l'entouraient, et les représentans d'un peuple éclairé connaissant ses droits et sa force, disposé également à repousser la violence ou le mépris.

Dans cette première séance, la noblesse s'était signalée par l'expression d'un orgueil offensant, puisé sans doute dans son costume et dans sa parure, plus que dans ses droits, dans ses talens et dans ses moyens de puissance. Ses refus et ceux du clergé de vérifier en commun les pouvoirs des trois ordres respectifs avaient occasionné des débats, dans lesquels les députés du peuple avaient vu à la fois et l'arrogance et la faiblesse de leurs adversaires. Un temps précieux se consumait dans ces discussions. La cour, dans une neutralité apparente, feignait de tenir la balance égale entre les concurrens, pour attirer à elle la décision de tous les points contestés. Elle n'avait voulu, en doublant la représentation du peuple, que forcer les privilégiés au sacrifice de leurs exemptions pécuniaires ; et elle commençait à redouter cette nouvelle puissance du peuple, près de se diriger contre d'autres avantages des privilégiés qu'elle voulait maintenir. Dans cette lutte de la noblesse et de la nation, le clergé semblait s'offrir comme médiateur ; et bien qu'opposé à la vérification des pouvoirs en commun, il ne s'était point constitué en chambre séparée, comme les nobles s'étaient hâtés de le faire. Les communes, réduites à l'inaction par l'absence de leurs collaborateurs, s'apercevaient tous les jours que leur force d'inertie devenait une puissance formidable ; et, secondées par quelques prêtres vertueux, par quelques nobles éclairés, qui ne virent le salut de la patrie que dans une prompte réunion au parti populaire, elles osèrent enfin, après une mûre délibération, se constituer en assemblée nationale : c'était déclarer ce qu'elles étaient, la nation. Cette grande et sublime mesure remplit le peuple d'un nouvel enthousiasme pour ses représentans, et fit trembler la cour, les ministres, les nobles et les prêtres, avertis alors de leur faiblesse. Ce fut en vain qu'ils se liguèrent, ou plutôt que leur ligue, jusqu'alors secrète, se manifesta par des signes évidens. Mais il est trop tard : le colosse national s'était élevé à sa véritable hauteur, et tout devait dès-lors fléchir ou se briser devant lui.

Une autre délibération, plus subite et non moins hardie, avait, en conservant provisoirement les impositions, déclaré qu'elles étaient toutes illégales, et qu'elles ne seraient perçues dans les formes existantes, que jusqu'à la première séparation de l'assemblée nationale, quelle que fût la cause de cette séparation. C'était couper à la fois tous les nerfs du despotisme, dans un temps où le peuple, surchargé d'impôts, accablé de toutes les calamités réunies, était affligé d'une disette de grains, qu'il imputait au gouvernement encore plus qu'à la nature.

Un autre article de cet arrêté mémorable mettait la dette publique sous la protection de la loyauté française. On attachait ainsi, on dévouait à la cause nationale la classe immense des créanciers de l'état, que leurs préjugés, leurs habitudes et leurs intérêts mal conçus avaient rendus jusqu'alors partisans et soutiens du despotisme.

Qu'on se représente, s'il est possible, à la nouvelle de cet arrêté, la surprise et la terreur de tous ceux qui jusqu'alors n'avaient vu dans le peuple français qu'un assemblage d'hommes nés pour la servitude. Ce fut en ce moment que les ennemis du peuple eurent recours aux mesures les plus violentes. Maîtres de la personne du roi, ils le reléguèrent en quelque sorte à Marly, et l'entourèrent suivant leurs convenances; ils le rendirent invisible, inaccessible comme un sultan d'Asie; ils mirent entre lui et la nation une barrière que ni la nation ni la vérité ne pouvaient franchir, et que lui-même n'aurait pu renverser.

Enfin, en l'environnant d'illusions, ils le forcèrent d'appuyer de son autorité la division des trois ordres en trois chambres ; ils amenèrent le roi de France à se déclarer le roi des privilégiés : et sans doute on résolut alors la tenue de cette séance royale, dans laquelle on allait dicter des lois arbitraires à ce peuple qui devait se régénérer; violence du despotisme connue sous le nom de lit de justice, détestée des Français même au temps de l'esclavage, et qui, en 1789, devait révolter des hommes appelés pour être législateurs d'un grand empire.

On la proclame donc cette séance royale, qui devait se tenir quelques jours après. Dans l'intervalle, la porte de l'hôtel de l'assemblée est fermée et gardée par des soldats. Les députés de la nation sont repoussés du lieu de la séance. Le président, M. Bailly, paraît, demande l'officier de garde. Celui-ci a l'audace de lui intimer l'ordre de ne laisser entrer personne dans la salle des états-généraux. « Je proteste contre de pareils ordres, « répond le président, et j'en rendrai compte à « l'assemblée. » Les députés arrivent en foule, se partagent en divers groupes dans l'avenue, s'irritent et se communiquent leur indignation. Le peuple la partageait. On s'étonne encore aujourd'hui, deux ans après la révolution, que les habitans de Versailles, ces hommes nourris et enrichis ou du faste ou des bienfaits du despotisme, aient montré contre lui une si violente aversion. C'est pourtant ce qu'on vit alors. On vit même plusieurs des soldats exécuteurs de cet ordre barbare, dire tout bas à quelques représentans du peuple : « Courage, braves députés ! » Le courage remplissait toutes les âmes, il brillait dans tous les yeux. Les uns voulaient que l'assemblée se tînt sur la place même, au milieu d'un peuple innombrable ; d'autres proposaient d'aller tenir la séance sur la terrasse de Marly, et d'éclairer le prince, qu'on emprisonnait pour l'aveugler. Au milieu de ces cris et de ce tumulte, le président avait cherché un local où l'on pût délibérer avec ordre et sagesse. Un jeu de paume est indiqué. La circonstance rendait auguste tout lieu qui pouvait servir d'asile à l'assemblée nationale. On s'invite mutuellement à s'y rendre. L'ordre est donné, tous y accourent. Un des députés (1), malade, et qu'on instruisait d'heure en heure des mouvemens de l'assemblée ; s'élance de son lit, s'y fait porter ; il assiste à l'appel que suivait le serment national ; il demande que, par indulgence pour son état, l'ordre de l'appel soit interverti, et qu'on lui permette d'être un des premiers à prononcer ce serment : sa demande est agréée ; il le prononce à voix haute : « Grâce au ciel, dit-il en se retirant, « si je meurs, mon dernier serment sera pour ma « patrie ! »

---

(1) M. Goupilleau, député de la Vendée, dont le patriotisme ne s'est pas démenti un seul moment.

Le voici ce décret qui décida des hautes destinées de la France : « L'Assemblée nationale, con-
« sidérant qu'appelée à fixer la constitution du
« royaume, opérer la régénération de l'ordre
« public et maintenir les vrais principes de la
« monarchie, rien ne peut empêcher qu'elle ne
« continue ses délibérations et ne consomme
« l'œuvre importante pour laquelle elle s'est réu-
« nie, dans quelque lieu qu'elle soit forcée de
« s'établir; et qu'enfin partout où ses membres
« se réunissent, là est l'assemblée nationale, a
« arrêté que tous les membres de cette assemblée
« prêteront à l'instant le serment de ne jamais se
« séparer, que la constitution du royaume et la
« régénération publique ne soient établies et af-
« fermies; et que, le serment étant prêté, tous
« les membres et chacun d'eux confirmeront par
« leur signature cette résolution inébranlable. »

Le président prêta le premier ce serment à l'assemblée et le signa. L'assemblée le prêta entre les mains de son président, et chacun apposa sa signature à ce grand acte. Qui le croirait, que, dans ce jour de gloire, un homme ait pu vouloir assurer l'éternité de sa honte en refusant de signer ? Il fut le seul. Qu'il jouisse du fruit de sa lâcheté! que le nom de Martin de Castelnaudari obtienne l'immortalité de l'opprobre !

Pendant cette grande scène, la capitale, instruite de moment en moment, se livrait aux transports de la joie, de l'admiration et de l'espérance. La majorité du clergé se décidait à la réunion, qui s'opéra le lundi 22, dans l'église de Saint-Louis, où l'assemblée nationale tint sa séance avec un recueillement plein de majesté, malgré le concours des spectateurs qui remplissaient les bas côtés du temple. Les cent quarante-neuf pasteurs citoyens qui avaient signé la délibération du 19 pour la vérification des pouvoirs en commun, sortirent du sanctuaire après un appel nominal, et s'avancèrent en ordre dans la nef, cessant ainsi d'être les représentans d'un ordre et devenus les représentans de la nation. Le vénérable archevêque de Vienne mêla, dans un discours touchant, les conseils de la concorde et le vœu de la liberté. Ses cheveux blancs, son éloquence paisible, le profond silence de l'assemblée et de tout le peuple qui remplissait l'enceinte, la réponse du président pleine d'un sentiment doux et d'une dignité tranquille, les larmes de joie de dix mille assistans, les accens unanimes d'une sensibilité tout ensemble patriotique et religieuse, le retentissement des voûtes sacrées, le saisissement de tous les cœurs, le mélange de toutes les passions nobles et fières, peintes et rayonnantes sur tous les fronts et dans tous les regards, formaient un spectacle d'enchantement, nouveau sur la terre. Le souvenir de ces pures et délicieuses sensations est demeuré ineffaçable dans l'âme de ceux qui les éprouvèrent : il n'a pu être étouffé sous la multitude des sensations successives, récentes et accumulées, qu'ont fait naître tous les grands événemens de la révolution.

Quel contraste entre ce jour de concorde, de fraternité sociale, et cet autre jour qui suivit bientôt après, où le roi vint parler en maître moins à ses propres esclaves qu'aux esclaves des privilégiés! Une garde nombreuse entoure la salle des états; des barrières en écartent le public. Le roi commande qu'on délibère par ordres et en chambres séparées; il dicte ses lois, et sort. La noblesse, une partie du clergé, le suivent : les communes restent. Un appariteur royal se présente, intime l'ordre de sortir. L'étonnement et l'indignation remplissaient toutes les âmes. Un citoyen se lève, et prononce ces paroles, gravées depuis sur sa statue et dans le cœur de tous les Français : « Allez dire à ceux qui vous envoient « que nous sommes les représentans de la nation « française, et que nous ne sortirons d'ici que par « la puissance des baïonnettes. Tel est le vœu de la « l'assemblée. » Ce fut le cri de tous, la réponse unanime. Un nouveau serment confirme le premier; et cette journée, d'abord si menaçante pour la liberté publique, ne fit que l'affermir sur ses bases désormais inébranlables.

Si les petites circonstances ne servaient quelquefois à réveiller de grandes idées ou du moins à y ajouter un nouvel intérêt, nous nous abstiendrions de rappeler une anecdote oubliée et comme perdue dans les grands mouvemens de la révolution. Croira-t-on qu'un prince français ait, le soir même du jour où fut prononcé le serment patriotique, retenu et loué pour le lendemain ce même jeu de paume consacré depuis comme un temple élevé à la liberté?

Il pensait (et ses conseillers le pensaient comme lui) qu'un tel obstacle empêcherait une seconde séance de l'assemblée. Tel était l'aveuglement des nobles et leur mépris pour la nation. Osons le dire, elle l'avait mérité par sa patience; et la révolution même peut bien la faire absoudre et non la justifier.

SECOND TABLEAU.

Les Gardes-Françaises détenus à l'Abbaye Saint-Germain, délivrés par le peuple.

On ne doit point compter parmi les mouvemens généreux du peuple vers la liberté, ni regarder comme son ouvrage, l'émeute excitée contre Réveillon, riche manufacturier du faubourg Saint-Antoine et citoyen estimable. Le pillage de ses ateliers, la fureur des brigands qui s'y livrèrent, les cris de mort poussés contre lui, l'ordre de fermer les maisons donné par une troupe de scélérats qui couraient les rues, les alarmes, les terreurs répandues en un instant dans la capitale, n'étaient qu'un complot de l'aristocratie pour effrayer les esprits, faire redouter la révolution, et se ménager le prétexte plausible d'entourer Paris de forces menaçantes, afin de le garantir du pillage.

Les commis des fermes, qui, au grand étonnement des financiers leurs commettans et du peuple jusqu'alors leur victime, se montrèrent de bons citoyens, avaient annoncé que, depuis quelques jours, il entrait dans la ville une foule de gens sans aveu. On ne voulut tenir aucun compte de cet avis. La police laissa les brigands s'attrouper, porter avec insolence l'effigie du citoyen dont ils détruisaient les possessions, et prononcer son arrêt de mort.

M. de Crosne, homme faible et indécis, esclave d'un ministère corrompu, et gardant par ambition une place supérieure à ses talens, ne se met nullement en peine d'arrêter le brigandage. Il répond que le guet à pied et à cheval a d'autres occupations, et qu'il faut s'adresser au commandant des gardes-françaises. On fait vingt courses inutiles pour trouver M. du Châtelet; enfin on réussit à le joindre. Il n'est point effrayé de tout ce qui arrive; il va envoyer de puissans secours; et ces puissans secours sont une poignée de soldats pour garder un vaste enclos, une maison immense, et pour faire face à une multitude innombrable de vagabonds effrénés, qui passent la nuit dans les tavernes, et se disposent, par des orgies, aux crimes commandés pour le lendemain. Le com mandant se repose, et la police dort; ou plutôt tout le gouvernement veille, dans l'espérance d'un désordre qui va remplir ses vues. Aucun des séditieux n'est arrêté, aucune mesure n'est prise afin de réprimer les misérables, qui se trouvent assez riches pour répandre eux-mêmes l'argent à pleines mains, et entraîner avec eux les ouvriers séduits ou trompés. Ils commettent en effet les désordres qu'on avait prévus et désirés.

Quand les excès sont à leur comble, alors le secours arrive, et il ne peut plus que redoubler le mal en nécessitant le carnage. Des ordres exécrables sont donnés pour tirer sur une multitude de citoyens, dont la plupart n'étaient attirés là que par la singularité de l'événement, ou, même par le zèle de la chose publique. On avait préparé pour les malfaiteurs des charrettes chargées de pierres, un bateau rempli de cailloux et de bâtons : ils furent interceptés; mais les tuiles, les ardoises, les meubles, y suppléèrent, et furent lancés comme une grêle sur les soldats de Royal-Cravate et sur les gardes françaises. Blessés et furieux, ils obéirent à l'ordre de la vengeance. Les fusils, les baïonnettes, immolèrent des troupes de citoyens, tués sur les toits, percés dans les appartemens, dans les caves; et la nuit seule mit un terme à ces meurtres. Il ne fallait qu'un bataillon, placé la veille sur les lieux, pour parer à tout : mais on voulait un événement qui parût rendre nécessaire à Paris la présence des troupes nombreuses qu'on allait y amener, et il importait au ministère de rendre le peuple et le soldat irréconciliables.

La providence, qui, depuis le premier moment du nouvel ordre de choses, a toujours déconcerté les mesures de nos anciens tyrans, fit tourner contre eux cet exécrable projet. Les troupes, indignées de la mauvaise foi de leurs chefs, frémirent de l'odieux emploi auquel on réservait leur courage. Elles se souvinrent qu'elles étaient françaises et citoyennes, et les soldats du roi devinrent les soldats de la patrie. On en remplit cependant tous les environs de la capitale. Quoique la réunion des trois ordres fût consommée à l'assemblée nationale, et que les ministres ne parlassent que de concorde entre le roi et les représentans, trente-cinq mille hommes de troupes de ligne étaient répartis entre Paris et Versailles; vingt mille autres étaient attendus; des trains d'artillerie les suivaient avec des frais énormes. Les camps sont tracés, les emplacemens des batteries sont formés; on s'assure des communications, on intercepte les passages; les chemins, les ponts, les promenades sont métamorphosés en postes militaires. Le maréchal de Broglie dirigeait tous ces mouvemens.

La capitale, émue d'une indignation profonde à la vue d'un appareil de guerre si audacieux, cherche des amis et des alliés dans les soldats français qui arrivaient de toutes parts. On leur fit sentir que la soumission absolue à la discipline des camps et des combats, qui fait leur force contre les ennemis de la patrie, n'est pas exigible contre la patrie elle-même, et que le serment des guerriers les lie à la nation encore plus qu'au roi. Le régiment des gardes-françaises, plus éclairé que le reste de l'armée par son séjour dans Paris, et particulièrement animé d'un juste ressentiment pour s'être vu dans l'alternative d'être la victime des brigands du faubourg Saint-Antoine ou le bourreau de ses concitoyens, donna le premier les preuves d'un patriotisme déclaré. Deux compagnies de ce corps refusent, le 23 juin, de tirer sur le peuple. Un jeune homme, officier récemment sorti de cette brave légion, et, malgré tous les liens du sang qui doivent l'attacher à l'aristocratie, intrépide apôtre de la liberté, M. de Valadi, va, de caserne en caserne, prêcher les droits de l'homme, et rappeler à chaque soldat ce qu'il se doit à lui-même et ce qu'exige la patrie. Le succès répond à son zèle : les gardes se mêlent avec le peuple et prennent part à tous les événemens qui intéressent la nation. En vain les chefs inquiets les consignent ; des cohortes entières sortent des casernes où elles étaient emprisonnées ; et, après avoir paru par centaines, deux à deux, et sans armes, au Palais-Royal, et y avoir reçu les applaudissemens dus à leur patriotisme, ils rentrent dans les mêmes casernes, sans causer aucun désordre.

Cependant onze gardes-françaises, du nombre de ceux qui avaient refusé de tourner leurs armes contre le peuple, étaient détenus dans les prisons de l'abbaye Saint-Germain. Le 30 juin, un commissionnaire remit au café de Foi une lettre, par laquelle on donnait avis au public que la nuit même ils devaient être transférés à Bicêtre, *lieu*, disait la lettre, *destiné à de vils scélérats et non à de braves gens comme eux.* A peine un citoyen d'une voix forte a-t-il fait, au milieu du jardin, lecture de cet avis, aussitôt plusieurs jeunes gens s'écrient ensemble : *A l'abbaye! à l'abbaye!* et ils courent. Le cri se répete; les compagnons se multiplient; la troupe s'augmente; les ouvriers qui s'y joignent se munissent d'instrumens, et dix mille personnes arrivent devant la prison. Les portes sont enfoncées, les gardes-françaises sont mis en liberté, ainsi que ceux du guet de Paris et quelques officiers qui, pour diverses causes, s'y trouvaient captifs; les coups redoublés de haches, de pics, de maillets, donnés dans l'intérieur, retentissaient au loin, malgré le bruit occasionné par un peuple immense qui emplissait les rues adjacentes. Une compagnie de hussards et de dragons, le sabre à la main, se présente. Le peuple saisit les rênes des chevaux : les soldats baissent le sabre, plusieurs mêmes ôtent leur casque en signe de paix. Les prisonniers délivrés sont conduits en triomphe au Palais-Royal par leurs libérateurs. On les fait souper dans le jardin; ils couchent dans la salle des Variétés, sous la garde des citoyens; et le lendemain on les loge à l'hôtel de Genève. Des paniers suspendus aux fenêtres par des rubans reçurent les offrandes qu'on s'empressait d'apporter à ces guerriers patriotes. On fit reconduire un soldat prévenu de crime, le peuple déclarant qu'il ne prenait sous sa protection que ceux qui étaient victimes de leur civisme.

L'assemblée nationale, qu'une députation de jeunes citoyens instruisit de cet événement, se vit alors entre deux pièges. Placée entre le monarque et le peuple, compromise avec l'un ou l'autre si elle prenait un parti décisif, elle demanda au roi d'employer, pour le rétablissement de l'ordre, les moyens de la clémence et de la bonté. Le roi attacha la grâce des soldats délivrés, à la condition de leur retour dans les prisons de l'abbaye. On craignait au Palais-Royal quelque vengeance secrète de la part des ministres et des chefs aristocrates contre ces braves gens, s'ils redevenaient prisonniers. Eux-mêmes, inquiets de la forme dans laquelle était conçue la promesse royale, résistaient aux invitations de ceux qui étaient plus confians.

Cette cause fut agitée dans l'assemblée des électeurs, qui dès lors tenaient des séances publiques à l'hôtel-de-ville, séances dont bientôt devait dépendre le salut de la patrie. M. l'abbé Fauchet plaida éloquemment pour les soldats, et fit sentir la nécessité de rendre à une sécurité entière les gardes françaises dont la délivrance avait fait la joie publique. On proposa divers moyens : celui qui vint en pensée à M. l'abbé Bertolio eut la préférence et réussit. On arrêta une députation de douze membres à Versailles, qui s'engagèrent par serment à ne point rentrer dans Paris, que les soldats qui retourneraient à la prison n'en fussent ressortis, avec une pleine assurance de n'être jamais ni recherchés ni inquiétés pour cette cause. Ils n'hésitèrent point d'y retourner. Les députés allèrent à la cour : mais, instruite de cette démarche, elle se hâta, pendant que la députation était en route, d'envoyer la lettre de rémission. Les députés revinrent le même jour à Paris embrasser les soldats citoyens, qu'on s'empressa de féliciter. Cet événement fit sentir au peuple toute sa force, acheva de troubler les ministres, précipita leurs opérations insensées contre la capitale, et hâta le moment décisif où l'on devait anéantir le despotisme, et élever sur ses débris la souveraineté nationale.

TROISIÈME TABLEAU.

Première motion du Palais-Royal.

L'histoire morale de la révolution n'est pas d'un moindre intérêt que son histoire politique ; et si, dans la rapidité de tant d'événemens extraordinaires, il eût pu se trouver un spectateur tranquille et indifférent, qui, passant tour à tour de Paris à Versailles et de Versailles à Paris, eût entendu et comparé les discours et les opinions, il eût joui du plaisir attaché au plus grand contraste qui puisse, à cet égard, exister parmi les hommes; il eût senti la vérité de l'observation que nous avons déjà indiquée, qu'il y a des nations moins différentes entre elles que ne l'étaient en France la classe qui gouvernait et celle qui était gouvernée.

On a peine à se figurer quel fut l'étonnement de la cour, des ministres, des nobles en général, en apprenant que le peuple avait forcé les prisons de l'abbaye pour en tirer les gardes françaises. Mais cet étonnement mêlé de mépris et d'indignation, ressemblait à celui que des maîtres ont pour des esclaves révoltés, dont la punition est infaillible. Tous les dépositaires de l'autorité, dans quelque grade que ce fût, accoutumés à la regarder comme leur propriété particulière, ne pouvaient concevoir et plaignaient presque l'audacieuse démence qui venait de se permettre un pareil attentat : le plus grand nombre, demeuré étranger au progrès des idées générales, n'avait pas le plus léger pressentiment sur les approches d'une révolution que la partie éclairée de la nation regardait comme inévitable, sans pouvoir toutefois en calculer le terme ni la mesure. Quant aux maximes de liberté publique, de souveraineté nationale, de droits des hommes, devenues, quelques mois après, constitutionnelles, ces axiomes ne semblaient à la plupart des privilégiés que des blasphèmes d'une philosophie nouvelle; et ceux qui, plus instruits, en étaient moins surpris ou moins indignés, ne les considéraient que comme des principes spéculatifs qui ne pouvaient jamais avoir d'application, et qui, dans une nation destinée, selon eux, à un esclavage éternel, perdraient infailliblement les insensés capables de les croire admissibles dans la pratique. C'est ce qu'on vit peu de jours après, lorsque M. de La Fayette, député à l'assemblée nationale, vint proposer un projet de déclaration des droits de l'homme et du citoyen, et dire qu'on pouvait rendre la France libre comme l'Amérique. Cette idée, pardonnable peut-être à un philosophe ou à un avocat (c'était presque la même chose dans les idées de la cour), parut le comble de la folie dans la bouche d'un jeune gentilhomme, qui se dégradait lui-même, et qui de plus attirait sur lui les vengeances du despotisme forcé à regret d'envelopper un chevalier français dans la proscription de tous ces hommes sans naissance, de tous ces gens *de rien* qui partageaient ses principes et son espoir.

Telle était, à Versailles, l'illusion générale parmi tous les ennemis du peuple, lorsqu'ils apprirent la sortie des gardes françaises prisonniers à l'abbaye. Les ministres, en partageant l'indignation qu'elle excitait, réprimèrent néanmoins les premiers mouvemens de leur fureur. Ils se rassuraient en songeant qu'ils avaient à leurs ordres une armée prête à punir les rebelles. Ils dictèrent au roi une réponse mesurée, qui calma le peuple sans dissiper ses inquiétudes. Pendant ce temps, les maîtres de la force armée environnaient de troupes et de canons l'assemblée nationale ; et, tandis qu'elle s'occupait à rédiger les droits de l'homme et du citoyen, elle était menacée d'une prochaine destruction.

Déjà Paris, qui votait pour la liberté, était menacé des plus grandes violences. Déjà se développait un plan d'attaque dont le succès paraissait infaillible. Les vives clameurs de la capitale éveillent enfin les alarmes des représentans, et l'éloquence de Mirabeau les décide à demander au roi la retraite des troupes. Dans la soirée du 10 juillet, une députation de vingt-quatre membres, présidée par l'archevêque de Vienne, est reçue dans ce même palais qui recelait les conspirateurs ; elle présente au roi une adresse pleine d'énergie et de raison, pour le décider à éloigner sans délai les régimens nombreux, les trains d'artillerie, et tous les apprêts d'incendie et de meurtre qu'on étalait d'une manière si terrible aux yeux des Français.

Dans cette adresse, où l'on avait épuisé toutes les armes de l'éloquence, on avait prédit les suites que devait avoir l'appareil formidable qui menaçait le peuple, et l'on proposait au roi les moyens de tout prévenir.

« La France, lui disait-on, ne souffrira pas
» qu'on abuse le meilleur des rois, et qu'on l'é-
» carte, par des vues sinistres, du noble plan
» qu'il a lui-même tracé. Vous nous avez appelés
» pour fixer, de concert avec vous, la constitu-
» tion, pour opérer la régénération du royaume.
» L'assemblée nationale vient vous déclarer que
» vos vœux seront accomplis, que vos promesses
» ne seront point vaines; que les pièges, les dif-
» ficultés, les terreurs, ne retarderont point sa
» marche, n'intimideront point son courage. »

On entrait dans les détails de tous les dangers qu'occasionnait le rassemblement des troupes, et l'on ajoutait :

« Il est d'ailleurs une contagion dans les mou-
» vemens passionnés. Nous ne sommes que des
» hommes : la défiance de nous-mêmes, la crainte
» de paraître faibles, peuvent entraîner au-delà
» du but. Nous serons obsédés d'ailleurs de con-
» seils violens et démesurés; et la raison calme, la
» tranquille sagesse, ne rendent pas leurs oracles
» au milieu du tumulte, des désordres et des
» scènes factieuses. Le danger est plus terrible en-
» core ; et jugez de son étendue par les alarmes
» qui nous amènent devant vous : de grandes
» révolutions ont eu des causes bien moins
» éclatantes ; plus d'une entreprise fatale aux na-
» tions (on n'osait dire *aux rois*) s'est annoncée

» d'une manière moins sinistre et moins formi-
» dable, etc. »

Le monarque, dont on dictait les paroles, fit une réponse ambiguë, et persista dans le projet de conserver autour de lui toutes les forces qu'il prétendait nécessaires au bon ordre et à la tranquillité publique.

Cette démarche de l'assemblée nationale, cette confiance dans la parole du roi, confiance que Paris ne partagea point, déterminèrent les ministres à presser l'exécution de leur projet. La disgrâce de M. Necker, qui désapprouvait toutes ces mesures, était résolue; mais elle ne devait avoir lieu que dans la nuit du 14 au 15. Les conjurés, impatiens, devancèrent l'exécution de ce projet, et crurent faire un grand pas en précipitant le départ du seul ministre qui leur était contraire. Dès le 11, on lui fit donner l'ordre de sortir du royaume dans vingt-quatre heures et avec tout le secret possible. Il obéit si exactement, que son frère et sa fille, en présence desquels il avait reçu la lettre de cachet, n'en furent instruits par lui-même que lorsqu'il fut arrivé, le lendemain 12, à Bruxelles. Paris reçut le même jour à midi cette nouvelle inattendue. Celui qui l'apporta au Palais-Royal fut traité comme un insensé, et pensa être jeté dans le bassin : mais bientôt elle se confirma, et il ne fut plus permis d'en douter. Le jardin était rempli de groupes menaçans ou mornes. Alors parut au milieu d'eux

un jeune homme, Camille Desmoulins. Il faut l'écouter lui-même : « Il était deux heures et de-
» mie. Je venais sonder le peuple. Ma colère contre
» les despotes était tournée en désespoir. Je ne
» voyais pas les grouppes, quoique vivement
» émus ou consternés, assez disposés au sou-
» lèvement. Trois jeunes gens me parurent agités
» d'un plus véhément courage : ils se tenaient
» par la main. Je vis qu'ils étaient venus au Palais-
» Royal dans le même dessein que moi. Quelques
» citoyens *passifs* les suivaient : « Messieurs, leur
» dis-je, voici un commencement d'attroupe-
» ment civique : il faut qu'un de nous se dévoue,
» et monte sur une table pour haranguer le peu-
» ple. — Montez-y. — J'y consens... » Aussitôt je
» fus porté sur la table, plutôt que je n'y montai.
» A peine y étais-je, que je me vis entouré d'une
» foule immense : voici ma harangue que je n'ou-
» blierai jamais :

» Citoyens, il n'y a pas un moment à perdre.
» J'arrive de Versailles ; M. Necker est renvoyé :
» ce renvoi est le tocsin d'un St.-Barthélemi de
» patriotes ; ce soir tous les bataillons suisses et
» allemands sortiront du Champ-de-Mars pour
» nous égorger. Il ne nous reste qu'une res-
» source ; c'est de courir aux armes, et de prendre
» une cocarde pour nous reconnaître.

» J'avais les larmes aux yeux ; et je parlais avec
» une action que je ne pourrais ni retrouver, ni
» peindre. Ma motion fut reçue avec des applau-

» dissémens infinis. — Quelles couleurs voulez-
» vous ?.... Quelqu'un s'écria : — Choisissez. —
» Voulez-vous le verd, couleur de l'espérance,
» ou le bleu de Cincinnatus, couleur de la liberté
» d'Amérique et de la démocratie?.... Des voix
» s'élevèrent :—Le verd, couleur de l'espérance...
» Alors je m'écriai : — Amis, le signal est donné :
» voici les espions et les satellites de la police qui
» me regardent en face. Je ne tomberai pas du
» moins vivant entre leurs mains.... Puis tirant
» deux pistolets de ma poche, je dis : — Que
» tous les citoyens m'imitent.... Je descendis,
» étouffé d'embrassemens : les uns me serraient
» contre leurs cœurs ; d'autres me baignaient de
» leurs larmes. Un citoyen de Toulouse, crai-
» gnant pour mes jours, ne voulut jamais m'a-
» bandonner. Cependant on m'avait apporté du
» ruban verd : j'en mis le premier à mon chapeau,
» et j'en distribuai à ceux qui m'environnaient. »

Telle fut la première motion qui établit l'insurrection au Palais-Royal et donna le signal de la liberté. Le citoyen qui eut le courage de la faire, s'est encore distingué depuis par des ouvrages pleins de talent, où la gaîté, la hardiesse, plusieurs saillies heureuses, et même quelques grandes pensées, demandent et obtiennent grâce pour des des folies burlesques, des disparates bizarres : défauts qui, dans ces temps orageux, contribuaient plutôt qu'ils ne nuisaient au succès de ces ouvrages.

On peut citer ce jeune homme comme un exemple mémorable des rapides effets de la liberté. Il a lui-même raconté depuis, que, né avec une âme timide et un esprit pusillanime, l'une se trouva tout d'un coup échauffée d'un courage intrépide, et l'autre comme éclairé d'une lumière nouvelle. Sans doute cette même influence de la révolution prochaine se fit sentir à tous les jeunes gens dont l'âme était née pour elle, et qui, des ténèbres où la servitude publique devait tenir enfouis leurs talens ou leurs vertus, passaient, subitement et contre leur espérance, au grand jour de la liberté, qui devait développer ces mêmes vertus et ces mêmes talens.

QUATRIÈME TABLEAU.

Sortie de l'Opéra.

Le grand mouvement excité dans Paris par le renvoi de M. Necker avait deux causes : d'abord l'opinion qu'on s'était formée de cet administrateur, dont l'influence au conseil se liait alors dans tous les esprits à l'idée du bonheur public. On l'avait vu, dans son premier ministère, porter la plus stricte économie dans l'emploi des revenus de l'état. Il avait fréquemment repoussé les avides sollicitations des courtisans ; et une fois, entre autres, il avait répondu à l'un d'eux: « Ce que vous me demandez forme la contribution de plusieurs villages. » Ce mot, répandu parmi le peuple, était devenu presque aussi célèbre que *la poule au pot*, promise en quelque sorte aux paysans par Henri IV, et qui ne leur a été donnée ni par lui ni par ses successeurs. Ce mot avait concilié au ministre une popularité qui semblait indestructible. Son retour au ministère l'avait encore accrue, et son exil inattendu paraissait le signal des projets hostiles médités contre Paris. Il devenait, en quelque sorte, une déclaration de guerre aux habitans de la capitale.

Le second motif de l'insurrection, moins aperçu de la multitude, mais non moins impérieux, était le besoin presque généralement senti de mettre Paris sous la protection d'une force publique, capable de diriger l'indiscrète énergie du peuple, qui, par l'impétueuse irrégularité de ses mouvemens, pouvoit compromettre le salut de la ville et même de l'empire.

Les électeurs ne tenaient d'assemblées ordinaires qu'une fois la semaine. Déjà leurs séances, qu'ils avaient rendues publiques, les avaient montrés capables de prendre des mesures de vigueur dans les événemens décisifs que chacun prévoyait. Nicolas Bonneville avait fait le premier la motion d'armer les citoyens, et de former ce qu'on appelait alors une garde bourgeoise. Cette idée, qui avait d'abord effrayé les esprits, incertains du moment où l'on pourait tenter à force ouverte de secouer le joug du despotisme, s'était reproduite peu de jours avant l'exil du ministre chéri ; et l'on se proposait, vu la multitude des régimens qui environnaient Paris, de la réaliser au plutôt. Mais la formation des citoyens en corps de commune était un préalable nécessaire.

Dans les premières assemblées électives, séparées en trois chambres, l'abbé Fauchet avait soutenu le droit et la nécessité de cette organisation des habitans en commune : mais il parlait à un clergé trop ami de l'ancien régime pour entendre des pensées libres et courageuses. Il fit de nouveau cette proposition aux électeurs réunis : elle fut accueillie comme elle devait l'être par des hommes qui voulaient se montrer citoyens. Il alla plus loin. Le 9, veille du premier jour de l'insurrecrection décidée, on venait de faire un tableau très-sensible des dangers qui environnaient la cité. Il proposa aux électeurs de se constituer eux-mêmes comme élus du peuple, et les seuls actuellement en activité, sous le titre de représentans provisoires de la commune de Paris, jusqu'à l'instant où elle se rassemblerait elle-même, soit pour les confirmer dans cette fonction, soit pour en nommer d'autres. Les présidens de l'assemblée, MM. la Vigne et Moreau de Saint-Méry, eurent peur des applaudissemens qu'obtenait cette proposition ; et, dans l'inquiétude qui les agitait, ils demandèrent du temps pour discuter cette ques-

tion importante, et voulurent remettre à huit jours une décision si essentielle. A cette proposition du délai d'une semaine entière pour rassembler les électeurs, tandis que tout annonçait une crise prochaine, un d'entre eux, qui arrivait de Versailles, et qui avait vu tout l'appareil de la guerre préparée à la patrie, M. de Leutre, se lève, et d'une voix perçante crie: « Qu'ose-t-on
» nous dire? Huit jours! Dans trois, si nous ne
» sommes sur nos gardes, tout est perdu! Rassem-
» blons-nous demain. Si nos présidens balancent,
» qu'ils se démettent, nous en choisirons de moins
» timides. » Il désigna M. de la Salle et l'abbé Fauchet.

MM. La Vigne et Moreau de Saint-Méry cédèrent à leurs craintes; ils déclarèrent qu'ils se démettaient. L'assemblée s'ajourna au surlendemain pour l'élection des présidens. On s'étonne de ne pas trouver, dans l'historique du procès-verbal des électeurs, ces faits authentiques et incontestables. La justice et l'intérêt public condamnent également ces réticences mensongères, qui trompent ou égarent l'opinion du peuple sur le vrai caractère de ses défenseurs plus ou moins courageux, dans le moment où il lui importe le plus de les connaître et de les distinguer. Dès que la révolution fut décidée par l'unanime et invincible insurrection de la capitale, ces deux mêmes hommes qui, trente-six heures auparavant, se démettaient de leur présidence pour n'être pas comptables aux despotes de l'énergie de l'assemblée, reprirent leurs fonctions, où ils se trouvaient forts de toute la puissance du peuple. La prise de la Bastille acheva de les rendre intrépides.

Si la motion de M. de Leutre (qui voulait, le samedi au soir 9 juillet, que dès le lendemain l'assemblée des électeurs se réunît) eût été arrêtée, le centre de ralliement se fût trouvé prêt pour diriger à l'instant même les forces éparses des citoyens, les brigands eussent été contenus, les barrières n'essent pas été incendiées, Saint-Lazare n'eût pas été pillé, et la liberté eût marché d'un pas mesuré dès sa naissance. Mais les électeurs ne croyaient pas la crise si prochaine, et ils étaient persuadés qu'on serait à temps le lundi 13 pour prévenir tous les périls. L'exil de M. Necker ayant tout précipité, dès quatre heures du soir le dimanche, après la motion de Camille Desmoulins au Palais-Royal, l'effervescence des patriotes fut extrême. Le peuple, outré de colère, mais non consterné de l'insulte qui venait de lui être faite par le renvoi d'un ministre en qui il avait placé sa confiance, n'apprit qu'avec indignation que les spectacles étaient ouverts et qu'ils étaient remplis. La motion faite au Palais-Royal de les fermer, fut appuyée, décrétée, exécutée sur-le-champ : chose inouie jusqu'alors, et dont l'idée seule était faite pour frapper d'étonnement ! Jamais particulier n'avait obtenu cet honneur, devenu exclusivement un hommage à la splendeur du rang suprême, ou de ceux que la naissance en approche. Une adulation aussi absurde qu'avilissante supposait que leurs maladies, leurs infortunes, et surtout leur mort, étaient toujours des calamités publiques. Cinq semaines auparavant, le 4 juin, pendant la dernière maladie du dauphin, mort âgé de sept ans, les spectacles avaient été fermés; et, le 11 juillet, on les fermait pour la retraite d'un citoyen cher au peuple. Ce rapprochement seul eût suffi pour irriter l'orgueil de ceux qui croient que tout hommage public n'appartient qu'à la grandeur. La plupart détestaient dès long-temps M. Necker; et, lors de son renvoi après son premier ministère, sa chûte avait été pour eux le sujet d'une joie révoltante et scandaleuse. On les avait vus alors venir étaler leur triomphe insolent dans les spectacles, dont le peuple les eût dès-lors chassés volontiers. Cette seconde fois, le 12 juillet 1789, ils y étaient accourus en foule et leur allégresse était encore plus grande. Ils connaissaient la destination de cette armée dont on investissait la capitale; ils croyaient voir bientôt le peuple, effrayé, asservi, retomber sous le joug qu'il venait de soulever un moment, et qui n'était pas encore brisé. Qu'on se représente leur indignation et leur rage, quand l'insurrection publique vint troubler le sentiment trompeur qu'ils avaient de leur victoire, et surtout leur intimer l'ordre de sortir du spectacle! Il fallut obéir et céder à cette force, qui d'ailleurs se manifesta sans violence et avec une sorte de règle. Nul accident grave ne signala cette sortie. Le seul désagrément, très-odieux sans doute pour des ducs, marquis et comtes, mais qu'il fut impossible de leur sauver, ce fut la nécessité de défiler entre deux haies de citoyens non décorés, obscurs même, et dont peut-être aucun, par sa naissance, ne pouvait être présenté à la cour.

Plût au ciel que, sans nuire à l'établissement de la liberté publique, il eût été possible d'épargner à ses ennemis des malheurs plus grands que cette humiliation passagère !

CINQUIÈME TABLEAU.

Bustes de MM. d'Orléans et Necker portés en triomphe et brisés à la place Louis-xv.

Les tableaux précédens ont suffisamment fait concevoir quel était le trouble, le désordre, l'agitation de Paris. Chaque instant y apportait de Versailles des nouvelles qui, vraies ou fausses, redoublaient la fermentation générale. Les lieux publics, les jardins, les cafés, n'offraient partout que des grouppes d'hommes avides de parler ou empressés d'entendre; et, dès le matin de cette journée mémorable, un pressentiment inquiet avait fait sortir de leurs maisons les citoyens les plus paisibles. Les amis, les voisins se visitaient ; les indifférens même s'abordaient avec cet air de confiance, de bienveillance mutuelle, qui naît du sentiment d'un péril et d'un intérêt commun. Dès la veille, un bruit sourd s'était répandu que M. Necker était disgracié, et l'on connaissait les dispositions de la cour peu favorables pour ce ministre. Elle pardonne rarement à ceux qui ont été l'objet d'un enthousiasme universel, comme il l'avait été le jour de la séance royale ; et de pareils triomphes sont représentés, par les courtisans, comme de cruelles offenses pour le trône. Cependant, telle était à Paris l'opinion qu'on avait de M. Necker, du besoin que la cour même avait de lui, qu'on supposait la cour convaincue de cette vérité, autant que la capitale. Cet homme célèbre jouissait alors, dans une monarchie, d'une popularité que les démagogues les plus heureux ont rarement obtenue dans les républiques : on se plaisait à voir en lui l'homme du peuple et l'ami de la liberté. Il l'était en effet, mais dans des limitations alors inconnues, qu'il n'a laissé entrevoir depuis que successivement et par degrés, jusqu'à l'instant où il les a enfin exprimées et motivées, dans un ouvrage composé après son départ, et qui ne lui a pas rendu la faveur nationale. Revenons à ce moment du 12 juillet, qui associe le triomphe de M. Necker aux premiers mouvemens de la liberté naissante.

A peine la nouvelle de sa disgrâce et de son départ fut-elle répandue et confirmée, la consternation devint générale. Elle se manifesta par des emportemens, par une fureur aveugle qui porta une partie du peuple à incendier plusieurs barrières : chez les citoyens d'une classe plus éclairée, elle se montra par une douleur profonde, mêlée d'indignation : bientôt elle se caractérisa par tous les signes qui annoncent une calamité publique. En un mot, on retrouva par-tout le deuil de la patrie. Tandis que des multitudes de citoyens ferment les grands théâtres, interdisent les petites salles des boulevards où le peuple se porte habituellement, tandis que l'on commandait à tous des pensées sévères, quelques-uns conçurent l'idée d'un spectacle nouveau, à la fois triomphal et funèbre, qui annonçait en même temps la confiance et la terreur. Dans le cabinet de Curtius, étaient en cire coloriée un grand nombre de bustes d'hommes célèbres. On y saisit ceux de M. Necker et de M. d'Orléans, qu'on croyait enveloppé dans la disgrace du ministre. On les couvre de crêpes, ainsi que le tambour qui les précède. On les porte des allées du boulevard du Temple dans la rue Saint-Martin, au milieu d'un cortége innombrable qui se grossit à chaque pas. Le cri répété, *chapeau bas!* fait un devoir aux passans de saluer ces images révérées. Le guet à cheval du poste de la Planchette reçoit du peuple l'ordre d'escorter les porteurs. La garde de Paris cède aussitôt à cette volonté générale. On se précipite de toutes les issues, pour voir cette nouveauté républicaine. On en augmente sans cesse la pompe tumultueuse, bizarre, et cependant imposante. Tout s'anoblissait par l'idée d'honorer avec éclat deux hommes qu'on croit victimes de leur généreux amour pour le peuple. Les rues Grenéta, Saint-Denis, la Féronnerie, Saint-Honoré, par où passent successivement les images devenues momentanément l'objet du culte public, contiennent à peine les flots de citoyens qui se succèdent avec une rapidité toujours croissante.

C'est avec cet immense cortége que les bustes arrivent à la place Vendôme. On les promène autour de la statue de Louis XIV..... O changemens opérés par la révolution d'un siècle ! Là, fut élevé, par l'adulation servile d'un courtisan, le bronze de ce monarque, qui, d'un regard, faisait trembler sa cour, vit près de soixante ans son peuple à ses génoux; et maintenant..... Ce sont les suites de son despotisme, de son faste orgueilleux, qui, de loin, préparaient les afflictions douloureuses d'un de ses petits-fils. L'esprit du peuple est changé. Ce ne sont plus ces Parisiens, ridicules héros de la fronde, fuyant devant quelques soldats soudoyés pour contenir ou châtier des bourgeois : c'est pourtant ce que l'on croyait ; mais on se trompa. Un détachement de Royal-Allemand se précipite sur ces bourgeois devenus citoyens, qui ne prennent point la fuite, comme les stipendiaires s'en étaient flattés. L'action fut vive; plusieurs personnes y furent blessées. Un cavalier de Royal-Allemand fut tué d'un coup de pistolet par un médecin. Le cortège écarte enfin la troupe et continue sa route avec une ardeur nouvelle. On voulait se rendre aux Tuileries par la place Louis-xv. Là, commença l'exécution manifeste des projets hostiles de la cour contre les citoyens. Un détachement de dragons se précipite à coups de sabres sur l'innombrable multitude qui s'y était rassemblée pour voir passer les bustes de MM. Necker et d'Orléans. Le porteur de la première effigie fut tué, le buste mis en pièces : incident qui, dans les siècles où la superstition changeait tout en augure, serait devenu un présage menaçant pour la personne de M. Necker, ou du moins pour la durée de sa faveur populaire. François Pepin, qui portait l'effigie de M. d'Orléans, reçut un coup d'épée dans la poitrine, de la main de l'officier qui commandait le détachemeut, et fut encore atteint d'un coup de pistolet à la jambe gauche. Un garde-française fut tué par un dragon; mais un soldat de la garde de Paris, qui avait vu d'où le coup partait, tua à son tour, d'un coup de fusil, le dragon, dont les dépouilles furent portées au Palais-Royal. Le cortège des patriotes, sans armes, étonné plus qu'effrayé de cette course à bride abattue, de ce cliquetis de sabres, de ces images brisées, de ce sang, de ces morts, fut forcé de se diviser. Une partie se porta vers le quai, une autre rebroussa chemin par le boulevard; et ceux qui occupaient le milieu de la scène entrèrent pêle-mêle dans les Tuileries par le Pont-Tournant. C'est le sujet d'un autre tableau.

SIXIÈME TABLEAU.

Les Gardes-Françaises sauvant M. du Châtelet, leur colonel, de l'effervescence populaire.

S'IL fallait se borner à développer les circonstances principales des tableaux que nous présentons au public, quelques lignes suffiraient à celui que nous mettons en cet instant sous ses yeux. Il serait seulement nécessaire de rappeler, comme un fait incontestable, que les gardes-françaises, en sauvant leur général, triomphaient d'un ressentiment qu'ils avaient même déjà fortement exprimé. Cette circonstance à part, le sauver d'un péril imminent n'eût été que leur devoir et même un acte d'humanité vulgaire. Mais ils le regardaient comme leur ennemi; et là commence la générosité, disons même l'héroïsme, puisque leur haine s'était récemment montrée d'une manière menaçante et dangereuse pour sa vie.

Ici nous nous arrêterions, ou du moins nous nous contenterions d'exposer les détails de cet acte de générosité, s'il ne rappelait ce que doit la révolution française à ces braves soldats, qui, en abandonnant tout-à-coup le service du despotisme, le glacèrent d'effroi et précipitèrent sa chûte. Persuadé, par l'habitude de leur obéissance, qu'ils étaient une portion de lui-même, en perdant leurs secours, il crut voir ses bras se séparer de lui. Sa surprise, mêlée d'une terreur profonde, s'accrut encore et fut au comble quand il les vit se vouer à la cause publique. Il passa tout-à-coup du sentiment exagéré de sa force au sentiment de sa faiblesse. Cette espèce de miracle, qu'il avait cru impossible, n'étonna pourtant que lui, ses agens et ses satellites. Depuis long-temps on observait le mécontentement de toute l'armée, de tous les corps qui la composaient; et ce mécontentement, loin d'éveiller l'attention des ministres et des chefs sur les moyens de le calmer, ne semblait que les provoquer à multiplier les fautes et les imprudences. Les chefs fatigaient à pure perte leurs subordonnés : ceux-ci, par une vengeance imprévoyante, avaient, dans la lutte du roi et des parlemens, excité en secret à la désobéissance leurs soldats, qu'eux-mêmes avaient fréquemment indisposés. Comment ne s'apercevaient-ils pas qu'ils minaient à l'envi les fondemens d'un édifice ébranlé, prêt à crouler sur eux? Mais leurs destins étaient marqués : il fallait que la ruine de tous les oppresseurs fût le fruit de leurs propres intrigues. On eût dit que le ciel les aveuglait pour les perdre; caractère de cette fatalité imposante que l'histoire des siècles passés conserve dans le récit des grands événemens, et dont la révolution française rappelle fréquemment le souvenir.

Telle était, en général, la disposition de l'armée; et le régiment des gardes-françaises s'en était lui-même ressenti. Mais, à ces causes de mécontentement, communes à tous les corps militaires, il s'en joignait d'autres qui redoublaient dans celui-ci la fermentation sourde dont il était agité. Le développement de ces causes contribuera à faire admirer la réunion de circonstances favorables à la révolution.

Le régiment des gardes avait été long-temps commandé par le maréchal de Biron. Cet homme, d'un mérite médiocre, avait eu pourtant celui de se faire aimer de ses soldats. Distingué à Fontenoi, et depuis oublié de la France, mais non pas de la cour, comblé de grâces, parvenu à une extrême vieillesse, et possesseur d'une immense fortune, il en consacrait une partie à la belle tenue de sa troupe, déjà très-dispendieuse pour l'état. Jaloux en même temps, et de plaire à la cour, et de briller par son faste à Paris, il allait à ce double but par l'éclat extérieur de son régiment, qui semblait être devenu une partie de son luxe personnel. Ces qualités avaient suffi pour en faire l'idole de ses soldats. On se souvient de l'obéissance qu'ils lui avaient montrée en 1788, dans une action engagée entre eux et le peuple de Paris, dans la rue Saint-Dominique. Nous n'ignorons pas les changemens qu'une année avait opérés dans l'opinion, même parmi les soldats : mais, malgré ces changemens si rapides, nous avons lieu de douter que l'influence des dispositions nouvelles se fût étendue jusqu'aux gardes-françaises, s'ils eussent continué d'être commandés par le maréchal de Biron. Leur patriotisme, dans la crise de 1789, l'eût-il emporté sur leur affection pour leur général ?...... Bénissons le ciel qui nous a épargné les hasards d'une pareille épreuve, en disposant des jours de leur vieux commandant! Tel était leur attachement pour sa mémoire, qu'une des fautes les plus graves de leur nouveau colonel fut d'avoir fait ôter de leurs casernes le buste de son prédécesseur. C'était sans doute une grande imprudence, et ce ne fut pas la seule. Chaque jour multipliait les plaintes qu'ils formaient contre lui ; ils lui reprochaient à la fois une excessive dureté et une extrême avarice : deux défauts qui placent un chef entre la haine et le mépris. Différentes circonstances hâtaient le moment qui devait tourner en révolte ouverte leur ressentiment déjà si dangereux. On sait que, dans ce régiment, plusieurs soldats exerçaient dans la capitale des métiers et des professions qui les mettaient en communication immédiate avec les artisans et les journaliers de toute espèce. De là, des conversations sur les affaires publiques, dans un temps où tous les esprits étaient échauffés ; de là, des rapports plus intimes avec le peuple, et en quelque sorte une communauté de ressentiment. Ils lisaient ou entendaient lire cette foule d'écrits, publiés tous les jours, où les torts du gouvernement, les projets absurdes et désastreux des ministres et de tous les hommes en place, étaient dénoncés au peuple dans un style grossièrement énergique, dont l'effet s'est plus d'une fois manifesté trop rapidement. Ces écrits étaient semés de ces maximes qu'on appelle philosophiques, et qui ne sont que le résultat du plus simple bon sens, puisque la plupart expriment des vérités incontestables, qui frappent par leur évidence, et que le cœur saisit avidement. On portait, jusques dans les casernes, ces écrits, qui répandaient parmi les soldats les idées, les rumeurs et les agitations de la capitale. Des libéralités, accompagnées de promesses, donnaient du poids parmi eux à cette nouvelle doctrine; et l'accueil, quelquefois fraternel, qu'ils recevaient des citoyens les plus aisés, formait un contraste saillant avec la rudesse dont les agens du despotisme usaient à l'égard de ses soutiens. On aigrissait encore leur mécontentement contre leur colonel, qui, à ce titre seul, était très-odieux au peuple. On le supposait complice des mesures prises avec les ministres contre Paris; et l'opposition révoltante de cette conduite et de ses devoirs comme député à l'assemblée nationale, redoublait l'indignation populaire: plus d'une fois il en avait évité l'effet, lorsqu'il courut enfin le risque d'en être la victime.

Le dimanche 12 juillet 1789, jour où commença l'insurrection, M. du Châtelet fut reconnu et poursuivi par le peuple. Où croit-on qu'il alla chercher un refuge ? Au dépôt même de ses soldats, sur le boulevard de la Chaussée-d'Antin. Il les crut capables d'un sentiment généreux ; et il ne se trompa point. Berbet, l'un d'eux, de la compagnie de Gaillac, le couvre de son corps et en quelque sorte de son courage ; il presse, il conjure les grenadiers et soldats du poste de sauver leur colonel ; dit que, s'il est coupable, c'est aux lois à le punir, et non pas au peuple. Il y a, dans l'expression des sentimens honnêtes, une influence rapide et contagieuse qui saisit toutes les âmes nobles. Tous oublient leurs ressentimens. Ils se réunissent, l'entourent, le conduisent en sûreté au quartier-général, hôtel de Richelieu, et le mettent à l'abri d'une vengeance populaire, qui s'exerçait principalement pour eux. Ce ne fut pas la seule occasion qu'eurent les gardes-françaises d'arracher leur colonel à la fureur publique. Ce même général, en passant le bac des Invalides, fut près d'être jeté dans la Seine, par le peuple qui remplissait la barque et qui le reconnut. Ce furent encore ces soldats si cruellement maltraités, qui le sauvèrent. Le cœur se complaît dans le récit de ces actions qui honorent l'humanité. Plût au ciel que les généreux sentimens des gardes-françaises eussent dès lors été accompagnés des idées saines qui ne peuvent être que l'ouvrage du temps et de la liberté! On n'aurait point à joindre à ces justes éloges des regrets non moins justes : on n'aurait point à reprocher aux gardes-françaises les inquiétudes qu'ils ont données à la liberté naissante, après l'avoir assurée par leur courage : ils n'auraient pas envié à leurs concitoyens, à leurs frères, vainqueurs de la Bastille, le modeste honneur dû à ceux qui les avaient aidés à renverser cette forteresse du despotisme. Braves gardes-françaises, l'empreinte d'une couronne murale, tracée dans une broderie au bras de vos concitoyens qui, sans être guerriers de profession, se sont montrés intrépides comme vous, dignes de combattre auprès de vous, n'eût fait que rehausser l'éclat de la médaille d'or dont vous êtes décorés. Mais vous avez eu le triste avantage de l'emporter dans ces odieux débats si effrayans pour la patrie. L'assemblée nationale s'est vue, pour la première fois, contrainte de déroger à l'un de ses décrets, jusqu'alors immuables. C'est vous, qui, opposant à la puissance des lois la puissance de l'épée, l'avez forcée à recevoir, comme une offrande généreuse, comme un nouveau don patriotique, le sacrifice que les vainqueurs de la Bastille firent de leur vœu le plus ardent. Ne reprochons point à nos législateurs une prudence nécessaire, qui a sauvé à la capitale des scènes de sang, et arraché à nos ennemis une de leurs cruelles espérances. L'assemblée nationale voulut voir dans la conduite des gardes-françaises, non pas une violence de prétoriens, ni une révolte de janissaires, comme le souhaitaient nos ennemis, mais un égarement passager d'hommes livrés entièrement à des idées militaires, étrangers aux idées civiques, et privés des instructions que la constitution seule peut faire passer jusqu'à eux. Nous terminerons cet article par le récit d'un fait jusqu'ici peu connu, et qui montre à-la-fois leur loyauté, leur inconséquence, leur grandeur d'âme, et une indiscipline qui pouvait devenir funeste, sans le courage, le sang froid et le sage héroïsme du général la Fayette. Après avoir obtenu du roi la permission de s'enrôler dans la garde nationale parisienne, il leur prend fantaisie d'avoir des cartouches de leur ancien major. Ils se portent de nuit, au nombre d'environ deux mille, à l'hôtel de M. de Mathan et dans les rues adjacentes. Cet officier, plein de sens et de mérite, leur représente que, maintenant qu'ils sont, de l'agrément du roi, à la ville de Paris, s'ils veulent des cartouches de congé, c'est au commandant la Fayette à leur en donner, comme leur général. Les têtes s'échauffent, la fermentation s'accroît et devient effrayante. Cinquante sont détachés pour aller chercher, à l'instant même, à trois heures du matin, le général la Fayette. Pendant qu'ils y courent, on dispose des canons, on s'échauffe mutuellement par des menaces, par des propos injurieux contre lui. Le détachement arrive à l'hôtel du commandant, et lui

déclare ce dont il s'agit. «Soldats, répond il, allez dire à vos camarades que je vais y aller tout à l'heure et tout seul.» La réponse vole : on n'y croit pas; on s'obstine à penser que si le général se porte vers eux, il va y venir en forces. Il s'habille, il monte à cheval; il arrive tranquillement seul au milieu de cette troupe de furieux, confondus de son calme intrépide. A cet aspect inattendu, ils se taisent. Il parle..... « Me voilà seul ; osez ! Que
» ceux qui ne veulent pas servir la liberté prennent
» des cartouches de M. de Mathan ; ils appar-
» tiennent à l'ancien régime : que ceux qui, fi-
» dèles à la patrie, veulent des congés pour un
» temps et revenir ensuite sous les drapeaux de la
» révolution, se présentent à huit heures à l'hôtel-
» de-ville ; ils en auront de moi. Adieu. » C'est un brave homme !...... Les applaudissemens partent, se communiquent; tous les cœurs sont à lui. Le général s'en retourne comblé d'éloges, et eux-mêmes se retirent en paix. L'idée d'un grand courage ne pouvait manquer de saisir les gardes-françaises ; et dès-lors les voilà rendus à eux-mêmes et à la patrie.

SEPTIÈME TABLEAU.

Le prince de Lambesc entrant aux Tuileries par le Pont-Tournant, le 12 juillet 1789.

On s'étonnera peu sans doute que ce même jour du 12 juillet ait produit, à la fois et presque à la même heure, plusieurs de ces scènes imposantes ou terribles, que la peinture et l'histoire s'empressent également de transmettre à la postérité. Rien ne prouve mieux qu'il existait, entre toutes les classes de citoyens, un ordre de sentimens communs à tous, auxquels se ralliaient alors les habitans de cette grande ville, divisés depuis par la différence des opinions et des intérêts.

Nous avons vu cette nombreuse portion du peuple qui accompagnait les bustes de MM. Necker et d'Orléans se partager en trois files, dont l'une se précipita dans les Tuileries par le Pont-Tournant; ceux qui la composaient y furent poursuivis par un fort détachement de Royal-Allemand, que commandait le prince de Lambesc, alors à la tête de sa troupe. C'était le dimanche, un jour où les promenades publiques sont remplies de monde. Le voisinage des Champs-Élysées, la curiosité même d'être à portée de voir les manœuvres des troupes qui alarmaient la capitale, avaient attiré dans les Tuileries une affluence de monde plus grande que de coutume. Qu'on se figure le tumulte, l'effroi, la surprise de ces citoyens paisibles, voyant accourir, avec les signes de la terreur, une foule d'hommes qui cherchaient un asile dans le jardin ; et, sur leurs pas, se précipitant après eux une troupe de cavalerie, les poursuivant, les frappant à coups de sabres, renversant et foulant ceux qui se trouvaient sur leur chemin. Dans ce désordre, on distinguait le féroce prince de Lambesc, qui, le sabre nu, blessa un vieillard à qui l'âge ne permit pas de fuir assez promptement. Cependant, après le premier instant de terreur, ceux qui, plus près du Pont-Tournant et des terrasses voisines, avaient vu les cavaliers de Royal-Allemand s'engager dans le jardin, s'animent tout-à-coup d'une fureur égale au péril qu'ils ont couru. Le grand nombre de chaises dont le jardin était rempli, devient, pour les citoyens désarmés, une arme de défense. Les uns s'en couvrent pour être à l'abri des coups qu'on dirige sur eux : d'autres les lancent sur les soldats du haut des terrasses qui couronnent le fer à cheval. Ces chaises, semées et accumulées vis-à-vis le Pont-Tournant, deviennent un obstacle au retour des cavaliers : ils s'en appercoivent, et eux-mêmes craignent d'être enfermés parmi des ennemis sans armes. Déjà l'on essayait de tourner le Pont, lorsque les cavaliers, revenus sur leurs pas, écartent la foule, et, regagnant les Champs-

Élysées, retournent au galop dans l'enceinte destinée à leur rassemblement.

La nouvelle de cette irruption d'une troupe étrangère dans un lieu consacré à des promenades paisibles, se répand aussitôt dans Paris: l'effet qu'elle y produisit ne fut point la terreur, mais une indignation générale, un vrai soulèvement. Chaque citoyen croit qu'on va l'attaquer dans ses foyers, et se tient prêt à les défendre. Des époux, des pères, des parens, alarmés pour leurs femmes, leurs enfans et leurs proches, qui, dans ce jour de délassement, étaient allés ou du moins avaient pu aller dans ce jardin et périr dans un danger si imprévu, redoublèrent de haine pour un ministère qui se permettait de pareils attentats; car, en ce moment, c'est aux ministres autant qu'au prince de Lambesc qu'on imputait cette violence insensée. Ce fut elle qui poussa des hommes, jusqu'alors timides, à prendre parti contre le gouvernement. Tel bourgeois de Paris qui la veille eût frémi peut-être de cette seule idée et l'eût rejetée avec effroi, devint un ennemi mortel du ministère et de la cour. C'est ainsi que cette atrocité absurde du prince de Lambesc a servi puissamment la cause publique. La précipitation, en forçant les citoyens à se mettre sur la défensive, en même temps qu'elle décelait les projets de la cour, les dérangea et les fit échouer par la terreur qu'excitèrent, parmi les ministres, la promptitude et l'unanimité de l'insurrection. En effet, si le prince de Lambesc, fidèle aux ordres que sans doute il avait reçus, se fût contenté de dissiper la foule de ceux qui suivaient les bustes de MM. d'Orléans et Necker, il eût paru n'avoir fait que son devoir en réprimant un désordre et des attroupemens nouveaux, dangereux pour la tranquillité publique. C'est ainsi qu'en aurait jugé du moins cette classe toujours nombreuse d'hommes imprévoyans et timides qui, dans leur simplicité de citadins, sont bien loin de soupçonner les perfides complots qui se tramente autour des rois. Peut-être, sans l'effervescence subite et universelle occasionnée par l'incursion du prince de Lambesc, le ministère aurait pu, dans les deux jours suivans, assurer le succès des mesures déjà préparées contre la capitale : il ne s'agissait que de la tenir quelque temps dans cet état intermédiaire entre l'espérance et la crainte, qui laisse les inquiétudes, sans permettre les partis violens. C'est l'effet que les ministres attendaient d'une proclamation affichée partout, dans laquelle ils présentaient l'arrivée des troupes royales comme une précaution de prudence nécessaire au maintien de l'ordre, un secours contre les brigands. La proclamation n'ajoutait pas que les brigands avaient été soudoyés par les ministres même, pour occasionner ces désordres, et leur fournir un prétexte d'appeler des régimens autour de Paris et de l'assemblée nationale, qu'on parlait de transférer à Soissons ou à

Noyon. L'invasion des Tuileries dans un pareil moment décréditait la proclamation des ministres; et ce fut un service que le colonel de Royal-Allemand rendit alors à la révolution.

Il lui en avait déja rendu un précédemment, le samedi 11. L'insubordination des gardes-françaises alarmait les chefs des autres corps : le prince de Lambesc surtout avait redoublé de sévérité à l'égard de son régiment, alors cantonné à la Meute. Une consigne rigide défendait qu'aucun soldat des gardes-françaises entrât dans le camp, sous quelque prétexte que ce fût. Deux grenadiers de ce régiment suspect, ignorant la consigne, se présentèrent pour voir quelques soldats leurs compatriotes. On ne voulut point les laisser entrer. La sentinelle les menaça de tirer sur eux. Là, devait finir la scène, et la discipline militaire était satisfaite. Mais le prince de Lambesc survint; et se livrant à l'emportement de son caractère, il mêla à ses grossières imprécations la menace de leur faire donner cinquante coups de plat de sabre. Ceux-ci, de retour dans leurs casernes, ne manquèrent pas de raconter à leurs camarades les détails de cet accueil. Tous s'associaient au ressentiment de leurs compagnons ; et de la haine pour le colonel français, on passait à la colère contre un régiment étranger. Les soldats de Royal-Allemand en recueillirent les fruits dès le lendemain, quoique leur seul tort fût d'obéir aux ordres d'un commandant qu'ils détestaient, et que même ils maltraitèrent, dit-on, dans sa fuite (1). Mais revenons à cette après-midi du 12 juillet, dont l'époque sera si fameuse dans l'histoire de la révolution. Tandis que M. de Lambesc était occupé d'un côté, d'autres troupes étrangères, postées en différens faubourgs, firent aussi quelques incursions dans les rues voisines, et contribuèrent à augmenter la fermentation. Les citoyens de ces quartiers éloignés des Tuileries, crurent tous avoir couru le même péril que ceux qui s'étaient promenés dans ce jardin. Dès le soir même de cette journée mémorable, l'indignation contre les soldats étrangers fut générale : il semblait qu'ils eussent cessé d'être des troupes royales; on ne voyait plus en eux que des ennemis et des Allemands. On paraissait au contraire ne voir que des amis dans les soldats français; le peuple pressentait, comme le disait en ce même temps un orateur célèbre, qu'ils oublieraient un moment leur qualité de soldats pour se souvenir qu'ils étaient hommes. C'est ce que craignait le despotisme, malgré son aveuglement; et voilà pourquoi il s'était environné de troupes étrangères. Trois régimens suisses étaient campés au

---

(1) Il est à remarquer que, quelques jours après la fuite de M. de Lambesc, le peuple s'étant porté en foule à sa maison pour la détruire, la garde nationale, quoique partageant le ressentiment de chaque individu contre cet homme féroce, n'en fut ni moins prompte ni moins zélée à la préserver de l'incendie.

Champ-de-Mars, Salis-Samade, Diesbach et Châteauvieux ; ce même Châteauvieux qui trompa l'espérance des ministres et des chefs, en prenant parti pour la révolution ; crime impardonnable à leurs yeux, crime qui long-temps après, dans l'affaire de Nancy, attira sur ce régiment la vengeance d'un homme que nul Français ne nommera plus sans horreur, le perfide de Bouillé.

A Sèvres et à Meudon, se trouvaient ceux d'Helmstadt et de Royal-Pologne. Trois autres régimens étaient prêts à marcher vers la porte d'Enfer. C'étaient encore des Allemands.

C'est alors que se montra, dans toute son horreur, aux yeux des Français, ce vieux secret des cours, ce moyen d'opprimer une nation par des étrangers que cette nation paie pour sa défense. En tout pays et en tout temps, le premier pas vers la liberté devrait être la suppression de cet abus révoltant : mais, par malheur, il ne peut être détruit que quand la liberté commence à s'établir, comme il ne commence à s'établir (du moins pour l'ordinaire), que lorsque la liberté chancèle ou quand elle n'existe plus. Elle n'existait plus sous Louis XI, qui le premier appela en en France ces étrangers mercenaires, empressés à trafiquer de leur sang, à le répandre (s'il le faut) au-dedans du royaume comme au-dehors, sur l'ordre de celui qui les soudoie. Bientôt cet instrument de la tyrannie devint un faste du trône. Les cours se remplirent de soldats étrangers, comme si le monarque était en guerre avec son peuple. Partout les rois se sont trop souvent, il est vrai, montrés les ennemis des nations qu'ils gouvernaient : mais cette vérité cruelle, ne devaient ils pas la cacher avec soin, plutôt que de l'annoncer, de la publier eux-mêmes, de la rendre, en quelque sorte, visible aux yeux les moins éclairés, en ne s'offrant aux regards qu'avec l'appareil d'une force armée, et surtout d'une force étrangère, entourés d'hommes indifférens au bien, au mal de leur empire, sans patrie, sans affection locale, insensibles comme l'acier qui les couvre et comme le fer dont ils menacent les citoyens? Ah! si cette pompe féroce est odieuse et déplacée partout, combien ne l'est-elle pas davantage chez un peuple de tout temps célèbre par son amour pour ses rois!

Ces réflexions sur les troupes étrangères, soit dans l'armée, soit auprès de la personne de nos rois, ne peuvent s'appliquer rigoureusement aux Suisses, qui, par une singularité remarquable, née de leur constitution politique, conservent le goût de la liberté, en vendant leurs services militaires aux despotes. Leur conduite dans la révolution a prouvé qu'en se croyant engagés au service du roi, ils ne se regardaient pas comme étrangers à la nation. Fidèles à la discipline, ils ont prévenu des désordres, sans se montrer disposés à répandre le sang français. Cette sagesse semble les naturaliser en France; et peut-être, avec le temps, y prendront-ils ces idées de liberté politique qui déjà inquiètent les dépositaires du pouvoir dans les cantons où règne l'aristocratie. Sans doute que, dans ces cantons, ceux qui gouvernent auraient voulu que les Suisses au service de France eussent cru n'être qu'au service du roi, et qu'ils eussent obéi fidèlement aux ordres du despotisme : mais cette imprudence, qu'eût-elle produit qu'une inutile effusion de sang et la destruction de ceux qui s'en seraient souillés ? Telle est, depuis cette époque, la propagation des idées libres, que peut-être les aristocraties helvétiques redoutent, pour leurs sujets établis en France, la communication de ces idées qu'ils pourraient reporter dans leur patrie ; il est probable qu'elles s'empresseront moins d'exposer leurs compatriotes à la contagion qu'elles redoutent. Elles aimeront mieux les vendre à des despotes chez lesquels les Suisses sont moins exposés à *se corrompre*, que dans un pays entièrement libre comme la France, qui peut leur apprendre que, dans les cantons aristocratiques, ils ne jouissent que d'une liberté trop incomplète.

Quant aux autres corps de troupes étrangères au service de France, un décret de l'assemblée nationale les a depuis peu incorporés dans l'armée française ; et cette mesure provisoire annonce et présage le moment où la liberté n'admettra que ses enfans et ses amis parmi ses défenseurs armés.

Français, vous êtes libres; vous avez conquis la liberté sur les ennemis du dedans; vous seuls la défendrez avec courage contre les ennemis du dehors. On vous vante la discipline des armées étrangères, on s'en fait un titre pour vous engager à conserver dans la vôtre des régimens étrangers; eh bien! imitez-la cette discipline, surpassez-la, s'il se peut : mais croyez que votre liberté, votre patrie, ne seront bien défendues que par vous. Défiez-vous de tous ces argumens répétés par le despotisme; éclairez-vous, armez vous, soyez fidèles à votre devise; à ce prix, vous vous passerez des étrangers; et le temps approche où les étrangers souhaiteront de devenir Français.

HUITIÈME TABLEAU.

Action des Gardes-Françaises contre Royal-Allemand, vis-à-vis le dépôt, Chaussée-d'Antin.

Dans le trouble et les alarmes qu'inspirait aux ministres l'inquiétante disposition des troupes et surtout des gardes-françaises, on avait pris soin d'opposer à ceux-ci des rivaux redoutables; et c'était ce qui avait fait préférer le régiment de cavalerie Royal-Allemand, dont la tenue paraissait excellente, que l'on croyait plein de bravoure et très-attaché à son colonel, M. de Lambesc, dès long-temps odieux par une férocité grossière, excusée en partie sous l'apparence d'un zèle ardent pour la discipline. Cet homme avait paru digne d'être un des principaux instrumens des projets ministériels. Nous venons de voir à quels excès il s'était porté contre le peuple, mot qui, pour lui et pour ses pareils, équivalait à celui de populace. Cette violence imprudente et prématurée, si heureuse par les désastres qu'elle prévint, produisit, dans cette même journée, des événemens utiles à la révolution. Cet assemblage de circonstances préparées pour elle comme par une providence bienfaisante; cette fatalité qui fit tourner à la ruine des oppresseurs toutes les mesures concertées pour le succès de leurs entreprises, tandis qu'au contraire les malheurs apparens et passagers du peuple, ses fautes même et celles de ses conducteurs, servirent au succès de sa cause; c'est le phénomène qui se reproduit le plus fréquemment dans l'histoire de la révolution : voilà ce qui la distingue de toutes les révolutions connues, soit qu'en effet ce caractère lui appartienne exclusivement, soit que les historiens qui, dans les siècles passés, nous ont transmis le récit de ces grands bouleversemens politiques aient négligé de recueillir et de rendre saillantes les circonstances par lesquelles ce même caractère se serait plus ou moins manifesté.

Revenons aux effets qui résultèrent immédiatement de l'absurde conduite de M. de Lambesc.

Il avait commandé à un détachement de soixante hommes de son régiment de traverser un faubourg de Paris, d'aller se poster devant le dépôt des gardes-françaises, Chaussée-d'Antin : mais ces étrangers ignorant leur chemin et pouvant s'égarer dans les rues, on leur avait donné, pour les précéder et les conduire, un cavalier du guet. Ils arrivèrent au galop à la porte Saint-Martin, défilèrent le long du boulevard, et vinrent, suivant l'ordre qu'ils avaient reçu, se poster devant le dépôt des gardes-françaises. Ce poste parut choisi pour les outrager. Et en effet, ceux-ci, étant comme prisonniers dans leurs casernes, virent, dans cette provocation gratuite, une insulte d'autant plus grande qu'elle paraissait impossible à punir. Ce surcroît d'indignation, mêlé à la rivalité militaire, anoblie alors par l'intérêt de la vengeance nationale, les eût sur-le-champ fait courir aux armes : mais un reste de subordination leur fit respecter la consigne et les ordres d'un colonel qu'ils détestaient. M. du Châtelet, désespéré de perdre un régiment qui avait prodigué à son prédécesseur, le maréchal de Biron, une obéissance et un respect filial, n'avait trouvé d'autre moyen pour le conserver que d'enfermer les soldats. Leurs officiers, autrefois si durs et si orgueilleux, avaient changé de ton ; harangues, prières, menaces, promesses, supplications, rien n'était épargné pour les enlever à la cause du peuple. Tout fut inutile. Résolus à ne point céder, ils se faisaient pourtant une peine de résister à leurs supérieurs et de désobéir à des ordres qu'on supposait émanés du roi. Partagés entre ces divers sentimens, ils n'en demeuraient pas moins inébranlables dans leur attachement à la cause du peuple. Un cri intérieur, plus fort que la voix de leurs officiers, repoussait invinciblement les prières et les menaces, les craintes et les espérances. Dans ce combat de tant de passions opposées, un incident nouveau vint accroître le trouble et presser leur détermination : c'était le retour de leurs camarades, qui, rentrant précipitamment et d'un air égaré dans les casernes, après l'héroïque expédition de M. de Lambesc, s'écriaient qu'on égorgeait leurs frères, et racontaient ce qu'ils avaient vu, ce qu'ils avaient entendu. Alors ce n'est plus qu'un cri d'indignation; le tumulte redouble ; ils veulent sortir, s'élancer de leurs casernes. Plusieurs officiers, hors d'eux-mêmes, saisissent les soldats, les embrassent; d'autres se couchant à terre, barrent la porte en criant : « Vous ne sortirez de vos casernes » qu'en marchant sur mon corps ! » Ces obstacles les retiennent un moment, leur courage chancelle, lorsque tout-à-coup il se ranime et devient une fureur guerrière. Ce mouvement subit et impétueux venait de l'approche d'un détachement de leurs camarades, qui arrivait tambours battans. Dès-lors rien ne les arrête : ils repoussent ou écartent les officiers, accourent en foule vers la grille, l'ébranlent, parviennent à l'ouvrir, et sur-le-champ se rangent en bataille à l'entrée du dépôt, en face des Allemands qui semblaient les braver. *Qui vive?* s'écrient les gardes-françaises. Royal-Allemand, répondit-on. *Êtes-vous pour le tiers-état?* C'était alors le nom de la nation française, en mettant à part ses oppresseurs prêtres et laïcs, c'est-à-dire, trois cents mille hommes tout au plus sur vingt-cinq millions. A cette demande, *êtes-vous pour le tiers-état?* des étrangers, des mercenaires, durent répondre et répondirent en effet: *Nous sommes pour ceux qui nous donnent des ordres.* Cette réponse leur valut une décharge suivie d'un feu roulant, qui leur tua deux hommes et en blessa trois. Ils tirèrent de leur côté quelques coups de pistolets, dont un seul homme fut blessé légèrement. Ce fut le terme de leurs exploits: une fuite soudaine les déroba à la fureur de leurs adversaires et à la vengeance du peuple. Ce qui étonna davantage, ce fut le désordre dans lequel ils s'enfuirent, les uns prenant à droite, les autres à gauche, oubliant leurs brillantes manœuvres, et occupés seulement du soin de se sauver. Il semblait que le génie de la France les eût frappés de terreur, comme il avait frappé de vertige les chefs qui leur donnaient des ordres et les ministres qui avaient employé de pareils chefs.

Les gardes-françaises, vainqueurs de ces ennemis détestés, s'avancèrent au pas de charge, et la baïonnette en avant, jusqu'à la place de

Louis xv, à travers la foule immense du peuple qui passait tour-à-tour d'un silence profond à de bruyantes acclamations, et réunissait dans sa marche et dans son maintien l'expression d'une sorte de terreur à celle de l'allégresse, toutes les deux également effrayantes. On arriva ainsi jusqu'aux Champs-Elysées où étaient retranchées d'autres troupes étrangères. Aucune ne fit le moindre mouvement: les gardes-françaises eurent le choix du poste qui leur convenait; et ce poste choisi, ils le gardèrent tranquillement pendant cette nuit alarmante, se trouvant ainsi placés entre l'armée du ministère et leurs concitoyens, dont ils étaient devenus l'espérance et l'appui.

Divers incidens nés de la même cause accéléraient, dans la capitale, les progrès d'un mouvement universel. Vers la même heure, sur le boulevard, mais beaucoup plus loin, un fort détachement de Royal-Cravate, vint se poster au bout de la rue du Temple, en face des petits spectacles: Là, ils firent plusieurs évolutions en présence d'une foule de curieux, dont le nombre, considérable en tout temps et surtout le dimanche, se trouvait encore accru par la clôture inopinée des théâtres voisins. Le résultat de ces évolutions fut enfin de se ranger en bataille; et en dernier lieu, lorsque ces cavaliers barraient toute la largeur du boulevard, un ordre que l'on n'entendit pas, les fit partir à la fois comme un trait et à bride abattue, renversant dans leur course tout ce qui traversait le boulevard, hommes, femmes, enfans, qui, dans la sécurité de la paix, se trouvaient exposés à des accidens réservés pour la guerre. Ces pandours brutaux eurent bientôt parcouru la longueur des boulevards, et arrivèrent en peu de minutes vers la place de Louis xv, où M. de Lambesc les attendait.

Nous omettons quelques actes de violence, ou plutôt quelques assassinats commis dans cette même soirée, par des hussards et par des officiers de Royal-Allemand, sur des grenadiers des gardes-françaises, qui, pour réponse à la question du jour, *êtes-vous pour le tiers-état?* reçurent des coups de sabre ou de pistolet. Ces atrocités, qu'on apprenait d'un moment à l'autre, appelaient le peuple à la réunion de toutes ses forces contre des ennemis si barbares. La plupart furent punis sur-le-champ par ceux qui avaient pensé en être les victimes. Le peuple se précipitait sur le coupable au moment où il venait de tomber, et la figure d'homme disparaissait sous les coups dont l'accablait la fureur de la multitude. On portait ces restes hideux au Palais-Royal, devenu l'entrepôt de ce commerce meurtrier entre les agens du ministère et leurs ennemis. Là, étaient le foyer de l'insurrection, le point de départ et de retour pour tous les projets, pour toutes les vengeances; et ce lieu, dans son étroite enceinte, offrit aux yeux, pendant plus d'un mois, ce qu'ont de plus terrible le crime et sa punition.

L'action la plus coupable de cette journée, plus heureuse par ses suites que funeste par ses désastres, celle qui fait le sujet de ce tableau, jointe à l'incursion gratuite de M. de Lambesc dans les Tuileries, a été, comme on sait, l'objet d'une poursuite juridique. L'accusé a été absous; et il en sera quitte pour le mépris et l'horreur de la postérité. En avouant les faits, il a prétendu n'avoir agi que d'après des ordres supérieurs, quoique ces ordres n'aient pu lui faire un devoir de poursuivre ses victimes jusques dans un jardin rempli d'hommes désarmés, de femmes et d'enfans. Au défaut de la loi civile, un conseil de guerre devait juger ses moyens de défense. Mais qu'eût servi ce conseil de guerre, sinon à faire voir la difficulté de porter un jugement dans une affaire de ce genre, au moment où périssent les principes du despotisme, où commencent à naître ceux de la liberté? Si l'insurrection eût fini par être appelée révolte (ce qui ne pouvait arriver que par la victoire du despotisme) M. de Lambesc, absous par la loi, eût été récompensé par les dépositaires de la puissance; mais il eût été encore méprisé autant que haï, pour avoir mêlé à l'exécution de leurs ordres une cruauté inutile. Dans le triomphe de la cause publique, quand l'unanimité et le succès de l'insurrection rendent ridicule la tentative de lui donner le nom de révolte, l'indulgence de la loi qui l'absout, prouve seulement que cette loi, ouvrage du despotisme, ménageait des ressources et des subterfuges aux hommes vils qui s'en montraient les appuis et les défenseurs. La liberté les dédaigne et leur pardonne.

NEUVIÈME TABLEAU.

Les troupes du Champ-de-Mars partant pour la place Louis xv, le 12 juillet 1789.

Tandis que Paris était livré au tumulte et aux désordres dont les tableaux précédens n'expriment qu'une faible partie, les troupes répandues aux environs de la capitale semblaient la menacer d'un siége ou d'un blocus. C'était le résultat des mesures prises après la séance royale du 23 juin. Dès-lors le renvoi des ministres avait été décidé. Les prêtres et les nobles, parvenus à faire de l'autorité royale l'instrument d'une faction, avaient déterminé le roi à des mesures de rigueur; et le choix même des nouveaux ministres, connus par leur mépris pour le peuple, attestait cette effrayante résolution. Inquiets cependant de l'esprit nouveau qu'ils avaient vu se développer rapidement, plus alarmés encore de l'insubordination des gardes-françaises, ils avaient appelé les régimens qu'ils avaient cru les plus attachés à l'obéissance passive, ce dogme si cher aux despotes, mais alors ébranlé partout et même dans les armées. On avait cru le raffermir et le fortifier parmi les soldats, en mettant à leur tête un maréchal de France célèbre dans la guerre. M. de Broglio, désigné depuis long-temps comme un des généraux que la France opposerait le plus heureusement à ses ennemis étrangers, fut choisi pour s'opposer aux Français dans la guerre élevée entre eux et l'aristocratie féodale et sacerdotale. Il eut sous ses ordres une véritable armée; on porte à plus de trente mille hommes le nombre des soldats qui environnaient Paris. C'était le parti le plus funeste que l'on pût faire prendre au monarque: aussi eut-on beaucoup de peine à l'y résoudre; et, pour y réussir, il avait fallu le remplir de fausses terreurs. On lui montra les troubles de Paris sous un aspect formidable, même pour sa personne; et ces troubles furent le prétexte dont on se servit pour arracher de lui l'ordre de faire venir ce grand nombre de régimens. On supposait que, plus ce nombre serait considérable, plus le péril paraîtrait grand au roi que l'on voulait tromper. On assure qu'en voyant le maréchal de Broglio mandé de Lorraine, le roi en pleurs, se jetta dans ses bras, et lui dit: «Que je suis malheureux! J'ai tout perdu, je n'ai plus le cœur de mes sujets, et je suis sans finances et sans soldats.» Le roi se trompait sur le premier point: sa personne était aimée. Mais puisqu'il n'avait point de soldats, ce n'était donc point d'eux qu'il fallait rien attendre ; et d'ailleurs, quand il en aurait eu, des soldats ne pouvaient rétablir ses finances ; et l'appareil militaire qui menaçait Paris, n'aurait pu qu'affaiblir l'amour de ses sujets pour sa personne. Cet appareil était vraiment formidable : mais ce qui le rendit plus odieux, plus révoltant, ce fut ce grand nombre de trains d'artillerie, de bombes, de mortiers, et autres instrumens réservés à l'usage des siéges : attirail peu propre à persuader au peuple qu'on voulait seulement maintenir l'ordre et assurer la tranquillité publique, comme le disaient les ministres. Ces affreux détails étaient sans doute ignorés du roi ; et les dépositaires de sa puissance lui cachaient avec soin l'usage qu'ils en faisaient. Nous sommes loin d'appuyer l'opinion alors admise, et qui n'est pas même encore détruite, qu'il s'agissait de bombarder Paris : c'est une idée que repousse l'excès de son invraisemblance, encore plus que son atrocité. Mais ce qui ne serait guère moins invraisemblable, si le fait ne l'eût démontré possible, c'est qu'il ait pu exister des ministres assez stupides pour ne pas voir qu'en promenant sous les yeux d'un peuple entier ces instruments de carnage et de destruction, ils ajoutaient déjà à sa force si redoutable, toute celle qu'il emprunterait de sa fureur. En ne supposant à cet appareil guerrier que l'intention de la menace, comment ne sentaient-ils pas que cette menace était d'un genre à inspirer autant d'horreur que l'exécution même du projet? De plus, ces affreux préparatifs accréditaient le bruit déjà trop répandu que des troupes armées devaient secrètement entrer dans Paris, livrer au pillage le Palais-Royal et les maisons des patriotes, sans épargner les personnes qui, par la hardiesse de leurs actions, de leurs discours ou de leurs écrits, avaient attiré les regards et l'attention des nouveaux ministres. Quoi qu'il en soit de ces complots, quel qu'ait été le projet formé contre Paris et dont le secret n'échappera pas à l'œil pénétrant de l'histoire, il est certain que les Parisiens dûrent croire alors au projet formel de les exterminer. On mettait en mouvement, on faisait avancer les troupes contre la capitale ; le camp principal était au Champ-de-Mars. A peu de distance, aux Invalides, était caserné un régiment entier destiné à servir ce train d'artillerie qui avait répandu tant d'effroi. Le quartier-général était l'hôtel de Richelieu ; des détachemens postés à Sèvres et à Saint-Denis devaient servir de renfort. Pendant ce temps, l'assemblée nationale multipliait les adresses au roi pour demander le renvoi des troupes ; et elle recevait du monarque trompé ou des refus ou des réponses dilatoires. On parlait dans Paris de lettres de cachet préparées contre ses membres les plus distingués ; on faisait courir des listes de proscription contre les patriotes. Tous ces bruits faux ou exagérés, les nouvelles, les soupçons, étaient portés aux électeurs, qui, en se ralliant fréquemment, avaient formé un centre de réunion où tout aboutissait, et commençaient à devenir en quelque sorte une puissance publique, supplément des autorités civiles, qui gardaient un silence inexplicable. Il semblait qu'en employant la force armée, le ministère n'attendît rien que d'elle. Déjà les troupes postées dans le Champ-de-Mars avaient reçu de Versailles l'ordre de s'avancer vers Paris. Aussitôt les officiers font rassembler les soldats; ils les rangent en bataille, et les haranguent pour les encourager à cette expédition, comme ils eussent fait pour l'entreprise la plus glorieuse. Ces soldats étaient pour la plupart étrangers; mais il ne fallait pas moins les tromper, pour en obtenir l'obéissance qu'on souhaitait. Ils avaient vécu en France depuis long-temps; plusieurs y avaient contracté des liaisons; et il était difficile de leur représenter comme un exploit héroïque le triste courage de marcher en ordre de bataille contre des citoyens désarmés, de porter le feu dans une ville agitée par des troubles, mais qui n'avait pas encore arboré l'étendard de l'insurrection, et qui peut-être n'en avait pas conçu l'idée. Il fallut donc, pour les engager à marcher contre Paris, leur faire entendre qu'ils allaient à son secours : on leur dit que cette ville était remplie de brigands qu'on ne pouvait réprimer que par la force militaire. La troupe défile, ayant pour avant-garde un détachement de Royal-Allemand : ils passent les bacs vis-à-vis l'hôtel des Invalides, et viennent se ranger en bataille dans les Champs-Élysées.

Dès que le peuple voit s'avancer cette colonne imposante, il murmure, il s'indigne, il mêle la menace à la crainte; et bientôt le bruit se répand qu'une armée venait pour égorger tous les habitans de Paris. Mais quelle fut leur fureur, quand ils virent cette armée, que la terreur seule avait grossie à leurs yeux, s'augmenter et se recruter en chemin des dragons, des hussards, des régimens de Royal-Bourgogne, de Royal-Cravate, et enfin d'un détachement du guet à cheval! Ce dernier corps, que les habitans de Paris avaient toujours détesté, était devenu pour eux un objet d'horreur, depuis que la police en avait fait l'instrument du despotisme le plus odieux. Une guerre ouverte s'était élevée entre lui et cette portion du peuple que l'orgueil désigne sous le nom de *populace* ou même de *canaille*, et que plus d'une fois le guet avait foulée aux pieds dans les rues, sur les quais, et même sur les trottoirs des ponts. La seule apparition des cavaliers de ce corps suffisait pour provoquer le peuple au combat. Mais quel combat! et combien il était inégal! Des pierres, alors la seule arme du peuple, assaillirent les hommes et les chevaux. A ces coups peu meurtriers, les adversaires répondent par des coups de fusil, dont le bruit appelle de nouveaux combattans ou de nouveaux témoins. La nouvelle de ce combat pénètre dans l'intérieur de la ville. Aussitôt les forts de la halle, les ouvriers des ports, les artisans robustes de toute espèce, s'arment à la hâte de tout ce qu'ils rencontrent, la plupart de bâtons, quelques-uns de mauvais fusils, et viennent au secours de leurs concitoyens. Mais ce qui les servit le plus efficacement, ce fut l'arrivée d'un détachement des gardes-françaises, qui, devenus l'idole du peuple, s'empressèrent de marcher à son secours. C'était un spectacle curieux, que l'approche de cette troupe guerrière au milieu d'une foule désarmée qui la suivait ou la précédait au combat. Des femmes, des enfans, augmentaient cette foule; et l'on distinguait surtout, dans l'obscurité de la nuit qui s'approchait, la hardiesse de ces petits garçons nommés *porte-falots*, qui, avec leurs lanternes, éclairaient, par zèle et avec gaîté, cette colonne de gardes-françaises marchant vers les coups de fusil. Ce sont de ces tableaux qu'on ne peut oublier; et Paris en a offert, pendant cette célèbre semaine, plusieurs peut-être qui ne se renouvelleront jamais.

La seule approche des gardes-françaises et quelques coups de fusil avaient suffi pour forcer leurs adversaires à s'enfoncer dans les Champs-Élysées. Vainement voulut-on employer le renfort des petits Suisses : ces braves alliés de la France refusèrent de tirer sur des Français. Ce fut de ces étrangers que le reste des troupes reçut un exemple si généreux et si salutaire pour les deux partis. Les officiers frémissaient de colère de voir que leurs ordres demeuraient sans exécution. Pour être obéis, ils ne voient qu'un moyen; c'est celui qu'ils prirent : ils ordonnèrent la retraite, et les troupes rétrogradèrent jusqu'à la grille de Chaillot. Elles y demeurèrent deux heures, après lesquelles elles reprirent le chemin du Champ-de-Mars. Là, le prince de Lambesc reparut le lendemain, pour essayer d'obtenir de ses soldats ce qu'il n'avait pu en obtenir la veille; mais la résolution des troupes était prise : elles s'étaient rappelé que leur engagement n'avait été que de combattre les ennemis de l'état, et elles n'en voyaient point. Ces ennemis n'étaient visibles qu'aux officiers qui appellent l'état le gouvernement qui les paie. C'est cette équivoque qui a perdu les peuples; et le despotisme finit ou va finir, quand cette équivoque commence à s'éclaircir. C'est ce que ne savait pas M. de Lambesc, qui menaça du dernier supplice ses soldats réfractaires; menace qui ne servit qu'à les irriter contre celui qui se la permettait. Toute l'armée se souleva contre lui : il fut forcé de se sauver à Versailles, où il ne trouva pas plus de sûreté qu'ailleurs. Il vit préparer contre lui ce même châtiment dont il avait menacé de généreux soldats; il fut encore contraint de fuir; et comme la France entière ne lui présentait plus que des ennemis, il la quitta; retrouvant par-tout sur sa route le danger du même traitement auquel il venait de se soustraire.

DIXIÈME TABLEAU.

La barrière de la Conférence incendiée, le 12 juillet 1789.

Quoique le courage des habitans de Paris et surtout la valeur des gardes-françaises eussent repoussé un instant les troupes étrangères, la ville n'en paraissait pas moins menacée des horreurs d'un siége; elle n'en restait pas moins livrée à des dangers non moins grands de la part des ennemis qu'elle récelait dans son sein. C'était peu de l'armée dont on l'avait investie : on avait rassemblé depuis peu, dans les faubourgs, une foule de brigands sous le nom d'ouvriers; on avait pris, pour ce rassemblement, le prétexte honorable de les occuper à des travaux publics et de soulager leur misère. Mais si leur misère était réelle, l'utilité de leurs travaux n'était pas également évidente. Cette multitude d'hommes, la plupart sans domicile, sans aveu, sans profession, menaçaient la capitale d'un invasion d'autant plus formidable, qu'il était impossible de leur en interdire l'entrée. Le désœuvrement général par lequel les artisans célèbrent chez nous le dimanche, leur permettait d'errer dans la ville; ils usèrent de cette liberté, pour se permettre tous les excès de la licence. Ces coupables auxiliaires des ministres y exerçaient un brigandage qui servait de prétexte à l'introduction des soldats et d'une force armée suffisante pour réprimer le désordre. On en tirait un prétexte non moins spécieux, celui de calomnier le peuple, en comprenant dans ce mot collectif *peuple* la foule de malfaiteurs qui abondent toujours dans une capitale immense, et que multiplient encore les abus d'un gouvernement pervers: odieuse confusion d'idées dont le despotisme a tiré grand parti en faisant illusion au plus grand nombre des citoyens honnêtes vivant de leurs propriétés ou de leur industrie, qui s'accoutumaient à ne voir dans la multitude qu'un ramas d'hommes dangereux contre lesquels il n'existait qu'un rempart, l'autorité arbitraire, seule capable de les contenir. Mais, au lieu de les contenir, elle avait plus d'une fois pris le parti de les soudoyer. C'est ce qu'on avait fait un mois auparavant, lorsqu'une troupe de bandits pilla dans le faubourg Saint-Antoine les maisons des sieurs Henriot, salpêtrier, et Réveillon, manufacturier intelligent; deux citoyens honnêtes, dont l'industrie faisait vivre un grand nombre d'ouvriers, et qui se trouvèrent ainsi ruinés, eux et leurs locataires, par cet acte de brigandage commis en plein jour. On avait vu une troupe de mille à douze cents hommes armés de bâtons, démolir une maison de fond en comble, brûler tranquillement les ateliers, des magasins, porter l'effigie d'un citoyen jusqu'à l'hôtel-de-ville, en observant dans cette exécution, comme dans cette marche, une espèce d'ordre et même de subordination scandaleuse, sans que la police d'alors, qui était pourtant dans toute la vigueur de son activité, fît le moindre mouvement pour réprimer cet audacieux brigandage. Ce silence, ou plutôt ce sommeil volontaire de la police, devenue complice d'une troupe de bandits, fit soupçonner alors à plusieurs citoyens le secret du gouvernement, qui sondait ainsi les dispositions des gardes-françaises, et justifiait en quelque sorte l'approche des troupes étrangères, seules capables de prévenir ou de châtier de pareils attentats.

Quoi qu'il en soit de ce mystère plus odieux qu'impénétrable, et en se bornant au récit des faits, il est certain que des brigands répandus dans la ville et dans les faubourgs terminèrent leurs manœuvres de cette journée du 12 juillet, par l'incendie des barrières. On y procéda méthodiquement, comme on avait fait à celui de la maison du sieur Réveillon. Les barrières arrachées, on renverse les baraques des commis qui avaient pris la fuite. La foule du peuple assistait à cette opération comme à un spectacle. Un moment après, arrivent des gardes-françaises qui se placent entre les spectateurs et les incendiaires, sans troubler ceux-ci ou leur porter le moindre empêchement; ils paraissaient n'être venus que pour établir l'ordre au sein même de ce désordre, et pour empêcher que le feu ne se communiquât aux maisons voisines.

Le même tableau se reproduisait à chacune des barrières qui ferment l'enceinte de Paris. Nous avons préféré celui qu'offrit la barrière de la Conférence : c'est que ce fut celle dont la destruction laissa le plus de regrets, après que la terreur publique fut calmée, et lorsque le calme eut amené la réflexion. Les amateurs des arts regrettent encore les figures colossales, et cependant finies, qui décoraient particulièrement cette barrière : c'étaient des figures allégoriques de la Bretagne et de la Normandie, qui semblaient indiquer la route qui conduit à la capitale et à ces deux provinces. Le feu les eût faiblement altérées : mais la rage des incendiaires, décidés à tout détruire, les porta à employer le fer, qui supplée si cruellement à l'impuissance du feu, et anéantit les formes quand la matière ne peut être consumée.

A la même heure, au même instant, d'autres hordes de bandits allèrent brûler les pataches sur la rivière, les cabanes, les meubles des commis, et faisaient ainsi la guerre à la ferme générale sur la terre et sur l'eau. C'est ce qui fait penser à plusieurs personnes qu'une partie des désordres de cette journée fût l'effet d'une spéculation de contrebandiers : supposition qui n'en exclut aucune autre ; car, dans ce bouleversement universel, diverses causes agissant à la fois, tous les effets ne peuvent se rapporter à une seule. Des vengeances personnelles, des intérêts particuliers, occasionnèrent encore, dans l'enceinte de Paris, l'embrasement de plusieurs échoppes, hangars et boutiques des marchés publics, qui pouvaient être la proie des flammes. C'était de loin surtout que ce spectacle était le plus effrayant. Ce grand nombre de citoyens qui, les jours de fête, vont se promener dans les environs et sur les hauteurs qui dominent la capitale, étaient saisis de terreur en la voyant environnée d'un cercle de feu, tandis que du centre il s'élevait un nuage épais de fumée : ils se persuadaient que la ville entière était embrasée ; ils étaient dans des transes mortelles pour leurs parens et leurs amis qu'ils y avaient laissés, et n'étaient pas sans crainte sur le danger qu'ils couraient eux-mêmes en y rentrant ; quelques-uns même crurent, pour pouvoir y rentrer, avoir besoin de déguisement. On ne peut représenter que faiblement la terreur, les angoisses de cette multitude d'hommes, de femmes, d'enfans, de vieillards, revenant le soir à pied, à cheval, en voiture, se pressant d'arriver et craignant des nouvelles désastreuses, avertis d'un danger qu'ils ne connaissaient pas et qu'ils n'en redoutaient que davantage, se frayant un passage au travers de feux mal éteints et des débris qui brûlaient encore, au milieu d'une foule dont ils ignoraient les intentions, ne cherchant qu'à regagner leur demeure, bravant les coups de fusil qui sont tirés ou qui s'échappent à côté d'eux, arrêtés à chaque pas par mille accidens et par des patrouilles dont ils ne peuvent sentir l'utilité et dont les questions les importunent. Arrivés chez eux, et trouvant tout dans l'état où ils l'ont laissé, ils interrogent à leur tour, et sont conduits d'étonnement en étonnement par les récits qu'ils écoutent avec avidité, qu'ils entendent à peine, et dont le résultat ne se représente à leur mémoire le lendemain que comme un tissu de rêves incohérens.

Tout ce mouvement dure une partie de la nuit, pendant laquelle les brigands parurent maîtres de la ville. Plusieurs habitans, n'osant rentrer chez eux, demandaient l'hospitalité aux amis chez lesquels ils se trouvaient. D'autres qui se hasardaient à regagner leur logement, virent briller plusieurs fois la lumière des fusils dont ils entendaient le coup, et ne savaient dans l'obscurité s'il était dirigé contre eux. Les aventures particulières, les cas fortuits, les spectacles inattendus, tous les incidens bizarres de cette nuit unique, à peine racontés le lendemain et oubliés pendant la semaine au milieu de tant d'agitations et d'événemens successifs, ont fourni depuis, en des temps plus calmes, une matière inépuisable aux conversations des citoyens.

Cependant, au milieu de ce chaos, les principaux habitans, les hommes honnêtes, et tous ceux qui avaient quelque chose à perdre, s'empressèrent d'arrêter, autant qu'il était possible, ce brigandage et cette dévastation. Les ouvriers des ports, les forts de la halle, accoururent armés de bâtons, et tombèrent sur tous ceux qui leur parurent des vagabonds et des gens sans aveu : ils les chassèrent hors de la ville; et, rejoignant les pompiers qui travaillaient avec une ardeur incroyable, ils parvinrent à modérer la violence des flammes partout où elles menaçaient les bâtimens voisins. Bientôt après, ils vinrent à bout d'éteindre le feu dans tous les quartiers avant le milieu de la nuit; et ceux que l'excès de l'inquiétude ou de la terreur ne priva point du sommeil, purent prendre quelque repos dans une ville livrée à elle-même, et qui se trouva soudain sans roi, sans gouvernement, sans police, et redoutant pour le lendemain les mêmes désordres et peut être des périls encore plus grands.

ONZIÈME TABLEAU.

Le peuple gardant Paris.

Après ce grand spectacle d'un empire qui ose prétendre à se régénérer, et qui renouvelle les bases du contrat politique qui doit unir vingt-cinq millions d'hommes, s'il est un tableau digne d'attacher tous les regards, c'est celui que présente une ville immense, capitale de cette empire, menacée de sa ruine entière par la chûte subite de toutes les autorités légales, contrainte de passer précipitamment d'un régime à un régime opposé, et réduite, dans ce passage trop rapide, à se défendre contre les attaques du despotisme, sans avoir eu le temps d'organiser en quelque sorte la liberté. Quelle devait être la terreur de tous les bons citoyens, dans une ville où se réunissaient toutes les corruptions, celle de l'excessive opulence et celle de l'extrême misère, asile de quelques vertus, mais à coup sûr, repaire de tous les vices, et recelant dans son sein les ennemis mortels du nouvel ordre politique qui s'établissait pour la France, armés de tous les moyens qu'ils avaient en leur pouvoir!

Heureusement le ministère avait lui-même brisé une partie de ses propres trames, par la menace prématurée d'une attaque ou d'un siége, menace qui sur-le-champ rallia, pour la défense de Paris, une portion nombreuse des agens du despotisme ou de ceux qui tenaient de lui leurs moyens d'existence. La plupart, ayant dans la capitale leur famille, leur domicile, leurs propriétés, se trouvaient intéressés à prévenir les désastres accidentels qu'entraîne après soi l'invasion violente d'une force étrangère et armée. C'est ainsi que, par la faute du ministère, ils se trouvaient placés entre deux sentimens, dont le plus impérieux les forçait de voler au danger le plus pressant. Plusieurs combattirent pour la liberté naissante, en croyant ne combattre que pour leur défense et pour celle de leurs foyers; d'autres, entraînés par le mouvement général, la servirent en la détestant, et pour se mettre à couvert des dangers qu'eût attirés sur eux une suspecte et alarmante inaction. Voilà ce qui sauva Paris; et tel fut le concours des causes qui empêchèrent que la ruine du gouvernement n'entraînât celle de la société même.

Esquissons rapidement quelques traits de ce tableau si varié, si mobile, trop supérieur au pinceau et à la description.

Les événemens de la veille en présageaient de plus terribles pour le lendemain. La crainte et les précautions de la prudence avaient tenu éveillée une grande partie des citoyens. Les brigands avaient, dans la soirée du dimanche, paru les maîtres de la ville; cette même nuit, on avait vu paraître dans les rues des patrouilles composées d'hommes et même de femmes, armés de fusils, de sabres, de haches, de massues, agitant en l'air des flambeaux allumés. Il est vrai que cet appareil, imaginé pour défendre et pour éclairer la ville, semblait la menacer d'incendie, et inspirait plus de terreur que de confiance, en montrant sous le même aspect le secours et le danger, les amis et les ennemis, les citoyens et les brigands. En effet, dès le matin, plusieurs de ces derniers, marchant en troupes, enrôlaient de force les passans pour aller brûler les maisons des aristocrates, nom sous lequel ils comprenaient tous les propriétaires et même tout homme dont le maintien annonçait quelque aisance. On eût dit que Paris allait être leur proie, d'autant plus que, dans cette alarme universelle, on confondait les tentatives que faisait la liberté pour se procurer des armes, et les attentats que méditaient la licence et le brigandage.

Mais bientôt le besoin général rallia tous les amis de l'ordre. Les bourgeois s'armèrent; le tocsin de chaque paroisse les appela dans leurs districts. Chaque district vota deux cents hommes pour sa défense. On en forme des compagnies; elles marchent sous des chefs nommés par elles, un magistrat, un marchand, un chevalier de Saint-Louis, un homme de lettres, un procureur, un acteur: tous sont égaux, citoyens, frères. Des curés vénérables par leur âge et par leurs vertus marchent à la tête de leurs paroissiens armés, prêchant ou ordonnant le calme et la paix. Les cohortes citoyennes se divisent selon le besoin; elles prennent différens noms, *Volontaires des Tuileries*, *du Palais-Royal*, etc. Les armes manquaient, on en cherche. On se saisit de celles qui se trouvent chez les armuriers et les fourbisseurs: on expédie un reçu de ce qu'on emporte, qu'on promet de rendre, et que depuis on rendit en effet. Point d'effraction, point de vol: tout se passait en règle, autant que le permettait une nécessité si instante. Cependant une portion du peuple, celle à qui le guet était odieux et suspect, le dépouille de ses armes et s'en empare. On court dans tous les lieux où l'on croit en trouver ainsi que des canons. On délivre les prisonniers de l'hôtel de la Force, à l'exception des criminels ; on arrête des voitures chargées d'effets, un bateau chargé de poudre, que l'on conduit à la ville ; on établit des barricades, des tranchées dans les faubourgs ; enfin, on se dispose soit à soutenir un siége, soit à repousser l'attaque dont on était menacé.

Voilà ce que le peuple fit par lui-même et comme d'un mouvement subit et spontané, tandis que, dans les districts, on cherchait les moyens d'imprimer à ce mouvement une direction plus régulière et mieux ordonnée. On commença par envoyer des députations à l'hôtel-de-ville, où, depuis l'ouverture des états-généraux, les électeurs étaient dans l'usage de s'assembler ; mesure prudente, à laquelle le ministère n'osa s'opposer, et qui devint le salut de la patrie. Là, dès six heures du matin, les électeurs, devenus magistrats provisoires par la confiance du peuple et par la nécessité, proposent, délibèrent, exécutent. Ils établissent entre eux et les districts une correspondance active et continuelle. On cherche à donner à l'assemblée des électeurs une force légale. On mande le prévôt des marchands. Il arrive, et le peuple applaudit. Il offre de se démettre de sa place, et ne veut, dit-il, la tenir que de la confiance de ses concitoyens : on refuse sa démission. Cependant le tumulte augmente, et l'assemblée ne peut suffire à toutes les demandes, à toutes les plaintes. On forme un comité permanent, qui doit rester assemblé jour et nuit pour rétablir la tranquillité publique. On crée différens bureaux, afin de pourvoir aux différens objets de sûreté ou d'utilité, subsistances, formation de milice parisienne, etc. On arrête provisoirement qu'elle sera de quarante-huit mille hommes; mesure sage, qui augmenta la confiance et rassura les esprits timides. Toutes ces délibérations se prenaient en présence du peuple, dont une partie remplissait la salle, tandis que le grand nombre faisait retentir la place de Grève d'acclamations, à l'arrivée des grains, des canons, des soldats, des voitures chargées de meubles et d'effets. Cette place semblait tour-à-tour un camp, un marché, un port, un arsenal.

Telles étaient les opérations achevées avant deux heures; et celles de l'après-midi ne furent ni moins rapides ni moins étonnantes.

Effectuer la formation de la milice parisienne; en promulguer le réglement à l'instant même; nommer les principaux chefs; entendre tous les renseignemens donnés par le lieutenant de police; recevoir l'adhésion de tous les districts, de toutes les corporations, aux arrêtés du matin; accepter les offres patriotiques de plusieurs compagnies de gardes-françaises; députer à quelques autres, aux troupes étrangères; entendre le récit des députés de la ville à l'assemblée nationale, et instruire l'assemblée de ce qui se passait dans la capitale; donner l'ordre de prendre des cartouches à l'arsenal, et (ce qui fut plus décisif) autoriser les soixante districts à faire fabriquer cinquante mille piques ; distribuer les armes, les balles, la poudre, le plomb, dont le peuple s'était emparé : voilà ce qui fut exécuté au milieu des cris, des demandes, des menaces, malgré la multitude d'incidens vrais ou faux, mais également funestes et menaçans pour les électeurs, accusés à tout moment de trahir la confiance publique. Perdre ces hommes courageux était le principal but des mal-intentionnés : on suscitait contre eux, au Palais-Royal, les motions les plus furieuses et les plus insensées. Leur refus de découvrir l'arsenal secret de l'hôtel-de-ville, c'est-à-dire de faire l'impossible, pensa leur être funeste; ce qui, l'instant d'après, ne les empêchait pas d'être les modérateurs des mouvemens populaires, tant le besoin de la subordination se faisait sentir aux plus forcenés ! A chaque événement inattendu, ils couraient, se précipitaient d'une manière formidable. Tantôt ils priaient impérieusement, tantôt ils commandaient avec menaces qu'on leur donnât des ordres. On les donnait ces ordres, et ils étaient exécutés. Des hommes de tout état, de tout âge, de tout rang, multiplièrent des preuves d'une intrépidité inébranlable. Un électeur faible et infirme courut à travers la foule chercher le drapeau de la ville, que des hommes mal-intentionnés ou violens avaient enlevé : il parvint à le leur arracher, et le reporta lui-même à sa place. Un jeune prêtre, chargé de distribuer au peuple plusieurs barils de poudre déjà ouverts, continua de s'acquitter de cette fonction après avoir entendu siffler à son oreille la balle d'un pistolet, tandis qu'un indigent, presque nu, fumait sa pipe sur un de ces barils ; plaisir auquel il ne voulait renoncer, disait-il, qu'en vendant sa pipe, et on la lui acheta.

On s'est depuis souvent étonné que, dans cette soirée tumultueuse, quelque accident inévitable parmi tant de torches et de flambeaux, n'ait pas fait sauter l'hôtel-de-ville. La plupart de ceux qui s'y trouvaient n'y pensèrent pas, et ceux qui y pensèrent y étaient résignés. Une troupe d'hommes pervers ayant imaginé, vers la nuit, d'effrayer le comité permanent, en lui disant qu'on avait vu quinze mille soldats entrer dans Paris, et qu'ils allaient arriver pour forcer l'hôtel-de-ville : « Il ne le sera pas, dit froidement un des électeurs (1), car je le ferai sauter à temps (2). Et aussitôt il ordonna d'apporter six barils de poudre

---

(1) M. Le Grand de Saint-René, le même qui avait reporté, dans la grande salle, le drapeau de la ville qu'on en avait enlevé.

(2) Il était homme à le faire, dit M. Dussaulx, un de ses collègues, auteur de l'intéressant ouvrage intitulé : *De l'Insurrection parisienne*. Qu'il nous soit permis de saisir cette occasion de rendre hommage à la vertu de cet homme respectable, qui était patriote par ses mœurs long-temps avant la révolution. Ce sont là les véritables et peut-être les seuls.

et de les déposer dans le cabinet communément appelé *la petite audience*. Les mal intentionnés en pâlirent, et se retirèrent au premier qui fut apporté.

Paris recueillit, dès le soir même, le fruit d'un courage si général, d'un activité si unanime. On se crut en sûreté du moins contre les brigands intérieurs; on en avait désarmé une grande partie, soit à force ouverte, soit en se mêlant habilement avec eux. C'est un service qu'avait rendu un certain nombre d'ouvriers ou d'indigens, qui, honnêtes sous les livrées de la misère, avaient bien voulu se joindre à des scélérats pour tromper leur fureur sous prétexte de la conduire. Un ordre du comité permanent avait fait illuminer les rues, et par là prévenu de grands désordres. Mais ces cris fréquens et répetés, *aux armes! aux armes!* ces lampions tour-à-tour retirés et placés suivant les différens avis d'un danger éloigné ou prochain, ces courses de la milice bourgeoise, des gens à cheval portant des ordres de toutes parts, ces coups de canon, ces signaux d'avertissemens convenus, mille incidens divers tenaient dans un mouvement continuel l'âme et l'imagination, effarouchées du plus grand de tous les périls, le péril inconnu. Toutefois, on était loin de l'épouvante; une vive émotion et non le désespoir, une grande attente et non la terreur, se manifestaient sur les visages; hommes, femmes, enfans, tous se prémunissaient contre une attaque nocturne;

tous avaient transporté, sur les maisons, aux balcons, aux fenêtres, des meubles, des ustensiles pesans, des bûches, et jusqu'aux pavés des rues : précautions inutiles, puisque, dès la nuit même, les régimens campés aux Champs-Elysées se retirèrent et disparurent.

Telle fut cette journée qui s'annonçait d'une manière si formidable, qui commença la destruction de l'ancien gouvernement et prépara la naissance du nouveau, qui vit s'élever tout-à-coup une ombre de puissance civile et de force militaire capables de remplacer celles qui venaient de disparaître; faibles appuis, frêles étais sans doute, mais qui heureusement suffirent à soutenir l'édifice social prêt à crouler. Paris, le matin livré aux brigands, compta le soir cent mille défenseurs. Le peuple se montra digne de la liberté : il en fit les actions, il en parla le langage. Même intrépidité, même patriotisme dans les arrêtés de tous les districts, de toutes les corporations; et quelques traits d'éloquence antique se firent remarquer dans les discours de plus d'un orateur. Nombre de traits de vertu brillèrent parmi la classe d'hommes le plus opprimés, et que, par cette raison, on croyait le plus avilis. Un homme presque sans vêtemens avait sauvé un citoyen opulent d'un grand danger. Celui-ci le prie d'accepter un écu. « Vous ne savez donc pas, répondit le pauvre, qu'aujourd'hui l'argent ne sert plus à rien. En voulez-vous la preuve? qui veut cet écu?

ajouta-t-il : c'est monsieur qui le donne. — Point d'argent ! point d'argent ! s'écrièrent ses camarades. » Quelques traits de gaîté française se mêlèrent même à ces scènes passionnées. Un petit marchand, ayant surfait les cocardes tricolores, qui venaient d'être susbtituées à la cocarde verte, fut menacé par les assistans d'être traité en criminel de *lèse-révolution*. Enfin, ce qu'il faut compter pour beaucoup, aucun crime ne se mêla aux orages de cette journée ; car il ne faut pas attribuer au peuple l'incendie de Saint-Lazare, œuvre d'une bande de scélérats soudoyés dès long-temps et pour la plupart étrangers. Ces deux dernières circonstances sont la seule consolation que nous puissions présenter à nos lecteurs, en leur offrant le tableau suivant, dont leur ame va être douloureusement affectée.

DOUZIÈME TABLEAU.

Pillage de Saint-Lazare.

L'ÉVÉNEMENT funeste dont le tableau ci-joint n'a pu présenter que quelques traits principaux, est, de tous les désastres précurseurs de la révolution, celui qui l'annonçait sous les auspices les plus sinistres. Il rassemble des circonstances qui font frémir. Nous supprimerons les plus horribles, dont le souvenir, presque perdu, a été comme englouti dans le torrent rapide des événemens qui se succédèrent d'heure en heure, dans cette semaine à jamais mémorable.

Le lundi 13 juillet, à deux heures du matin, pendant qu'à l'extrémité de chaque faubourg les barrières incendiées fumaient encore, tandis que le plus grand nombre des citoyens, après avoir vu l'incendie éteint, se retiraient chez eux, des brigands (c'était le nom qu'ils se donnaient eux-mêmes, exemple imité deux ans après par les scélérats d'Avignon, qui ont surpassé les crimes de leurs devanciers), des brigands se rassemblèrent derrière le moulin des dames de Montmartre, et là tinrent conseil pour savoir par où ils commenceraient leurs forfaits, qu'ils appelaient leurs exploits.

Les uns voulaient débuter par le prieuré de Saint-Martin, les autres par d'autres maisons religieuses, lorsqu'un d'entre eux demande la *priorité* pour la maison de Saint-Lazare; la priorité, ce fut son terme : ces misérables se faisant un jeu d'imiter, dans leur conciliabule, les formes usitées dans les assemblées populaires, et d'en reproduire même les expressions. Cette motion contre Saint-Lazare ayant eu la majorité, un des membres fit ajouter, par amendement, disait-il, qu'après l'incendie de Saint-Lazare on procéderait à celui des maisons religieuses, et qu'ensuite on s'occuperait de toute maison réputée riche, sans en épargner une seule, à moins qu'on ne rencontrât une résistance insurmontable. Cet amendement, qu'on avait écouté dans le plus profond silence, fut reçu avec acclamation et décrété unanimement.

On passa ensuite à la nomination des chefs, entre les mains desquels on jura une obéissance aveugle, en tout ce qui serait commandé pour l'exécution des projets convenus. Il fut assigné à ces chefs une décoration visible, arborée à l'instant; c'était un ruban verd et noir, flottant auprès de la ganse du chapeau. Toute arme offensive leur fut interdite, et une canne ou un bâton fut dans leurs mains le signe du commandement. Ils devaient de plus s'abstenir du pillage, condition qu'ils acceptèrent, après quelques débats.

Ayant ainsi tout réglé, la horde se mit en marche, armée de bâtons, de sabres, de masses et de merlins trouvés dans les bureaux des barrières. Ils arrivèrent sans bruit, à trois heures du matin, devant une des portes de Saint-Lazare, où se fit sur le champ l'appel nominal qui devait précéder l'expédition. L'appel ne fut pas long, les associés n'étant alors que quarante-trois, en y comprenant les chefs.

Le signal étant donné, ils assaillirent la porte, qui ne résista pas long-temps aux coups de hache et de masse; elle fut enfoncée; et déjà les brigands inondaient la cour de la communauté, et criaient d'une voix terrible: « Du pain! du pain! »

A ces cris, à ce tumulte, les religieux s'enfuient sans savoir où, laissant leurs effets et leurs hardes à ces misérables, qui s'en saisirent, et s'en revêtirent sur-le-champ, mêlant ainsi l'apparence d'une mascarade aux horreurs d'une scène révoltante.

Cependant, à ces cris : « Du pain ! du pain ! » le procureur de la maison ordonna que l'on conduisît ces messieurs par la basse-cour de la cuisine, où l'on dressa sur-le-champ des tables aussitôt couvertes de pain, de viande et de vin à discrétion, les frères s'empressant tous de servir ces exécrables hôtes.

Après avoir assouvi leur faim et surtout leur soif, ils demandèrent s'il n'était pas possible de leur procurer des armes pour défendre la ville contre les ennemis du tiers-état. Les misérables se qualifiaient ainsi d'un nom sous lequel on comprenait alors la nation entière, à l'exception des privilégiés, qui, pendant long-temps, se sont fait un plaisir absurde et lâche de confondre, dans une même dénomination, les citoyens les plus honnêtes, les plus éclairés, les plus notables, avec les derniers des hommes, c'est-à-dire, les scélérats.

Les religieux de Saint-Lazare répondirent à ces prétendus vengeurs du tiers-état qu'il n'y avait point d'armes dans la maison, et qu'on pouvait s'en assurer par la visite de toutes les chambres. « Eh bien ! de l'argent ! de l'argent ! » fut le cri général de ces bandits. A ce cri, le supérieur et le procureur, montés sur un banc, leur répondirent, avec un extérieur tranquille : « Messieurs, votre volonté sera faite »; et à l'instant on leur fit distribuer six cents livres. Un murmure de mécontentement fit connaître que la somme paraissait modique; et aussitôt on leur donna une autre somme de huit cents livres. Cette seconde distribution parut les calmer; et, pressentant que leur nombre allait s'accroître, ils se hâtèrent d'en faire le partage avant l'arrivée des survenans.

Aussitôt après cette seconde distribution, les chefs avaient envoyé quelques-uns de leurs subordonnés parcourir la maison, pour prendre connaissance des lieux, et diriger l'attaque; c'est ce qu'ils appelaient la visite de leurs ingénieurs. Ceux-ci se firent attendre jusqu'à cinq heures et demie, tandis que les cours se remplissaient de monde, hommes, femmes, enfans, qui attendaient six heures, moment où devait commencer l'attaque générale.

Le signal se donne : aussitôt ils courent aux appartemens les plus riches et qui renfermaient les objets les plus précieux, au secrétariat général de l'ordre, à la pharmacie, à la bibliothèque, toutes les deux célèbres, à l'appartement du supérieur général, où ils trouvent des reliques qu'ils brisent, un coffre-fort qu'ils enfoncent, de l'or qu'ils saisissent, qu'ils se disputent, pour lequel ils se battent. Les cris, les imprécations, les hurlemens retentissent à travers le bruit des haches, des marteaux, des maillets. Les maîtres des maisons voisines, les habitans du quartier sont saisis d'effroi, tremblant pour eux-mêmes, et ne sachant où peut s'arrêter ce désordre inoui.

Quelques-uns courent aux casernes des gardes-françaises, rue du faubourg Saint-Denis, pour implorer leurs secours. Les soldats répondent qu'ils ne peuvent se déplacer sans un ordre de leurs chefs, et que de plus ils ne se mêlaient point des objets de police.

Le hasard suspendit un moment ces atrocités. Un gros détachement des gardes-françaises passe devant Saint-Lazare, pour gagner le faubourg Saint-Denis; les brigands, saisis d'épouvante, le croient commandé contre eux; ils prennent la fuite; et parcourant l'enclos, les uns escaladent les murailles pour se sauver, les autres plus timides se cachent dans les blés. On se croyait délivré de ces monstres; mais, par malheur, un de leurs chefs, qui s'était trouvé à la porte du couvent, avait recueilli le refus qu'avaient fait ces nouveaux gardes-françaises d'entrer dans l'intérieur, disant, comme les autres, que la police ne les regardait pas. Transporté de joie, ce misérable rappelle ses complices, fait des signaux, les rallie malgré leur frayeur, et leur apprend le refus des soldats, qui les remplit d'une féroce allégresse. Leur fureur redouble; ils remontent à la bibliothèque, à la salle des tableaux, au réfectoire, aux chambres particulières des religieux, brisent, renversent, jettent tout par les fenêtres, et semblent regretter de n'avoir plus rien à détruire que les murailles.

Tout-à-coup, un de leurs chefs représente qu'il faut donner une preuve de leur humanité, et aller délivrer les prisonniers détenus dans la maison de force. On y court, les portes sont enfoncées; et deux prisonniers, les seuls qui s'y trouvassent alors, sont conduits en triomphe devant le chef. « Je suis surpris et fâché, dit-il, que vous ne » soyez que deux. Allez, et profitez de notre bien- « faisance. » A ce mot, on se rappelle une autre espèce de détenus, les fous, les aliénés; et l'on s'écrie qu'il faut les délivrer sur-le-champ. L'ordre est donné, il s'exécute. Alors paraissent et défilent, l'un après l'autre, ces êtres infortunés, que leurs prétendus libérateurs soutiennent sous les bras, et qu'ils conduisent dans la rue, en y déposant les hardes et les malles de ces malheureux, qu'ils abandonnent à la pitié publique. Quelques citoyens honnêtes, pénétrés de douleur, se chargèrent d'eux, les firent conduire à l'Hôtel-Dieu, et leur donnèrent les secours dûs à leur triste état.

Toutes ces horreurs, commencées dans la nuit, se consommaient en plein jour, et, ce qui est inconcevable, aux heures déterminées d'avance par les chefs. On a su depuis (et c'est un de ces traits qui remplissent l'âme d'une douleur profonde et d'une amertume misanthropique), on a su qu'un de ces chefs était un jeune homme autrefois reçu par charité dans la maison de ces religieux, et même traité par eux avec une indulgence paternelle. C'était le titre qu'il avait fait valoir auprès des brigands, pour être nommé par eux *sous-chef* malgré sa jeunesse, et témoigner sa reconnaissance à ses bienfaiteurs.

Telle fut, dans ce désastre, la pieuse simplicité de ces bons pères, qu'au milieu de ce tumulte on en vit quelques uns, dans une des cours du couvent, montés sur des bornes et prêchant l'amour de Dieu et du prochain au peuple qui s'était rassemblé; ils ne cessèrent leur sermon que lorsque les cris de joie, poussés par les brigands à l'ouverture du coffre-fort, leur eurent enlevé tout leur auditoire et les eurent laissés seuls au milieu de la cour.

Midi était l'heure destinée au pillage de la chapelle de l'infirmerie. Les brigands s'y portèrent; et mêlant la dérision au sacrilège, ils revêtirent un d'entre eux de l'étole et du rochet, lui mirent dans les mains le ciboire, et marchant processionnéllement à sa suite, tenant des cierges allumés, ils s'avancent vers l'église des Récollets; ils obligent tous les passans à s'agenouiller, craignant, disaient-ils, d'être accusés d'irréligion. Des coureurs envoyés en avant ordonnent aux Récollets de venir à la rencontre des bandits jusqu'à l'entrée de la rue Saint-Laurent. Là, ils remirent le ciboire à l'un des prêtres récollets et en exigèrent impérieurement la bénédiction, disant qu'ils étaient pressés de retourner à leur *ouvrage*, qui consistait à réduire en cendres les débris de tous les meubles accumulés dans les cours de Saint-Lazare.

A trois heures, on tint conseil. Il fut décidé qu'il fallait conduire les blés à la halle. Il en fut chargé dix-sept voitures de huit sacs chacune, tant en blé qu'en seigle. Leur marche fut un triomphe hideux, assorti à leur affreuse victoire. Sur ces voitures chargées de grains, ils avaient guindé des squelettes anatomiques, à côté desquels ils avaient forcé de s'asseoir les malheureux prêtres de Saint-Lazare, qu'ils contraignaient à vider avec eux des brocs de vin, au milieu des cris d'une populace qui, voyant arriver des grains, applaudissait à leurs conducteurs. Ainsi ces monstres, bientôt punis, les uns dans l'instant et par eux-mêmes, les autres quelques jours après et par la justice, furent reçus comme des bienfaiteurs publics. On saisit, pour voiturer ces blés, tous les chevaux des passans ; on détela ceux des carrosses bourgeois, des fiacres, des charrettes ; et un air de fête, moitié burlesque, moitié féroce, se mêlait à ces odieuses violences.

Cependant la punition approchait, et la plupart la portaient déjà dans leur sein ; ils s'étaient empoisonnés par des liqueurs qu'ils avaient stupidement bues dans la pharmacie de Saint-Lazare. Aux autres, l'excès du vin tint lieu de poison ;

et plusieurs, en tombant et restant couchés à terre, furent dépouillés d'abord et enfin assassinés par leurs camarades. Un grand nombre était demeuré à Saint-Lazare, où, après avoir forcé les caves, ils s'étaient endormis ivres morts, tandis que d'autres furieux, ayant brisé une multitude de tonneaux, occasionnèrent un déluge où furent engloutis plusieurs même de ceux qui l'avaient causé, ainsi que nombre de femmes et d'enfans qu'on y trouva noyés quelques jours après.

À ce tableau d'horreurs, à cette dégradation de la nature humaine, opposons un acte de courage, un trait d'intrépidité, qui la rehausse dans ce lieu même où elle se montre si horriblement avilie. Tandis que ces scélérats déployaient leurs fureurs contre eux-mêmes, et jonchaient de leurs cadavres la maison de Saint-Lazare et les rues adjacentes, un de leurs chefs se rappelle qu'ils avaient oublié le pillage de l'église, échappée comme par miracle à leur sacrilège frénésie : il les invite à ce nouveau crime, qu'il appelle *l'ordre du jour.* Ils courent aux portes, qu'ils trouvent fermées et qu'ils enfoncent. Ils entrent. Que voient-ils ? Un homme seul, un prêtre (1). « Où allez-vous, impies, leur dit-il d'une voix ferme et imposante ?— Le trésor, le trésor de l'église, s'écria la horde furieuse et menaçante. » Lui, tranquille

---

(1) M. Pioret.

et calme, il les regarde ; et, ce qui étonne, il se fait écouter. Il leur représente l'horreur de ce forfait, les intimide, parvient à toucher ceux qui l'entendent. Mais la foule des brigands s'accroît, les survenans allaient se précipiter sur l'orateur. «Frappez, dit-il, en leur présentant un couteau, frappez ; et, puisque vous voulez vous souiller d'un forfait impie, percez-moi le cœur avant que de toucher à ce dépôt sacré.» Croirait-on que ces monstres, interdits et déconcertés, se retirèrent comme saisis de terreur?

Une dernière délibération décida qu'il fallait détruire la maison de fond en comble ; et, pour commencer, ils mirent le feu aux écuries. Déjà la flamme, en s'élevant, avait répandu la consternation dans les quartiers voisins. Les pompiers arrivent de toutes parts: mais, assaillis et maltraités par les brigands, ils se retirent consternés. Heureusement trois ou quatre cents gardes-françaises, mieux instruits du péril et de ses conséquences, voulurent bien s'élever au-dessus de leur consigne et croire enfin que la police les regardait. Quelques décharges de fusils purgèrent le terrain de ces brigands, et assurèrent le travail des pompiers, qui coupèrent les bâtimens voisins et empêchèrent le progrès des flammes. Un champ de bataille offre un spectacle moins révoltant que l'aspect de l'enceinte et des environs de Saint-Lazare, ruisselans de sang, couverts de mourans, de morts, de lambeaux humains ; car ces monstres avaient poussé la fureur jusqu'à s'entre-déchirer. La plume tombe des mains, et on rougit d'être homme.

TREIZIÈME TABLEAU.

Enlèvement des armes au Garde-Meuble, le lundi 13 juillet 1789.

Nos lecteurs s'aperçoivent sans doute d'une des principales difficultés attachées au genre encore plus qu'à l'ordonnance de cet ouvrage, moins favorable souvent à l'historien qu'au peintre. C'est sur-tout dans l'histoire des premiers jours de la révolution, que cette difficulté se fait remarquer, en rendant plus sensible la disproportion des moyens entre la plume et le pinceau. Aux premiers momens de l'insurrection parisienne, la multitude des tableaux simultanés, ou rapidement successifs, sert à souhait le talent de l'artiste; tandis que l'historien, dans une dépendance plus ou moins gênante, rencontrant un sujet tantôt trop fécond, tantôt trop stérile, se voit forcé de resserrer l'un, d'étendre l'autre, au gré d'une convenance étrangère; subordination pénible dans le sujet actuel, qui nous borne au récit d'un événement particulier, celui de la prise des armes au Garde-Meuble.

Nous espérons pouvoir dédommager un peu

nos lecteurs, lorsqu'après ces premiers jours de fougue et d'effervescence, la révolution, marchant d'un pas moins précipité, laissera, d'un tableau à l'autre, l'intervalle d'un temps plus considérable. C'est alors qu'il nous sera permis de sortir du cercle où nous sommes quelquefois contraints de nous tenir renfermés. La scène, resserrée jusqu'ici dans l'enceinte de Paris, n'aura de bornes que la France ; et nous ne serons plus réduits à n'offrir à nos lecteurs que l'histoire d'un seul jour, ou même, comme aujourd'hui, d'un seul moment.

Le tableau précédent nous a montré tous les habitans de Paris devenus guerriers; la plupart de ces guerriers étaient sans armes. Un arrêté du comité permanent avait (comme nous l'avons dit) ordonné la fabrication de cent mille piques ou hallebardes ; une heure après, toutes les forges de la capitale y étaient employées, et plusieurs églises étaient changées en ateliers de fonderies, où l'on coulait du plomb pour faire des balles de fusil. Au milieu de cette fureur générale qui avait fait chercher des armes par-tout où l'on en supposait, aux Chartreux, aux Célestins, dans plusieurs autres maisons religieuses, quelques citoyens s'écrièrent qu'il en existait un grand nombre au Garde-Meuble. Aussitôt on décide qu'il faut s'en emparer ; le groupe s'écrie : *Au Garde-Meuble!* et ce cri seul accroît la foule qui s'augmente encore en marchant. Quelques bruits, répandus dès le matin, avaient fait craindre le pillage entier de cette maison ; et le garde-général des meubles, à qui elle était confiée en l'absence de M. Thierry, avait cherché à la préserver d'une ruine qu'on croyait inévitable.

Mais, dans la chute de toutes les autorités, qui pouvait défendre cet établissement ? Le garde-général prit donc le sage parti de n'opposer aucune résistance, et de parler à cette troupe, comme il eût parlé à une députation de l'hôtel-de-ville. Il supposa que ceux qui la composaient n'avaient d'autre dessein que celui de s'armer ; et il leur offrit toutes les armes qui étaient en son pouvoir, les invitant à ne causer d'ailleurs aucun dommage ; conduite qui convenait à des citoyens bien intentionnés. Sans doute lui-même comptait peu sur l'effet de sa prière ; les excès commis à Saint-Lazare le matin de cette même journée, devaient lui faire craindre l'entière destruction de la maison confiée à ses soins. Il ne fut pas peu surpris sans doute de l'espèce d'ordre avec lequel ils procédèrent à cette opération. Les armes parurent être en effet le seul objet de leur recherche. A la vérité les plus belles, les plus riches attirèrent de préférence leur attention et leur empressement ; ils allèrent même jusqu'à se les disputer, mais sans violence, sans combat, et seulement dans les termes d'une rixe ordinaire. Fusils, pistolets, sabres, épées, couteaux de chasse, armes offensives de toute espèce, furent enlevés en moins d'une demi-heure. Deux canons, sur leurs affûts, envoyés par le roi de Siam à Louis XIV, furent traînés et descendus dans la cour, avec autant de précautions et de soins qu'en eussent pris les oficiers même du Garde-Meuble, s'ils eussent été chargés de cette translation. Ils les conduisirent vers la place de Grève, à travers deux haies de citoyens confondus de la nouveauté d'un spectacle à la fois effrayant et grotesque. Qu'on se réprésente ce groupe d'hommes, de femmes, d'enfans, formé tout-à-coup en bataillon bizarre, offrant l'assemblage des différens costumes guerriers de tout siècle, de tout pays, anciens et modernes, et portant toutes les espèces d'armes d'Europe, d'Asie, d'Amérique, même les flèches empoisonnées des sauvages!

La lance de Boucicaut, le sabre de Duguesclin brillaient dans la main d'un bourgeois, d'un ouvrier; un porte-faix brandissait l'épée de François Ier., de ce monarque nommé par sa cour le roi des gentils-hommes, par opposition à son prédécesseur, le bon Louis XII, qu'elle appelait le roi des roturiers, et que la postérité a surnommé simplement le Père du peuple. Toutes ces armes, étiquetées du nom de leurs anciens maîtres, flattaient merveilleusement la vanité de leurs nouveaux possesseurs. Une autre vanité, celle des hommes qui ne connaissent que les noms, la naissance, le rang, s'affligeait de ces contrastes, comme d'un ridicule, d'un scandale, d'une profanation : mais le philosophe y voyait le présage du prochain triomphe de l'humanité sur la chevalerie, de l'homme sur le gentil-homme; il y voyait l'espérance de la vraie régénération nationale, la destruction future d'un préjugé qui, non moins nuisible, non moins invétéré en Europe qu'aucune autre superstition, a peut-être retardé encore davantage les progrès de la société.

Après cette première invasion du Garde-Meuble, ceux qui habitaient cette maison, se croyant délivrés de tout péril, en fermèrent les portes : mais leurs frayeurs recommencèrent lorsqu'ils se virent assiégés de nouveau par une seconde troupe, plus redoutable que la première, puisqu'elle était composée d'hommes encore plus pauvres, plus mal vêtus, *moins honnêtes*, comme on disait alors; car l'extérieur de l'indigence était, pour des yeux prévenus, la menace du brigandage. Cependant, cette seconde troupe, non moins *honnête*, en prenant ce mot dans un sens plus exact, déclara qu'elle ne voulait causer aucun dommage, mais seulement faire la visite de la maison. On leur représenta que leur seule multitude pouvait occasionner quelque dégât; et on leur proposa de choisir un certain nombre d'entre eux pour s'assurer qu'il ne restait plus d'armes. La proposition fut acceptée; et les députés introduits, tandis que la foule se répandait dans les cours. Il est vrai que, dans cette foule, quelques mal-intentionnés, s'arrogeant les droits de la députation, osèrent arbitrairement se confondre avec elle, et parcoururent différentes salles et cabinets. Un deux, ayant vu le bouclier d'argent de Scipion l'Africain, voulut s'en emparer; tentative dont il fut châtié sur-le-champ. « Veux-tu, lui dirent ses camarades, nous faire prendre pour des voleurs ?» Il s'excusa, en représentant que le bouclier était une arme défensive, quoiqu'il fût d'argent : l'excuse fut agréée ; mais le bouclier de Scipion fut remis à sa place, où il resta, malgré le péril où le Garde-Meuble fut exposé par les visites de quatre ou cinq compagnies qui se succédèrent jusqu'à dix heures du soir.

La dernière de ces visites fut la plus périlleuse. Les approches de la nuit favorisant les mauvais desseins de quelques brigands mêlés dans la foule, il fut question, pour cette fois, de brûler la maison, sous prétexte qu'elle appartenait au roi, comme toutes les richesses qu'elle renfermait. Déjà des scélérats applaudissaient à cette idée, lorsqu'un malheureux, presque nu, s'écria d'une voix sonore : *Non, non;* et demandant du silence, ajouta : *Tout est à la nation.* Ces derniers mots furent répétés généralement par la troupe, et sauvèrent la maison, qu'un incident nouveau préserva tout-à-coup de tout danger. On annonça que des dragons accouraient pour sa garde. La frayeur se répandit parmi les assistans, qui prirent la fuite et disparurent. Les habitans de l'hôtel, enfin rassurés, regardèrent comme un bonheur inouï d'avoir sauvé leurs propriétés particulières, et d'avoir vu presque impunément cinq ou six milliers d'hommes sans frein, indépendans de toute autorité, parcourir librement une maison qui contenait des valeurs de plus de cinquante millions en tapisseries, ameublemens, curiosités, bijoux de toute espèce, et même, dit-on, les principaux diamans de la couronne. La surprise des officiers du Garde-Meuble dut être encore plus grande le lendemain, lorsqu'ils virent plusieurs de ces prétendus brigands qui leur rapportaient quelques armes d'une valeur plus ou moins grande, en disant que, n'étant pas de défense, elles leur étaient inutiles.

Si nous insistons sur ces détails, c'est qu'en indiquant les dispositions du peuple, ils servent à repousser les accusations de ses ennemis, qui ont essayé de déshonorer les premiers mouvemens de l'insurrection, en la représentant comme l'égarement d'une populace effrénée, guidée par l'espoir du vol et du pillage. Accusation absurde, contre laquelle le peuple protestait d'avance par sa conduite au Garde-Meuble, et par celle qu'il tint le lendemain à l'hôtel des Invalides. Le besoin d'être armé fut évidemment le seul motif de ces deux invasions; et le soir même, un pauvre artisan montrant avec orgueil une épée d'Henri IV, mais de fer et d'un travail grossier, refusa de l'échanger contre un louis d'or et une riche épée que lui offrait, le mardi, à l'hôtel des Invalides, un citoyen opulent. « La vôtre est plus belle, dit-il, mais ce n'est pas celle du bon Henri. » Mot bien remarquable dans une occasion où cette épée se tirait contre l'autorité d'un de ses-petits fils ! Mais la personne du roi trompé était comme mise à part dans l'imagination de tous les Français : on ne considérait que l'absurde scélératesse de ses ministres, et on ne s'occupait que des moyens d'en triompher. Cette disposition constante des esprits s'est montrée dans tout le cours de la révolution ; et c'est un des traits qui la caractérisent le plus fortement.

QUATORZIÈME TABLEAU.

Prise des armes aux Invalides.

Nous avons montré, dans celui de nos tableaux qui représente le peuple gardant Paris, comment tous les mouvemens particuliers concoururent aux mesures générales pour la défense d'une ville menacée de tous les fléaux, assaillie de tous les dangers. Le premier besoin de ce peuple à qui le pain manquait, c'étaient des armes ; ce mot était le cri universel. On demandait des ordres pour aller en chercher dans tous les dépôts publics ; on allait en solliciter ou en enlever dans les maisons particulières. On soupçonnait l'hôtel des Invalides d'être un des magasins. Le peuple s'écria qu'il fallait y courir. Déjà il se mettait en marche, lorsque le comité permanent engagea M. Ethis de Corny, procureur du roi, d'aller officiellement en demander au gouverneur des Invalides. Cet officier, militaire estimable, se trouvait ainsi placé dans la cruelle alternative de manquer à son devoir envers le roi, ou de répandre à pure perte le sang d'une multitude de ses concitoyens. Un régiment d'artillerie était caserné dans l'enceinte de l'hôtel. On y avait, depuis quelque temps, déposé une quantité considérable de fusils; et rien ne prouve mieux quels formidables projets on avait formés contre la capitale, puisqu'indépendamment de trente mille hommes armés qui l'environnaient de toutes parts, on avait préparé d'avance un si grand amas d'armes destinées sans doute aux ennemis qu'elle renfermait dans son sein, ou qu'on espérait d'y introduire. Mais cette mesure, comme tant d'autres, tourna contre les auteurs du complot. L'unanimité de l'insurrection, l'énergie qui, dès le dimanche, s'était manifestée dans toutes les classes du peuple, déconcertèrent le gouvernement, et lui firent craindre que ces armes déposées aux Invalides et destinées à contenir les Parisiens ne servissent au contraire à leur défense. Les ministres se décidèrent à les faire enlever. Mais la surveillance générale des citoyens avait rendu cette entreprise difficile. On ne put la tenter que pendant la nuit, et on ne réussit à en soustraire qu'une partie. Après en avoir chargé onze voitures, on fut contraint d'abandonner le reste, qui fut caché sous le dôme et enseveli sous des monceaux de paille.

Il est remarquable que le peuple marchait à cette expédition comme à une victoire certaine, quoique l'enceinte des Invalides, bordée de canons tournés depuis quelques jours contre Paris, eût pu lui inspirer quelque effroi. Sans doute il ne pouvait se persuader que ces vieux guerriers se permissent contre lui aucune exécution sanguinaire : il savait qu'il était devenu une puissance ; et les jours précédens l'hôtel des Invalides en avait eu la preuve. Le régiment de la Fère, qui y était caserné, avait défense d'en sortir et de se répandre dans Paris ; mais plusieurs soldats de ce régiment avaient violé cette consigne. Ils étaient allés voir leurs amis, leurs parens, ou d'anciens camarades, qui les avaient conduits dans les cafés, dans les jardins publics, où on les avait imbus de maximes plus propres à faire haïr et à renverser le despotisme, qu'à maintenir la discipline militaire. Ils craignaient, après cette faute, de retourner à leur corps. Le peuple, dont cette insubordination servait la cause, prit le parti de les reconduire lui-même à leur poste, comme pour attester que c'était pour lui et par lui qu'ils s'étaient écartés de leur devoir, et comme pour solliciter, par un concours imposant, l'indulgence ou la grâce qu'on ne pouvait prudemment leur refuser. En effet, les soldats n'essuyèrent ni châtimens ni reproches; mais, au milieu de la nuit, le régiment reçut ordre de quitter l'hôtel et de retourner à la Fère. A cinq heures du matin, il ne restait plus personne : position fâcheuse des agens du despotisme, obligés de laisser sans défense un de leurs arsenaux, dans la crainte de voir leurs soldats accroître la force de ce même peuple, contre lequel ils étaient soudoyés! Les braves mais vieux militaires qui habitent cet hôtel, restèrent donc seuls chargés de sa garde. Mais que pouvait ce simulacre de garnison, cette parade inutile, cette ombre de service militaire, contre une multitude qui, quoique mal armée, était redoutable par sa fureur et par son impétuosité?

Cependant les Invalides parurent déterminés à défendre leur hôtel, et cette disposition se manifestait encore dans la matinée du mardi 14 juillet. Quelle que fût leur faiblesse, leur résistance assez inutile pouvait devenir funeste à leurs adversaires; et la décharge de douze pièces de canon, eût-elle été unique, eût rendu cette matinée très-meurtrière. Parmi ces vieillards, il s'en trouvait plusieurs, étrangers aux opinions nouvelles, à la disposition générale des esprits, ne connaissant que le nom du roi, pour qui le mot *nation* était un mot vide de sens, et à qui celui de *peuple* semblait une qualité plus injurieuse qu'imposante; et l'on pouvait tout craindre d'un seul acte de violence. On fit à peine ces réflexions. Déterminé dès la veille à une garde bourgeoise, le peuple ne se portait en foule aux Invalides que parce qu'un grand nombre d'hommes avait besoin d'être armé. Leur démarche leur paraissait simple; ils allaient vers un dépôt qui devait leur fournir ce qui leur manquait. Ils ne s'étonnèrent point de trouver les portes fermées et les Invalides disposés à la résistance : ils demandèrent paisiblement qu'on leur livrât les armes déposées dans l'hôtel. Le gouverneur, M. Sombreuil, répondit qu'il n'en avait pas. On insiste, et on lui demande de permettre la visite de l'hôtel. « Le roi, réplique-t-il, m'en a confié la garde, et je ne puis rien sans une permission du roi. » Parlant ainsi, il reconduisit M. de Corny vers la grille, qu'il fallut bien ouvrir. Aussitôt la foule qui l'assiégeait, se pousse, se précipite dans la cour. En un instant, elle est inondée d'un peuple innombrable; on court, on franchit les fossés, on force en quelques endroits les grilles qui se trouvent fermées. M. de Sombreuil, cédant à une violence irrésistible, et craignant qu'elle ne devînt funeste, fit ouvrir les portes, tous les passages, et, par cette complaisance forcée, sauva l'hôtel du pillage, dernier service qu'il pouvait alors lui rendre.

Ce qui restait des armes ne pouvait échapper à une recherche aussi active. Un souterrain suspect contenait le principal dépôt : on s'y précipite. Des cris de joie annoncent l'heureuse découverte; et, malgré les clameurs, les hurlemens douloureux de ceux que leur chûte avait estropiés, blessés, brisés, ou qu'étouffait la foule, cette foule s'accroît de moment en moment. C'est dans ce tumulte, plus effrayant encore par l'obscurité du lieu, qu'on se partage les armes, qu'on se les arrache. Les premiers qui en sont saisis, sortent pour faire place à d'autres. On en vit plusieurs qui, se traînant à peine hors de ce souterrain, exprimaient en même temps, sur leur visage, et la douleur de leurs blessures et le plaisir de se voir armés; les plus robustes portaient à la fois fusils, baïonnettes, sabres, pistolets. On assure que cette seule expédition arma plus de trente mille hommes; douze canons furent aussi le prix de cette heureuse entreprise : conquête encore plus précieuse que celle des fusils, puisque, dès le soir même, plusieurs de ces canons furent tournés contre la Bastille, et les autres placés à différens postes, sous la garde d'une sentinelle. Cependant, ce peuple nouvellement armé se forme comme en bataille dans le champ des Invalides; d'autres se répandent sur le boulevard, dans les rues voisines; et un grand nombre va se poster, d'un air intrépide, mais sans audace et sans bravade, en face des troupes campées au Champ-de-Mars, comme pour leur montrer à la fois des intentions amicales et une sécurité guerrière, en leur laissant le choix d'être leurs frères d'armes ou leurs ennemis.

Observons que le peuple s'abstint là, comme

ailleurs, de toute violence étrangère à son objet. A voir cette foule prodigieuse inonder les cours et se répandre par-tout, il semblait qu'on fût exposé à une dévastation générale, et l'effroi fut extrême. Aucun dégât ne fut commis dans cette vaste enceinte. Le peuple, qui avait respecté la fermeté de M. de Sombreuil dans ses premiers refus, étendit ce respect sur l'hospice confié à ses soins. A la vérité, quelques brigands qui s'étaient glissés dans cette foule pour profiter du désordre, cherchèrent à forcer la cave d'un particulier; mais, sur les premières plaintes qu'il en porta, un grand nombre de citoyens coururent au lieu désigné, se saisirent des coupables qui ne voulaient que s'enivrer, et posèrent à l'entrée de la cave une sentinelle, qui ne se retira qu'après tout le peuple, et lorsque tout fut calme dans l'hôtel.

Qu'il nous soit permis de ne pas omettre un acte particulier de civisme et de courage, qui prouve en même temps qu'au milieu de ce tumulte il n'arriva nul accident à aucun des habitans de l'hôtel. M. Sabatier, chirurgien-major depuis plus de trente ans, était sorti le matin pour visiter dans Paris les malades dont il a la confiance. Il apprend par la voix publique que l'hôtel est assiégé, et des récits exagérés lui présentent le péril sous l'aspect le plus effrayant. Aussitôt il s'empresse d'y courir. On tâche de l'arrêter. «C'est mon poste, dit-il; depuis trente ans je n'y ai fait que mon devoir; voilà la première occasion où je puis être d'une grande utilité; je n'ai pas de temps à perdre. » Il court, il se presse autant que son âge le lui permet. Il arrive au moment où un peuple innombrable assiégeait les grilles. Il s'efforce d'entrer avec autant d'ardeur qu'un autre en eût mis peut-être pour sortir. Ecarté de la grille, il se rappelle une petite porte qui donne sur le boulevard; il y vole, et parvient à se la faire ouvrir. Mais sa présence fut inutile; et l'on n'eut pas besoin de son art dans un lieu où cent mille hommes venaient de répandre la terreur et la consternation.

Cette attaque des Invalides, d'un établissement royal et militaire, marqua, d'un caractère plus imposant, plus menaçant pour le despotisme, l'insurrection jusqu'alors regardée par les ministres comme une suite de mouvemens séditieux, un vertige d'insubordination. Elle acheva de répandre, dans le conseil, le trouble et la précipitation qui multiplièrent les fausses mesures. Tous ces vieux soldats, réunis au peuple, semblaient rentrés dans le sein de la nation dont ils avaient été comme séparés. C'était une première conquête faite sur le plus fastueux de ses rois, Louis XIV, qu'on a tant loué pour cet établissement, plus dispendieux qu'utile.

On sait quelles sommes immenses furent prodiguées pour cette fondation, qui ne recevait dans son sein qu'environ quatre mille hommes, sur plus de vingt-huit mille qui composaient l'armée inactive; et cependant ces trois ou quatre mille hommes coûtaient à l'état deux millions, sur les six millions trois cents mille livres destinées aux vingt-huit mille défenseurs de la patrie. Cet abus, comme tant d'autres, dénoncé à l'Assemblée nationale par un de ses membres les plus vertueux et les plus patriotes (1), fut réformé dès la seconde année de la liberté française; et le temps amènera sans doute des changemens encore plus favorables à cette classe de guerriers, autrefois soldats du prince, et maintenant soldats de la patrie. Déjà plusieurs ont ressenti ses bienfaits, et entre autres la liberté de quitter cet hôtel, où un esprit moitié militaire, moitié monacal, les soumettait aux règles minutieuses d'une discipline inutile et gênante. Heureux maintenant de pouvoir vivre en conservant leur traitement dans les lieux qui leur rappèlent des souvenirs chéris ; et où ils pourront trouver des sentimens affectueux, des soins consolateurs : plus de deux mille de ces guerriers, habitans de l'hôtel, ont profité de cette faveur; et, dans le nombre, on a vu avec intérêt des vieillards plus qu'octogénaires, tant l'indépendance a de charmes, tant elle exerce d'empire même sur les âmes que l'âge a presque fermées à tout autre sentiment !

Le tableau des abus qu'offrait l'administration

---

(1) M. Dubois-Crancé.

intérieure de l'hôtel des Invalides engagea l'Assemblée nationale à examiner si elle n'ordonnerait pas la suppression de cet établissement. Il a été conservé, et nous respectons les motifs qui lui ont commandé une circonspection prudente. Nous observerons seulement que les raisons alléguées pour le maintien de cet établissement ont été, pour la plupart, puisées dans ce système ancien d'idées proscrites par la révolution ; système qui prend la gloire des rois pour le bonheur des peuples, et préfère la splendeur du trône à la félicité des nations. Ceux au contraire qui votaient pour la destruction de cet établissement, puisèrent leurs raisons dans cet ordre d'idées qui, subordonnant l'éclat à l'utilité, soumet l'intérêt des gouvernemens à celui des nations, et place dans le bonheur du peuple la gloire des monarques, puisqu'il leur faut de la gloire : principes qui ont préparé le succès de la révolution, et dont la constitution française n'est qu'un développement rédigé en lois et mis en action. Le temps décidera si les principes de l'égalité et la nécessité d'une économie sévère peuvent laisser subsister un établissement qui d'ailleurs rappèle à la nation les souvenirs d'une époque plus brillante que fortunée, dont un peuple libre ne peut être ébloui.

QUINZIÈME TABLEAU.

Mort de M. de Flesselles, Prévôt des marchands de Paris.

Nous avons vu, aux premiers momens de l'insurrection parisienne, les habitans de la capitale abandonnés à eux-mêmes, dans le silence des autorités constituées, en appeler une autre, et reconnaître provisoirement celle des électeurs : puissance nouvelle, sortie du sein du peuple, peuple elle-même et par conséquent marquée du caractère le plus respectable, le plus fait pour tenir lieu d'une légalité alors impossible. C'était le besoin général, c'était le vœu public qui avait appelé les électeurs à l'hôtel-de-ville. Mais, à peine réunis, ils cherchèrent à donner à leur assemblée la légalité qui lui manquait. Quelques-uns d'entre eux dirent que la présence du prévôt des marchands leur était nécessaire. C'était vouloir marcher vers la liberté sous les auspices du despotisme ; mais cette aparence de régularité plut au grand nombre. On mande M. de Flesselles ; il arrive. Il prend sa place au milieu des applaudissemens universels. « Mes enfans, dit-il, je suis votre père, et vous serez contens. » A ces mots, les applaudissemens redoublent ; car la liberté naissante n'avait point encore appris à ne plus permettre aux agens de l'autorité ce ton d'une bonté protectrice. Toutefois celui de l'assemblée et le mouvement général des esprits lui firent bientôt prendre un langage plus conforme aux circonstances. Il déclara que, pour continuer les fonctions qui lui avaient été confiées par le roi, il voulait y être confirmé par le suffrage de ses concitoyens. Les acclamations de l'assemblée lui rendirent l'autorité qu'il abdiquait. Aussitôt il travailla avec le bureau de la ville et avec les électeurs au règlement et aux mesures qu'exigeait la sûreté publique. Mais dans l'assemblée générale, comme dans les comités qui se formèrent ensuite, il n'eut que sa voix ; circonstance qui dut paraître dure à un homme dès long-temps imbu des maximes de l'autorité arbitraire ; et qui, dans les places de maître des requêtes, d'intendant de province, écoles subalternes de la tyrannie, s'était rempli d'un profond mépris pour le peuple. Il paraît, par sa conduite, qu'il regardait cette insurrection comme tant d'autres mouvemens populaires qui, sous les règnes précédens, s'étaient terminés par le triomphe du pouvoir, la punition de quelques malheureux, et la fortune de quelques intrigans. Telle était en effet jusqu'alors la leçon de l'histoire, du moins en France ; et la différence des époques, les approches d'une révolution née d'un grand accroissement de lumières publiques, étaient des idées trop supérieures aux conceptions de Flesselles, comme à celles de quelques autres ministres (1).

On fut bientôt à portée de s'apercevoir de ses intentions. Le comité permanent venait de se former. «A qui prêterons-nous le serment? demanda M. de Flesselles. — A l'assemblée des citoyens, s'écria l'un des électeurs, M. de Leustres.» Cette réponse, accueillie par les applaudissemens de toute la salle, éluda et prévint les suites de la question captieuse du magistrat. Ce nouveau serment prévalut; et ce premier hommage à la souveraineté nationale excita un enthousiasme qui ressemblait au délire.

Cependant le péril croissait, et le tumulte avec lui. Le tocsin de l'hôtel-de-ville s'était joint à tous ceux de Paris. Les députés des districts arrivaient en foule pour demander des armes. On croyait que la ville avait un arsenal; et cette idée accréditait des soupçons déjà répandus contre le prévôt des marchands. Lui-même les fortifiait, en paraissant prendre peu d'intérêt à leur impatience. Quelques citoyens étant accourus à lui, pour se plaindre qu'un convoi de poudre et de plomb eût été enlevé par des soldats campés aux environs de Paris, et n'obtenant pas son attention qu'ils s'attirèrent enfin par de sanglans reproches: « Eh

---

(1) Croirait-on qu'un d'entre eux s'était persuadé qu'il était possible de faire ouvrir les théâtres le mardi 14 juillet, et qu'il en avait donné l'ordre?

bien ! leur dit-il ; il faut tenir note de tout cela. »
Et il leur tourna le dos. Ils le notèrent trop pour
son malheur ; car ils répandirent par-tout leurs
défiances. Les mots de perfidie, de trahison, circulèrent dans la salle, et de là dans tous les quartiers de Paris, d'où ils revenaient encore à l'hôtel-de-ville plus violens et plus envenimés.

Il multipliait les imprudences. A des hommes
furieux qui voulaient être armés sur-le-champ, il
parlait d'un directeur des armes de Charleville
qui devait leur envoyer d'abord douze mille fusils et ensuite trente mille. A d'autres, il conseillait d'aller prendre des cartouches à l'Arsenal, où il
n'y avait point de cartouches; d'aller chercher des
armes au couvent des Chartreux, où il n'y a point
d'armes. Il croyait tromper leur fureur, qu'il ne
faisait qu'accroître, et qui à leur retour se montrait plus menaçante. De grandes caisses étant
arrivées à l'hôtel-de-ville avec l'étiquette *Artillerie*,
on crut que c'étaient les armes attendues de
Charleville, et, pour les soustraire au danger d'un
pillage ou d'une distribution indiscrète, on les fit
déposer dans une salle de l'hôtel-de-ville, jusqu'à
l'arrivée d'un détachement de gardes-françaises qui
devaient faire cette distribution dans les districts.
Rien n'était plus sage que cette mesure, qui associait de plus en plus les citoyens et les soldats ;
mais elle devint funeste au prévôt des marchands.
Les gardes-françaises étant arrivées et l'ouverture
des caisses s'étant faite devant eux et en présence

des députés des districts, elles se trouvèrent n'être remplies que de vieilles hardes et d'ustensiles brisés. Le cri de la rage se fit entendre de toutes parts; et l'emportement du peuple mit dès-lors en danger la vie du magistrat. Les soupçons s'étendirent jusques sur tous les membres du comité permanent. Dès-lors il fut dangereux pour M. de Flesselles de sortir de l'hôtel-de-ville : il y coucha, et reparut le lendemain avec un visage plus défiguré que ceux qui avaient veillé toute la nuit, pour donner les ordres qu'exigeaient la défense commune.

Le lendemain, chaque instant produisit des scènes qui redoublèrent son péril. C'était la nouvelle d'une insurrection de hussards dans le faubourg Saint-Antoine; c'était l'ennemi qui avait pénétré dans celui de Saint-Denis; et les soupçons du peuple s'accroissaient de toutes ces craintes. Au milieu de ces désordres, se présentent, plus morts que vifs, le prieur et le procureur des Chartreux, tous deux demandant qu'on révoque l'ordre de visiter leur couvent pour y prendre des armes qui n'y sont pas, et redoublant ainsi l'embarras du prévôt des marchands. Des officiers viennent offrir leurs services; et leurs réponses rendent suspects quelques-uns d'eux, qu'avait accueillis M. de Flesselles. Un citoyen vient offrir cent mille livres, et demande la permission de lever six mille hommes. Le magistrat l'embrasse et lui présente une épée. On s'écrie que cet homme est en banqueroute et que la collusion est manifeste.

Pendant ces débats, on forçait l'hôtel des Invalides ; ceux qui s'étaient emparés des canons les conduisaient à leurs districts, accusant M. de Flesselles de trahison. Le projet d'attaquer la Bastille, la fermentation qu'il excita, la nouvelle des canons de cette forteresse tournés contre la capitale, les arrêtés pour des députations au gouverneur, l'impatience qu'elles parurent causer au prévôt des marchands, le premier coup de canon qui de ses remparts fut entendu à l'hôtel-de-ville, la nouvelle d'un massacre de citoyens entrés à la suite de la députation dans une des cours de la Bastille ; tous ces incidens produisaient une explosion nouvelle, et hâtaient la funeste catastrophe. L'attention que le prévôt des marchands demandait pour un projet de catapulte dirigée contre la forteresse, pour celui d'une tranchée que proposait un militaire, fit dire à un des assistans : « Il veut gagner du temps pour nous faire perdre le nôtre. » Et un vieillard s'écria : « Que faisons-nous avec ces traîtres ? courons à la Bastille. » Aussitôt tous les hommes armés sortent, et la salle où se tenait le comité devint déserte. Ce fut un instant de terreur. Le peuple accourt vers cette salle ; il trouve la porte fermée ; il s'écrie qu'on le trahit ; il force la porte, et oblige les membres à venir travailler dans la grande salle, en présence du public. M. de Flesselles y passe comme les autres. Alors le danger ne fut plus pour lui seul; il devint commun à tous les membres du comité, à tous les électeurs. En ce moment arrive une prétendue députation du Palais-Royal, dont l'orateur accuse M. de Flesselles de trahir ses concitoyens depuis vingt-quatre heures en refusant des armes à leur impatience, d'être en correspondance active avec tous les ennemis publics. M. de Flesselles se défend avec présence d'esprit, même avec fermeté. Ses discours faisaient quelque effet, mais autour de lui seulement; et plus loin, les mots de traître, de perfide, se faisaient entendre au milieu des clameurs. La lecture de deux billets surpris, et signés Besenval, adressés l'un au gouverneur, l'autre au major de la Bastille, et dans lesquels on leur promettait du secours, réveilla toutes les craintes, tous les emportemens, toutes les passions. Elles paraissaient au comble, lorsqu'elles devinrent un vrai délire à la nouvelle de la prise de la Bastille, à la vue de ses chefs, à l'arrivée des vainqueurs, des vaincus, des prisonniers, des blessés, des mourans, amis ou ennemis, objets d'amour ou de vengeance. Vengeance! ce dernier cri étouffait tous les autres; et, dans une multitude alors forcenée, l'allégresse même semblait ajouter à la fureur populaire. Ce qui redoublait ces transports, cette rage, c'était la vue de quelques Invalides et des Suisses prisonniers, qu'on accusait d'avoir tiré sur le peuple. Les Invalides surtout, comme

Français, étaient plus odieux. *La mort! la mort!* ce mot faisait retentir et la salle, et les cours, et la place de Grève. Dans ce moment de vengeance, tous les yeux se portaient sur M. de Flesselles, qu'on accusait directement et tout haut. Il sentit qu'il était perdu; et pâle, tremblant, balbutiant : « Puisque je suis suspect, dit-il, à mes concitoyens, il est indispensable que je me retire. » Un des électeurs lui dit qu'il était responsable des malheurs qui allaient arriver par son refus de remettre les clefs du magasin de la ville où étaient ses armes et sur-tout ses canons. Pour toute réponse, il tira les clefs de sa poche et les mit sur la table. La multitude se pressant alors autour du bureau, les uns lui dirent qu'il devait être retenu comme ôtage; d'autres conduit au Châtelet; enfin d'autres crièrent qu'il devait aller au Palais-Royal pour être jugé. Ce dernier mot était un arrêt de mort; et ce fut celui que saisit la fureur publique : *au Palais-Royal! au Palais-Royal!* devint le cri de tous. « Eh bien! messieurs, répondit alors M. de Flesselles d'un air assez tranquille, allons au Palais-Royal. » Il se lève; on l'environne; on le presse; il traverse la salle, entouré d'une escorte irritée d'hommes dont le visage annonçait l'inimitié, la haine, mais qui pourtant ne se permirent aucune violence. Il descend avec eux l'escalier de l'hôtel-de-ville, leur parle de près, s'adresse à chacun d'eux, se justifie, leur dit : « Vous verrez mes raisons; je vous expliquerai tout. » Il tâchait de se faire un appui de ceux qui d'abord l'avaient fait tremblez, et qui alors devenaient son escorte contre la multitude encore plus redoutable. Déjà il était au bas de l'escalier, lorsqu'un jeune homme, un inconnu, s'approche et lui présente son pistolet. *Traître*, dit-il, *tu n'iras pas plus loin!* Le magistrat chancelle, et tombe. La foule se précipite sur son corps, le presse, l'étouffe, le perce, le déchire ; on lui tranche la tête, que l'on porte en triomphe au bout d'une pique, comme celle du gouverneur de la Bastille.

On a prétendu qu'avant de tuer M. de Flesselles, on lui avait présenté une lettre de lui, trouvée dans la poche de M. de Launay, et dans laquelle le prévôt des marchands disait à ce gouverneur : *J'amuse les Parisiens avec des cocardes et des promesses. Tenez bon jusqu'à ce soir, vous aurez du renfort.* Cette anecdote est admise par deux historiens de la révolution qui paraissent avoir porté beaucoup de soin dans leurs recherches ; mais elle est contestée par un écrivain dont l'autorité n'a pas moins de poids, M. Dussault, qui a recueilli avec intérêt les principaux événemens de cette mémorable semaine. «Doutons, doutons, dit-il, jusqu'à ce que cette importante lettre, qu'on cherche en vain depuis six mois, nous ait été produite. » Il est probable qu'elle ne le sera jamais ; mais il ne l'est pas moins que M. de Flesselles ne voulait pas la prise de la Bastille, non plus que M. de Besenval, que peu de temps après un tribunal a renvoyé absous.

SEIZIÈME TABLEAU.

La prise de la Bastille, le 14 juillet 1789.

La prise de la Bastille! ces mots retentissent encore dans tous les cœurs français; ils commencent pour nous les vraies annales de la liberté. Jusqu'alors elle n'était qu'une conception de l'esprit, un vœu, une espérance; on inquiétait, on effrayait le despotisme : c'est ce jour qui fit la révolution; disons plus, la constitution même. Qu'eût-elle été, en effet, sans cette première victoire? Est-ce sous les canons de la Bastille ministérielle que les représentans du peuple eussent promulgué la déclaration des droits de l'homme? Ne les avait-on pas vus, quelques semaines auparavant, menacés des vengeances du despotisme pour avoir réclamé les droits du peuple contre les prétentions des ordres privilégiés? Bien plus : tandis qu'on attaquait, qu'on prenait cette forteresse, même deux jours après qu'on l'eut prise, ne se trouvaient-ils pas encore assiégés, entourés de canons, et exposés à des périls toujours renaissans? Mais la Bastille est conquise, tout change. Les ennemis du peuple frémissent en vain. Ils voient dicter, composer auprès d'eux, au milieu d'eux, cette déclaration des droits, éternel effroi des tyrans ; et pendant ces nobles travaux, le peuple s'empresse à démolir de ses mains l'odieuse forteresse. Il mesure, d'un œil brillant de joie, la décroissance de ses bastions. Il croit saper, miner, démanteler en quelque sorte le despotisme. Il hâte l'instant de voir s'écrouler, avec l'orgueil de ses tours, l'orgueil et les espérances de ses oppresseurs. Tout tombe, et bientôt arrive l'heureux jour où il offre à ses représentans, pour salaire de leurs travaux, cette grande charte de la nature, ces mêmes droits de l'homme empreints sur la pierre souterraine enfouie dans les fondemens de l'horrible édifice, où, pendant quatre siècles, l'humanité avait reçu de si sanglans et si inconcevables outrages.

Rassemblons, en présentant l'aspect de cette forteresse, les principales circonstances de sa conquête.

Dans une vaste enceinte, entourée d'un fossé large et profond, s'élevaient huit tours rondes dont les murs avaient six pieds d'épaisseur, unies par des massifs de maçonnerie encore plus épais. Tel se montrait le château qui fut la Bastille, défendu encore dans l'intérieur par des bastions, des corps-de-gardes, des fossés traversés de ponts-levis qui séparaient différentes cours, dont la première présentait trois pièces de canon chargées à mitraille, et en face de la porte d'entrée. Quinze canons bordaient ses remparts ; et vingt milliers de poudre, introduits depuis deux jours, au moment où tous les Parisiens étaient devenus soldats, devaient servir le feu de son artillerie. Quatre-vingts Suisses ou Invalides formaient sa garnison. Des monceaux de pierres accumulées sur les remparts et sur les bastions devaient les préserver d'un assaut. C'est de là que le gouverneur, détesté du peuple, croyait pouvoir le braver. Mais tous les yeux étaient tournés vers cette forteresse. Dès le matin, ces mots *à la Bastille! à la Bastille!* se répétaient dans tout Paris; et, dès la veille, quelques citoyens avaient tracé contre elle des plans d'attaque. La fureur populaire tint lieu de plan. On aperçoit les canons dirigés contre la ville. Un citoyen seul (1), au nom de son district, vient prier le gouverneur d'épargner cet aspect au peuple. Il lui donne hardiment des conseils qui semblaient une sommation. A sa voix, les canons se détournent; et le peuple applaudit au courageux citoyen qui, du haut des tours, se montre à sa vue. Bientôt une multitude nouvelle vient demander des armes et des munitions. On la reçoit dans la première cour; mais à peine entrée, soit méprise des soldats de l'intérieur, soit perfidie du gouverneur lui-même, un grand nombre de ces malheureux expire sous un feu roulant de mousqueterie. Les cris des mourans retentissent au de-

---

(1) M. Thuriot de la Rosière.

hors., avec ceux d'assassinat, de trahison. La fureur, le désespoir, la rage, saisissent tous les cœurs. Deux hommes intrépides montant sur un corps-de-garde, s'élancent par-delà le pont-levis, en brisent les ferrures et les verroux à coups de hache, sous le feu de l'ennemi. Le peuple accourt en foule. Il inonde cette cour d'où la mousqueterie l'écarte un moment. Cependant une première et bientôt une seconde députation précédées d'un tambour et d'un drapeau blanc, arrivent et sont exposées aux mêmes périls. Une fureur nouvelle saisit le peuple. Les députés veulent le contenir, l'empêcher de courir à une mort inutile. *Inutile !* s'écrie la multitude avec les hurlemens de la rage : *non ; non, nos cadavres serviront à combler les fossés.* Ils les eussent comblés..... Cruels et coupables ministres ! vous qui, dans l'insurrection générale, née de l'excès de tous les maux, ne vouliez voir qu'une vile émeute, une méprisable sédition, ouvrage de quelques factieux, frémissez de ce cri unanime et forcené d'un peuple réduit au désespoir ! Ce cri terrible dépose contre votre imposture et vous a dévoués à l'exécration de tous les âges. L'attaque recommence, le sang coule à pure perte. Les accidens, les méprises, la précipitation multiplient les dangers et les désastres. Enfin, un détachement de grenadiers et une troupe de bourgeois, commandés par un militaire qu'ils avaient nommé leur chef, s'avancent vers le fort, suivis de canons qu'ils disposent avec intelligence. Ils se postent, se distribuent en hommes expérimentés. Des voitures chargées de paille et brûlées au pied des remparts élèvent un nuage de fumée qui dérobe aux assiégés les manœuvres des assiégeans ; tandis que, du haut des maisons voisines, on écarte à coups de fusil les fusiliers placés sur le rempart. Soldats, citoyens, artisans, manœuvres, armés, désarmés, la valeur est la même, la fureur est égale. Des pères voient tuer leurs fils, des petits-fils leurs grands-pères ; des enfans de sept ans ramassent des balles encore brûlantes, qu'ils remettent à des grenadiers. Une jeune fille, en uniforme guerrier, se montre par-tout à côté de son amant. Un homme blessé accourt, s'écrie : *Je me meurs ; mais tenez bon, mes amis ; vous la prendrez.*

Pendant cette attaque, une partie du peuple forçait l'arsenal et l'hôtel de la régie des poudres, et apportait à ses défenseurs des munitions de toute espèce. A chaque cour, à chaque porte, nouveau combat marqué par des actes d'un courage héroïque. Elie, Hulin, Tournai, Arné, Réole, Cholat, vos noms chers à la patrie, immortels par cette journée, survivront à ceux de tant d'autres guerriers, d'ailleurs célèbres, qui n'ont versé leur sang que pour des maîtres, et n'ont servi, dans des combats inutiles, que l'ambition des ministres ou les vaines querelles des rois.

Maître d'un pont par cette dernière attaque si impétueuse et si terrible, les assaillans encouragés et plus furieux amènent trois pièces d'artillerie devant le second pont. Déjà le succès paraît sûr. Launai tremble, et quelques-uns de ses soldats parlent de se rendre. A ce mot, il perd le sens; il saisit une mèche embrâsée, et court aux poudres pour y mettre le feu. Il est repoussé par un des siens. Il sollicite, par grâce, un baril de poudre pour se faire sauter. La garnison présente le drapeau blanc, demande à capituler. *Non*, est le cri général. Un papier sort d'un créneau, en dehors de la forteresse. Un bourgeois intrépide s'avance pour le saisir sur une planche chancelante; il tombe dans le fossé. Un autre le remplace; plus heureux, il prend l'écrit, le rapporte, le remet au brave Elie. L'écrit portait: *Nous avons vingt milliers de poudre; nous ferons sauter la garnison et tout le quartier, si vous n'acceptez la capitulation.* — *Nous l'acceptons, foi d'officier*, dit Elie! *baissez vos ponts.* Les ponts se baissent. La foule accourt. Que voit-elle? Les Invalides à gauche, les Suisses à droite, déposant leurs armes, et de leurs cris applaudissant aux vainqueurs. Launai est saisi et conduit à l'hôtel-de-ville, où il ne devait pas arriver.

Cependant la multitude se précipite, et couvre toute l'enceinte de la forteresse; on monte dans les appartemens, sur les plates-formes, contre lesquelles se dirigeait toujours le feu de ceux qui, placés trop loin, ignoraient la capitulation; les assaillans tuent, sans le savoir, leurs amis et leurs défenseurs. Le courageux Arné, bravant une mort presque certaine, s'avance sur le parapet, son bonnet de grenadier sur sa pique, et fait cesser le désastre. La joie redouble, la foule augmente, on accourt des rues voisines. On force les prisons, les cachots; on pénètre, on s'enfonce dans tous les souterrains. On se remplit avec délices de la terreur qu'ils inspirent; on délivre les prisonniers qui croyaient que ce tumulte leur annonçait la mort, et qu'on étonne en les embrassant; on brise leurs chaînes; on les conduit vers la lumière, que quelques-uns, vieillis dans les cachots, avaient oubliée, et que leurs yeux ne peuvent soutenir; on admire la pesanteur de leurs fers qu'on brise, qu'on arrache, que bientôt on porte autour d'eux, autour des brancards sur lesquels on promène ces infortunés dans les places publiques, dans les jardins; on étale aux yeux d'une multitude étonnée ces instrumens de gêne, des corselets de fer et autres moyens de torture, recherches d'une barbarie inventive. Les débris enlevés sous ces voûtes ténébreuses, verroux, ferremens, tout ce qu'un premier effort peut arracher, devient un trophée dans les mains qui l'ont saisi. Les clefs des cachots, portées à l'hôtel-de-ville pour preuve de cette heureuse victoire, passent de mains en mains dans celles d'un électeur connu pour avoir habité cet exécrable donjon. Ces souvenirs, ces contrastes, redoublent l'allégresse publique, bientôt accrue par l'arrivée des vainqueurs et des drapeaux des Invalides et des Suisses, soustraits à la première fureur du peuple, et maintenant protégés contre lui par ceux qui les ont vaincus. Quel burin, quel pinceau pourrait seulement retracer l'esquisse des tableaux mobiles et variés que présentaient alors les salles immenses de l'hôtel-de-ville, les escaliers, la place de Grève, ces armes ensanglantées, ces banderoles flottantes, ces couleurs nationales, ces trophées bizarres et imposans d'une victoire inattendue, les couronnes triomphales et civiques décernées par l'enthousiasme universel, le passage des passions féroces aux passions généreuses, des mouvemens terribles au plus doux attendrissement, dont le mélange inouï, dont l'expression sublime reportait l'âme et reculait l'imagination jusques dans les temps héroïques (1)?

L'histoire a déjà consacré des actes de vertu, des traits de magnanimité et de grandeur qui adoucissent le souvenir pénible des vengeances du peuple. Il versa du sang, il est vrai ; mais le sien venait de couler. La Bastille existe encore. Les morts, les mourans, l'environnent. Les pa-

---

(1) C'est le sentiment qu'éprouva M. Dussault, et qu'il exprime en ces propres termes, que nous avons cru devoir consacrer.

rens ; les amis, transportent les blessés dans les maisons voisines, dans les hospices que la piété consacra à l'humanité. Un d'eux, en expirant, demande : *Est-elle prise ?* Oui, lui dit-on. Il lève au ciel des yeux pleins de joie ; et rend le dernier soupir. Une mère cherche son fils parmi des cadavres défigurés. On s'étonne d'une curiosité qui paraît barbare. *Puis-je le chercher*, dit-elle, *dans une place plus glorieuse ?* La liberté parlat-elle un plus beau langage dans les pays qu'elle avait le plus long-temps illustrés ?

Telle fut cette journée célèbre, présage heureux des événemens qui la suivirent. Mais au milieu de ces événemens si multipliés, si importans, si rapides, la Bastille occupait encore tous les esprits ; l'ivresse publique se prolongeait par la découverte des mystères affreux recélés dans son sein. C'est là que la tyrannie avait enfoui ses archives, le récit détaillé de ses propres forfaits, les dépositions de ses émissaires et de ses délateurs, la liste de ses victimes, les preuves irrécusables de la barbarie de ses ministres, tracées de leurs propres mains. Ces vils écrits, ces odieux registres, livrés au pillage, circulent dans Paris et de là dans tout l'empire, comme pour rehausser aux yeux des Français, honteux de leur longue patience, le prix de leur nouvelle conquête et de la liberté qui en est la récompense. Bientôt tous les arts s'empressent de célébrer l'une et l'autre. Chacun d'eux reproduit, sous les formes qui lui sont propres, ce glorieux événement. Les théâtres, les jeux publics, en retracent les principales circonstances. Les vainqueurs de la Bastille assistent à leur propre éloge prononcé dans le sénat de la nation, dans les temples de la capitale. La patrie adopte ceux qui ont échappé au feu des assiégés, les blessés, les veuves et les enfans des morts. Ainsi l'enthousiasme se soutient et se perpétue. Les étrangers le partagent. Il s'étend au-delà des mers. Ce grand jour est une fête pour l'Europe, ou plutôt pour le monde entier, dont toutes les contrées ont fourni à ce labyrinthe, à ces cachots, des victimes de tout rang, des deux sexes, de tous les âges (1). Le 14 juillet a vengé tous les peuples. Ils applaudissent à la destruction de cet odieux château, tandis qu'une de ses clefs envoyée dans un autre hémisphère à l'un des auteurs de l'indépendance américaine, lui apprend que les Français n'ont pas inutilement servi sous ses yeux la cause de la liberté.

---

(1) La Bastille a renfermé, à la même époque, un enfant de six ans et un vieillard de cent onze. On y a vu même un Chinois, que les jésuites y avaient fait mettre en 1719.

DIX-SEPTIÈME TABLEAU.

La mort de M. de Launay, gouverneur de la Bastille.

En présentant à nos lecteurs, dans le précédent tableau, le choix des principales circonstances qui accompagnèrent la prise de la Bastille, nous avons dû en écarter plusieurs, qui, sans être dénuées d'intérêt, eussent diminué l'impression des sentimens ou des idées que faisait naître cet événement mémorable. Parmi les incidens, sinon tout-à-fait oubliés, au moins rappelés faiblement, est la mort du gouverneur, de ce Launay devenu, en un jour, si célèbre. Sa conduite pendant le siége, et même quelques jours auparavant, semble avoir participé de cet aveuglement fatal, commun dans ce moment à presque tous les agens du pouvoir arbitraire. Quoiqu'il eût pris pour la défense de sa forteresse les précautions d'une prudence ordinaire, il avait négligé de s'approvisionner de vivres, au point que le danger d'une disette instante et inévitable, si le siège eût duré jusqu'au lendemain, fut un des motifs que les officiers de sa garnison lui présentèrent pour le déterminer à se rendre; négligence plus impardonnable que celle d'avoir oublié de se pourvoir d'un drapeau blanc, pour arborer le signe de la capitulation (1) : mais toutes les deux partaient de la même cause. Launay supposait, comme les ministres, que quelques décharges d'artillerie feraient trembler la capitale, et que l'approche de l'armée établirait une communication facile entre la ville et la citadelle.

On est étonné de ne lui voir jouer presque aucun rôle, dans la défense de sa place, pendant la journée du 14. Il semblait que la terreur l'eût saisi et eût enchaîné tous ses sens. On le voit, dans la matinée, accueillir différentes députations populaires, les assurer de ses bonnes intentions et donner même des ôtages au peuple pour sa sûreté. Bientôt après, on lui arrache l'ordre de faire tirer sur les Invalides par les Suisses, en cas que les premiers refusent d'obéir. Il paraît qu'il céda aux intigations d'un officier suisse, nommé Laflue, comme il avait cédé, en sens contraire, à M. de Losme-Solbrai, qui l'engagea à recevoir, dans l'intérieur du gouvernement, M. Thuriot de la Rosière (2), à qui cette faveur avait d'abord été refusée. Launay répond avec une douceur craintive au député qui lui parle d'un ton voisin de la menace ; et, quelque temps après, une multitude de citoyens sans armes, sans intentions

---

(1) On y suppléa par quelques mouchoirs blancs attachés ensemble.

(2) Député de son district.

hostiles, accueillis par lui-même, et entrés dans la première cour dont il a fait baisser le pont-levis, sont accablés de plusieurs décharges de mousqueterie et d'artillerie, tandis que le pont-levis se relève pour dérober tout moyen de fuite à ces infortunés. Cruauté si basse, si absurde et si gratuite, qu'après les premiers mouvemens de fureur et d'indignation qu'elle excita, on a soupçonné qu'elle pouvait être l'effet de quelque ordre mal donné ou mal entendu, de quelque méprise fatale, plutôt que d'une perfidie préméditée.

Quoiqu'il en soit, ce fut cette horreur qui dévoua à la mort le malheureux Launay, en remplissant les cœurs de cette rage soudaine et soutenue qui triompha des efforts et de tous les obstacles. C'est en contemplant cette fureur, qu'il donna les marques d'une terreur profonde. Toute présence d'esprit l'abandonna. Il eût pu opposer à la prise du premier pont une résistance plus vigoureuse, en plaçant dans la cour un grand nombre de pièces d'artillerie. Cette manœuvre eût fait couler des flots de sang; mais, dans le délire forcené des combattans, la Bastille n'en eût pas moins été prise. L'inadvertance de Launay (car ce n'est point à son humanité qu'il faut faire honneur de cet oubli) prévint les horreurs d'un massacre inutile. Après avoir vu forcer tous les ponts et tous les postes, il se réfugia dans l'intérieur de ses énormes bastions, et n'eut plus d'autre idée que d'attendre les secours promis par M. de Besenval, ou, s'ils tardaient trop, de se faire sauter en l'air, et d'écraser, disait-il, ses ennemis sous les débris de la Bastille. Deux fois il fut repoussé, au moment où il allait mettre le feu au magasin des poudres.

Cependant le peuple victorieux remplit la forteresse. La fureur des uns, le courage des autres, cherchent l'odieux gouverneur. Ce ne fut pas sans peine qu'on le découvrit; sans épée, sans uniforme, un habit ordinaire le dérobait à des yeux qui ne le connaissaient pas. Plusieurs se disputent l'honneur de l'avoir arrêté. Il veut se percer le sein d'une lame à dard que le grenadier Arné lui arrache. Bientôt les braves Elie, Hulin, l'Épine, Legris, Morin, le saisissent, l'entourent, et deviennent ses défenseurs contre la fureur générale. Quelques-uns sont même maltraités et blessés; en couvrant de leurs corps leur prisonnier, ils ne pouvaient le protéger qu'à demi. On lui arrachait les cheveux; on dirigeait des épées contre lui. Il conjurait ses défenseurs de ne pas l'abandonner jusqu'à l'hôtel-de-ville. Il réclamait les promesses de MM. Elie et Hulin, ses vainqueurs, et maintenant ses appuis. Ces deux hommes généreux, épuisés de cette lutte inégale contre l'impétuosité populaire, écartés malgré leur force et leur vigueur, et comme emportés par le flot de la multitude loin du malheureux Launay, perdent le prix de leurs efforts. Obligés de s'éloigner un instant, ils voient ce misérable, à qui une rage subite aux approches de la mort inspire un courage forcené, se défendre contre tous, tomber foulé aux pieds de la multitude, et le moment après sa tête hideuse et sanglante s'élever en l'air au milieu des cris d'une allégresse féroce et encore mal assouvie. Cet horrible trophée fut bientôt suivi de plusieurs autres de la même espèce; des officiers de la garnison de la Bastille, dénoncés par leur uniforme, eurent le même sort. Quelques-uns cependant ne méritaient d'autre reproche que celui d'avoir servi le despotisme dans un emploi trop indigne de leur courage. Plusieurs citoyens employés à la Bastille donnèrent alors des preuves d'un patriotisme aussi éclairé que courageux. Tel est M. Vielh de Varennes, ancien ingénieur des ponts et chaussées, qui, au péril de sa vie, blessé dangereusement, parvint à sauver M. Clouet, régisseur des poudres. Un individu moins heureux emporta les regrets de tous ceux qui l'avaient connu. C'était l'honnête Losme-Solbrai, celui qui, le matin même, avait engagé le gouverneur à recevoir M. de la Rosière dans l'intérieur de la Bastille. Il était, depuis vingt ans, l'ami, le consolateur des prisonniers ; sa douceur, sa générosité, égalaient la dureté et l'avarice de Launay. Pourquoi faut-il que le hasard singulier, qui, dans ce moment, vint dénoncer ses vertus, n'ait pas eu l'effet qu'il devait produire, et ne soit pas devenu la sauve-garde de ce vénérable militaire ? Déjà entouré d'une multitude que la vue de son uniforme rendait furieuse, il allait être déchiré par elle, lorsqu'un jeune homme pénétré de douleur, d'attendrissement et de désespoir, se précipite dans la foule, s'élance vers lui, l'embrasse, l'appelle son père, son ami, son bienfaiteur, se nomme (1), conjure le peuple d'épargner un respectable mortel, l'ami de tous les malheureux ; il raconte son histoire : long-temps prisonnier à la Bastille, il doit à M. Losme plus que la vie ; il mourra pour le défendre ; il le serre de nouveau entre ses bras, en le baignant de ses larmes. Déjà quelques-uns s'attendrissent ; mais d'autres s'écrient que c'est un mensonge, qu'on veut par une fable leur enlever leur victime. Les cris couvrent ses cris ; la fureur populaire redouble ; lui-même est frappé, meurtri de plusieurs coups. On l'arrache avec violence à celui qu'il croit soustraire au péril. Le digne militaire, touché de cette générosité, qui adoucit pour lui les horreurs de la mort, lui dit, les larmes aux yeux : « Que faites-vous, jeune homme ? retirez-vous ; vous allez vous sacrifier sans me sauver. » A ces mots, devenu encore plus intrépide, parce que sa tendresse et sa douleur sont accrues, M. de Pelleport s'écrie : « Je le défendrai envers et contre tous. » Et oubliant qu'il est sans armes, il écarte la foule avec ses mains, secondé d'un de ses amis qui l'accompagnait. Ce

---

(1) Son nom était le marquis de Pelleport.

mouvement violent étonne, irrite la multitude qu'il devait attendrir; mais qui, bouillante encore au sortir de la Bastille, ne respirait que la vengeance. Un homme féroce frappe M. de Pelleport d'un coup de hache sur le cou, le blesse, et allait redoubler lorsqu'il est renversé lui-même par l'ami qui accompagnait M. de Pelleport. Aussitôt, assailli de tous côtés, il se trouve entouré de sabres, fusils, baïonnettes dirigés contre lui; il en saisit une, et, avec une agilité, une force et un courage qu'il reçoit de son désespoir, il écarte la foule, se fait jour à travers, court vers l'hôtel-de-ville, et tombe sur les marches sans connaissance, tandis que la tête de son respectable bienfaiteur de Losme est promenée en triomphe avec celle de Launay.

Quelques regrets qu'ait excités cette mort parmi ceux qui connurent trop tard celui qui l'avait si peu méritée, une autre mort non moins funeste excita une douleur plus profonde, plus durable, proportionnée à la reconnaissance due à l'infortuné, victime d'une fatale méprise. La capitale, et même la patrie, dont la destinée était liée alors à celle de la capitale, placeront toujours, parmi les désastres les plus affligeans de cette journée, la mort déplorable d'un bas-officier nommé Becar, qui sauva Paris de la plus horrible des calamités. C'était lui qui, se trouvant de garde à la porte du magasin à poudre, et voyant arriver le gouverneur avec des mèches allumées, dans le dessein de se faire sauter, le poussa avec violence, le menaçant même de le percer de sa baïonnette s'il s'obtinait dans cet abominable dessein. On sut dès le soir même (car l'intérêt qu'inspira sa mort fit rechercher sa conduite, et ce que l'on apprit augmenta les regrets que causa sa perte), on sut qu'il avait souhaité de prévenir, de la part du gouverneur, toute mesure hostile, qu'il avait donné des conseils pacifiques, formé les vœux d'un citoyen, enfin qu'il s'était constamment abstenu, pendant le siége et le combat, de tirer un seul coup de fusil. Tel était celui dont la tête, quelques heures après, était portée au bout d'une pique, ainsi que celle du nommé Asselin, innocent comme lui, mais qui, comme lui, n'avait pas rendu le plus signalé de tous les services. Une fausse ressemblance dans les uniformes, trompant la multitude, les avait fait prendre l'un et l'autre pour des canonniers de la Bastille. C'était le plus grand des crimes aux yeux du peuple qui avait vu, depuis plusieurs jours, ces instrumens de carnage tournés contre lui, et qui, ce jour même, venait d'être écrasé sous plusieurs détonations d'artillerie. Il immola donc ces deux infortunés; mais il pleura sa méprise quand il la connut; et depuis on vit quelques-uns de ces meurtriers verser des larmes d'attendrissement, et même donner des signes de désespoir, lorsque, mieux instruits, ils venaient à se rappeler qu'ils avaient tenu entre leurs mains et présenté avec joie aux regards des passans la main qu'ils avaient coupée comme celle d'un ennemi public.

Par malheur, ce ne fut pas la seule méprise de cette extraordinaire journée. Certes, toute âme généreuse s'applaudira d'avoir vu les Suisses, en garnison à la Bastille, échapper par un hasard heureux à la punition que leur eût infligée la vengeance publique, si l'on eût su qu'eux seuls avaient fait couler tout le sang répandu autour de cette forteresse : mais on voudrait que des soldats français, des Invalides, bien moins coupables, n'eussent pas porté la peine de cette odieuse méprise. O vous! stipendiaires étrangers, que le peuple français a crus ses amis, parce que vos maîtres ont trafiqué avec le sien de votre sang et de votre obéissance alors tournée contre la nation qui vous payait, cette nation généreuse ne reproche qu'à l'ignorance de vos soldats la conduite sanguinaire qu'ils tinrent dans cette occasion; elle est l'ouvrage des officiers qui les trompent et qui les oppriment. Mais cet aveuglement cessera : frappés de la lumière que portera dans vos yeux la révolution française, vous apprendrez à juger ceux qui vous commandent, ceux qui vous gouvernent, et ceux qui vous ordonnaient de tirer sur le *peuple*. Vous vous direz à vous-mêmes : Il est bon, il est généreux, ce *peuple*, qui, un moment, crut impossible que nous eussions tiré sur lui, et qui, bientôt après, mieux instruit de notre conduite, nous pardonna; c'est de son sein qu'étaient sortis le magnanime Elie, ces braves gardes-françaises, qui, au milieu des applaudissemens, des transports de joie, des couronnes civiques accumulées sur leurs têtes, entourés de trophées érigés subitement autour d'eux par la reconnaissance publique, nous voyant, dans cette salle de l'hôtel-de-ville, désarmés, pâles, attendant la mort comme des coupables convaincus, éprouvèrent pour nous une compassion héroïque, intercédèrent en notre faveur, ne demandèrent pour prix de leurs exploits que la grace de leurs frères d'armes, et, en entendant ce cri unanime *grâce, grâce*, sortir à la fois de toutes les bouches, nous embrassèrent avec des transports d'allégresse et la joie d'une seconde victoire. Voilà, *peuple* helvétien (et par *peuple*, je n'entends pas les magistrats des treize cantons, mais les citoyens qui les paient pour en être gouvernés), voilà les souvenirs nobles et chers qui vous donneront des remords d'avoir tiré sur le *peuple* français ; car alors, libres vous-mêmes, vous donnerez à ce mot le sens qui lui appartient, et qui ne vous est pas encore connu.

DIX-HUITIÈME TABLEAU.

Nuit du 14 au 15 juillet 1789.

LA nouvelle de la Bastille prise avait répandu dans Paris une allégresse universelle ; mais cette joie était combattue par l'idée de tous les périls qui menaçaient cette capitale ; périls que la prise même de cette forteresse pouvait rendre plus instans, en poussant les ministres et les généraux à presser le moment de l'attaque. Les troupes qui environnaient la ville, continuaient de garder leurs différens postes. Deux fois l'assemblée nationale avait sollicité l'éloignement de ces troupes ; et ces deux demandes n'avaient obtenu qu'un refus positif, suivi bientôt d'une réponse équivoque et dilatoire. La cour restait environnée d'illusions et de mensonges. Croirait-on que l'intendant de Paris (Berthier), peu de jours après victime de la vengeance populaire, interrogé par le roi, le soir même du 14 juillet, sur l'état de la capitale, répondit que tout était calme ? Ainsi Louis XVI, dans Versailles, était aussi étranger à la vérité sur ce qui se passait dans le sein de son royaume, à quatre lieues de lui, que peut l'être le roi d'Espagne dans Madrid sur les événemens qui arrivent au Mexique, au Chili et aux Philippines, soumis à sa domination. Une haie de courtisans et de flatteurs mettait entre son peuple et lui un obstacle égal à celui qu'élèvent, entre un autre Bourbon et ses sujets d'Amérique ou d'Asie, la mer Atlantique, celle du Sud, et l'intervalle de cinq mille lieues. Et c'est là ce qu'on appelle régner ! C'est là ce qui constitue la majesté du trône, de ce trône dont les esclaves de cour, qui, à la honte du genre humain, furent nommés *des grands*, se disent les

appuis et les défenseurs ! Et ces mêmes hommes, qui insultaient ainsi à leur monarque par cette absurde détention, qui l'emprisonnaient pour dicter en son nom des ordres funestes à tout un peuple, et exposaient ainsi à des dangers incalculables la personne de celui qu'ils appelaient leur maître, ces mêmes hommes ont depuis fait retentir la France et l'Europe de ces mots : « *Le roi est prisonnier dans Paris!* » « Oui, aurait pu ré-
» pondre l'assemblée nationale, par la bouche
» d'un de ses orateurs ; le roi est retenu dans sa
» capitale, ou si le mot vous plaît davantage, il
» est prisonnier de son peuple, pour n'être plus
» prisonnier des ennemis de la nation, qu'au nom
» du roi vous avez voulu perdre et enchaîner. Il
» est prisonnier, pour être soustrait aux perfides
« conseils qui, en compromettant son trône et sa
» sûreté, l'enfermaient dans une enceinte plus
» étroite et plus digne de ce nom de prison. En un
» mot, il est prisonnier d'un peuple qui veut un
» roi. Et quand nous l'arrachons aux mains de ces
» nobles qui, sous le nom de roi, voulaient un
» esclave couronné, oppresseur de sa nation, nous
» sommes les libérateurs du monarque. » Voilà comment l'assemblée nationale pouvait et devait peut-être répliquer à ses ennemis, après que le peuple eut conquis son roi, pour rappeler l'heureuse expression de M. Bailly, premier maire de Paris. Mais, à cette époque du 14 juillet, elle attendait avec une impatience mêlée de crainte ce

qu'il plairait aux ministres d'ordonner d'elle, entourée cependant de canons et de baïonnettes.

La postérité n'oubliera point cette soirée mémorable, où, même après la prise de la Bastille, encore ignorée à Versailles, les députés d'une grande nation parlaient en supplians au despotisme déjà vaincu et presque désarmé. Mais du moins ces supplians s'exprimaient en hommes près d'être libres et dignes de le devenir. Les harangues des orateurs, sur la nécessité d'une nouvelle députation, portaient le caractère d'une éloquence fière et hardie, peu connue en France dans une assemblée d'états-généraux. Que faisaient cependant les ennemis de l'assemblée ou plutôt de la nation? Ils méditaient des violences forcenées; ils s'occupaient des préparatifs du crime nouveau dont ils allaient enrichir l'histoire des cours. C'est ce que le premier orateur de l'assemblée (1) exprimait énergiquement le lendemain, en rassemblant les traits du tableau que la députation devait offrir au roi.

« Dites-lui, s'écriait-il, que les hordes étrangères
» dont nous sommes investis, ont reçu hier la vi-
» site des princes, des princesses, des favoris, des
» favorites, et leurs caresses, et leurs exhortations,
» et leurs présens : dites-lui que tous les satellites
» étrangers, gorgés d'or et de vin, ont prédit,
» dans leurs chants impies, l'asservissement de la

---

(1) Mirabeau.

» France, et que leurs vœux brutaux invoquaient
» la destruction de l'assemblée nationale : dites-lui
» que, dans son palais même, les courtisans ont
» mêlé leurs danses au son de cette musique bar-
» bare, et qu'elle fut l'avant-scène de la Saint-
» Barthélemi. »

Telle était à Versailles la perplexité de l'assemblée nationale; et cette horrible situation, connue à Paris, ajoutait aux terreurs et aux mouvemens d'indignation qui agitaient la capitale. Cette nuit présenta le même spectacle qu'avait offert la nuit précédente; pavés arrachés des rues et transportés au haut des maisons; fossés profonds; larges tranchées ouvertes en divers lieux menacés; canons conduits par le peuple en différens postes, aux barrières, et particulièrement à celle de Saint-Denis; enfin tout l'ensemble d'un tableau dont nous avons déjà rassemblé les principaux traits. Il suffit d'ajouter que chaque instant accroissait les moyens de défense. Les bataillons, les compagnies se multipliaient. La permission d'en former de nouvelles se donnait à qui venait en demander; et quelques bourgeois y réussirent, sans montrer d'autre autorisation que la signature d'un électeur ou d'un membre du comité. Un particulier s'était, dès le soir même, fait nommer gouverneur de la Bastille; et, sur un ordre de M. de la Salle, alors commandant de la garde parisienne, il s'y était rendu à la tête de cent bourgeois armés, qui se joignirent à cent cinquante gardes-françaises pour empêcher qu'on ne reprît cette forteresse. Ce fut encore dans cette même nuit que les grenadiers du régiment des gardes-françaises vinrent déclarer à l'hôtel-de-ville qu'ils ne voulaient plus retourner à leurs casernes, dans la crainte d'être exposés à de mauvais traitemens et à tous les pièges que leur tendraient la malveillance et même la fureur de leurs officiers. On peut juger s'ils furent bien reçus. On expédia à différens couvens de Paris l'ordre de les loger et de les nourrir jusqu'à nouvel ordre.

Il est peu d'hommes, alors habitant Paris ou s'y trouvant par hasard, qui, se rappelant cette soirée et cette nuit du 14 au 15, ne se souvienne de quelque acte de patriotisme, de quelque trait de courage et de vertu, et qui n'ait à citer un nombre infini de ces mots touchans ou énergiques qui partent de l'âme et qui saisissent ceux qui les entendent. On eût dit que tous les Français sentissent à la fois que, de ce jour seulement, ils avaient une patrie ; et, de l'enthousiasme soudain qu'inspirait cette idée, s'échappaient en même temps les sentimens les plus élevés, comme autant de sources nouvelles qui se font jour et jaillissent au même instant. L'égoïsme semblait anéanti ; et l'intérêt du salut particulier se manifestait par les signes d'un intérêt plus noble, la conservation de tous.

Parmi ces traits, dont on pourrait rapporter un grand nombre, nous n'en citerons qu'un seul des plus remarquables.

Un jeune homme, M. Mandar, occupé toute la matinée de différentes fonctions publiques et volontaires, comme tous les citoyens, apprit, en se transportant aux Invalides, que la Bastille était prise. Désespéré de n'avoir pas eu part à l'honneur de ce succès, il lui vint à l'esprit de se consoler en rendant à ses concitoyens un service essentiel. Il n'avait pu vaincre avec eux, il voulait tirer parti de leur victoire et du premier effet que produirait sur les troupes postées au Champ-de-Mars la nouvelle de la prise de la Bastille. Il communique à ses compagnons la démarche qu'il médite. Quelques-uns la trouvent impraticable, d'autres inutile ; tous la croient dangereuse pour lui, et s'efforcent de l'en détourner. Mais il est inébranlable dans sa résolution.

Cet enthousiasme, commun depuis quelques jours au plus grand nombre des habitans de Paris, exaltait, dans une âme naturellement ferme et intrépide, les idées de liberté et d'indépendance, que la culture des lettres (1) et la lecture des écrivains de l'antiquité rendent presque indestructible dans les hommes nés pour les passions généreuses. Repoussant tout conseil timide de ses compagnons, et même écartant ceux que pouvait lui donner sa propre faiblesse déguisée

---

(1) M. Mandar est le traducteur de l'excellent livre de Needham intitulé : *De la Souveraineté du peuple, et de l'excellence d'un État libre*.

en prudence, il se sépare de sa troupe et marche vers l'École militaire, où le général était logé. De-là il s'avance au camp du Champ-de-Mars, où le chef se trouve en ce moment : il pénètre jusqu'à lui ; il lui dit que la Bastille est conquise ; que M. de Launay vient de périr *de la mort des traîtres*. Il ajoute : « Et c'est ainsi que nous traiterons les agens du pouvoir absolu. » On conçoit quelle fut la surprise du commandant suisse. Besenval était un courtisan faible et corrompu, mais il n'était ni cruel ni barbare. Tranquille et de sang froid, il se contente d'observer que cette nouvelle de la prise de la Bastille était invraisemblable ; que Henri IV, qui avait assiégé cette forteresse, n'avait pu s'en emparer. Le jeune homme, que l'incrédulité du général échauffe sans l'étonner, atteste la vérité de ses récits ; et, pour garant, offre sa tête. « Je vous observe, ajoute-t-il, que je suis ici dans un camp : vous seul y commandez ; je ne puis en sortir que de votre consentement. Que je perde la liberté et la vie, si ce que je dis n'est pas vrai. » Le vieux officier, ne pouvant guère alors conserver de doute sur la vérité des faits, se contenta de marquer sa surprise, tant sur les faits eux-mêmes que sur la hardiesse du projet de venir les lui apprendre, et d'avoir pu réussir à parvenir jusqu'à lui ; et, mêlant au flegme de son caractère et de son âge une sorte d'intérêt et même d'émotion, il dit à M. Mandar : « Retournez vers vos concitoyens, et dites-leur que je ne sers point contre eux. Je ne tirerai point l'épée contre les Parisiens : je suis ici pour donner du secours à la ville, dans le cas où elle en aurait besoin contre les brigands. » Le jeune homme, frappé de cette apparente émotion du général, et persévérant dans l'espérance de l'engager à la retraite, lui dit que la seule manière de secourir Paris, c'est d'en éloigner les troupes, dont le voisinage y redouble les périls et les alarmes; que la retraite du général peut seule prévenir l'effusion du sang humain et le carnage dont le Champ-de-Mars va être infailliblement le théâtre. Le général répond qu'il va prendre les ordres de la cour. « Ne prenez, monsieur, lui réplique-t-il, ne prenez l'ordre que de vous-même, de votre amour pour la paix, si vous ne voulez répandre à pure perte, dans cette même place, le sang de vos concitoyens, prêts d'attaquer, au nombre de cent mille hommes, quelques milliers de vos soldats. » Toujours plus surpris, mais plus ému, soit crainte, soit humanité, le général promit de ne point venir à Paris, d'éviter tout engagement avec les citoyens, et congédia M. Mandar, qui, rassuré sur les dispositions de M. Besenval, se retira plein de joie, et, à peine hors du camp, eut le plaisir d'entendre sonner la retraite.

Cette retraite, bientôt connue des Parisiens, sans qu'ils sussent la principale circonstance qui avait pu, sinon la déterminer, du moins la hâter de quelques heures, diminua les inquiétudes que pouvaient causer les troupes placées dans un poste si voisin. On se porta en plus grand nombre dans les endroits les plus menacés où qu'on croyait l'être. Paris ignorait alors que la consternation était plus grande dans les divers camps qui l'assiégeaient, qu'elle ne l'était dans ses propres murs. Le maréchal de Broglie avait vu et fait entendre qu'il ne pouvait compter sur l'obéissance de ses soldats, et principalement des canonniers; il méditait déjà sa retraite : mais chaque mouvement qu'il faisait faire à différens détachemens de ses troupes, produisait tout l'effet que devaient causer des mouvemens hostiles qu'on n'attribuait pas à la crainte, et qui redoublaient l'agitation générale. La nuit se passa tout entière dans ces alternatives de tumultes convulsifs et de silence inquiet; tandis que l'assemblée nationale, instruite enfin de la prise de la Bastille, continuait sa séance, prolongée jusqu'au lendemain, dans des inquiétudes mortelles, moins sur elle-même que sur le sort d'une grande nation, lié dans ce moment à celui de ses représentans : situation terrible, qui devait durer jusqu'au moment où il plairait aux ministres, aux favoris, de laisser parvenir au roi la vérité qui devait l'éclairer sur ses propres périls, plus encore que sur ceux du peuple français. Elle se fit jour enfin et parvint jusqu'au monarque. Le duc de Liancourt, membre de l'assemblée nationale, usant du droit attaché à sa charge de premier gentilhomme du roi, lui montra, la nuit du 15, à minuit, l'abîme où allaient le pousser ses ministres, en croyant n'y précipiter que la nation. Alors tout changea. Le roi, détrompé, déclara qu'il ne faisait qu'un avec elle : il chargea le duc de Liancourt d'annoncer à l'assemblée qu'il se rendrait à la séance du lendemain : et cette nouvelle, qui d'abord y rétablit le calme, bientôt portée à Paris, y répandit une joie égale aux alarmes qu'elle faisait cesser.

DIX-NEUVIÈME TABLEAU.

Les canons de Paris transportés à Montmartre.

Un des caractères de la révolution, dans cette première et immortelle semaine, c'est d'avoir réuni et rapproché, dans un si court intervalle de temps, et dans l'enceinte de Paris et de Versailles, une telle multitude d'événemens simultanés, qu'après cette époque, et pendant un temps considérable, les acteurs et les spectateurs, également opprimés du poids de tant de souvenirs, retrouvaient avec peine l'ordre et la suite des faits égarés en quelque sorte dans leur mémoire ; tous les événemens semblaient perdus dans la variété des émotions successives dont on avait été comme accablé pendant six jours.

L'agitation de Paris, toujours égale, toujours extrême, se marquait presque d'heure en heure par des symptômes différens. C'est qu'au milieu de tant de dangers, chacun de ces dangers devenant tour-à-tour l'objet dominant de l'attention générale, toutes les passions, tous les caractères se manifestaient successivement sous des formes nouvelles. Paris, dans la soirée où la Bastille fut prise, Paris pendant la nuit suivante, Paris le lendemain matin, offrit un aspect différent; et cependant rien n'était changé pour lui. Menacé par l'armée du maréchal de Broglie, par des soldats étrangers, par les brigands enfermés dans son sein, les dangers qu'il courait au dedans redoublaient ses alarmes sur ceux du dehors. A peine était-il approvisionné pour deux jours : déjà de fausses patrouilles, qu'il était impossible de ne pas confondre avec les véritables, avaient diminué la sécurité des citoyens rassurés d'abord par la vigilance de la milice bourgeoise. Des équivoques inévitables, le mot de l'ordre mal donné ou mal entendu par des bourgeois sans expérience et armés subitement, avaient occasionné des méprises funestes et sanglantes entre des hommes bien intentionnés. Des hussards, des soldats étrangers, déguisés en paysans, attendaient le moment de se revêtir d'habits de gardes-françaises, déjà préparés pour eux; et trente mille bandits armés, redoublant le désordre pour hâter l'instant du pillage, devenaient des ennemis plus formidables que les régimens qui environnaient la capitale.

Le courage, l'activité, l'unanimité inconcevable de tous les citoyens, devint le remède de tous ces maux. Toute idée utile, saisie aussitôt que proposée, s'exécutait sur-le-champ, et s'exécutait bien. Des courriers allaient presser l'arrivée des convois, dont on hâtait la marche à grands frais, et qu'on escortait d'une force armée. Plusieurs citoyens portèrent des sommes considérables à l'hôtel-de-ville, et un grand nombre y adressa les dons du patriotisme. Quelques-uns présentaient aux différens comités des ordres tout dressés pour des objets utiles, pour l'activité de la poste, le paiement de l'impôt, celui des rentes, l'entrée et la sortie des hommes et des choses nécessaires au service public. Les électeurs, les membres des comités, tous ceux qui se trouvèrent alors en place, étaient surpris et confondus de cette ardeur, de cet accord. A la vérité, nombre de hasards, en nourrissant l'inquiétude, entretenaient la vigilance. Ici, l'on saisissait des voitures chargées d'armes cachées sous de la paille; là, l'on arrêtait des femmes d'un rang distingué, déguisées en paysanes; ici, des gens de la cour revêtus de haillons; ailleurs, des laitières emportant de l'or et de l'argent dans des vases à lait. La tentative de délivrer et d'armer les prisonniers de Bicêtre et de la Salpêtrière, ainsi que celle de reprendre la Bastille, tout échoua par l'effet de cette surveillance générale que tout mouvement inquiétait et qui se montrait par-tout. On se distribuait ces soins pénibles et ces emplois fatigans, regardés comme des distinctions et presque des faveurs; et il se forma une compagnie sous le nom de *volontaires de la Bastille*, dont l'unique destination fut de veiller sur cette forteresse jusqu'à son entière démolition, déjà résolue et bientôt décrétée. Des bruits répandus sur des prétendues communications secrètes, ménagées entre cette citadelle et le donjon de Vincennes, engagèrent l'hôtel-de-ville à vérifier cette conjecture. Elle se trouva fausse; et cette recherche ne fit découvrir que de nouveaux cachots fangeux, des chaînes pesantes attachées à des pierres d'une grandeur énorme, seule table, seul lit et seul siége que laissait le despotisme ministériel aux malheureux qu'il plongeait dans ces abîmes.

De tous les prépartifs hostiles dirigés par les ministres contre Paris, ceux qui avaient causé le plus de crainte et d'alarmes, étaient les travaux ordonnés à la butte Montmartre. On y occupait, depuis plusieurs mois, vingt mille ouvriers, sous le prétexte spécieux de délivrer la capitale des dangers dont la menaçaient le désœuvrement et la mendicité de cette multitude. Mais ces dangers subsistaient toujours, puisque ces ouvriers venaient tous les soirs coucher à Paris, que dans la disette des subsistances ils affamaient encore, et qu'ils allarmèrent souvent, même depuis la liberté conquise. Le plus grand nombre se trouvait alors dans l'enceinte de la ville, et plusieurs contribuèrent à lui rendre un service dont le ministère dut leur savoir peu de gré. Mais nous avons vu plus d'une fois que sa destinée était de voir tourner contre lui presque toutes les mesures qu'il avait prises contre les Parisiens. Ils savaient que ces travaux de Montmartre avaient eu pour objet d'y établir plusieurs plates-formes, à différentes hauteurs, disposées à recevoir des canons. Ils résolurent de s'en emparer, d'y établir eux-mêmes des pièces d'artillerie pour protéger Paris, la Bastille, et tenir les ennemis à distance. Ce projet, à peine conçu, est exécuté soudain. Bourgeois, artisans de la capitale, gardes-françaises, soldats déserteurs de tous les régimens, ouvriers de Montmartre, tous se mêlent, se confondent, conduisent, traînent ou poussent les canons sur la butte inégalement escarpée. Chevaux, voitures, instrumens, machines, l'empressement public avait tout fourni ; et en peu d'heures on acheva, sans frais, une entreprise que les agens du ministère n'eussent pu consommer qu'en plusieurs jours et avec des sommes considérables. La vue détaillée de cette butte, l'aspect des plates-formes, et l'ensemble de tous ces travaux combinés avec tant d'autres préparatifs non moins menaçans, parurent aux yeux plus ou moins prévenus des Parisiens, la preuve manifeste de l'horrible complot tramé contre eux. Leurs soupçons devinrent une certitude qu'ils rapportèrent dans la capitale et qui pénétra d'une nouvelle horreur tous leurs concitoyens. L'histoire ne doit lever que par degrés et avec ménagement le voile qui couvre certaines atrocités. Le temps lui prépare des preuves souvent refusées aux contemporains, qu'une incrédulité toujours honnête, mais souvent absurde, engage à repousser le soupçon des forfaits qui n'ont point eu leur exécution. Si le complot plus affreux de la Saint-Barthélemi, tramé entre trois cours pendant plus de dix-huit mois, eût échoué par quelque circonstance imprévue, combien de milliers d'hommes simples et droits, combien d'autres, même sages, éclairés, expérimentés, eussent obtinément refusé de le croire, et en eussent maintenu l'impossibilité par des raisons qui auraient paru presque irréplicables! Il est dû plus de mépris que de haine à des ministres réduits à dire, pour leur justification, qu'en ourdissant de pareilles trames, ils ne voulaient inspirer que de la crainte. L'horreur et l'indignation sont les sentimens qu'ils ont inspirés, qu'ils inspirent, puisqu'ils vivent encore; et elles sont attachées à leur nom pour la durée des siècles.

Les soupçons que firent naître ces travaux de Montmartre, furent tels, qu'on se persuada qu'il existait dans l'abbaye voisine, des vivres, des armes et des munitions pour l'usage des troupes ministérielles qui devaient occuper ce poste. Les Parisiens se portèrent en foule dans le monastère. Leur recherche fut inutile, et ils ne trouvèrent que des recluses occupées à prier Dieu pour le soutien de la religion, c'est-à-dire du clergé ; la gloire du roi, c'est-à-dire le succès des entreprises ministérielles ; et le triomphe de sa fidèle noblesse, c'est-à-dire la perpétuité des priviléges féodaux et l'éternité de l'oppression du peuple. Ce sont là les vœux qui s'élevaient au ciel du fond de ces âmes simples et pures pour la plupart, mais dénaturées par tous les préjugés de la superstition, de l'ignorance et de l'orgueil.

Tandis que la capitale offrait ce spectacle si nouveau d'un ordre naissant au sein du désordre, de la subordination volontaire ou commandée au milieu des ruines de l'insurrection, du vœu presque unanime pour le bien général au milieu de tous les maux, on apprit la nouvelle ou on reçut la confirmation d'un événement qui, sans pouvoir rétablir subitement le calme, fit succéder la joie et l'espérance aux alarmes, aux angoisses, à toutes les passions douloureuses. On sut que, dans la matinée du mercredi 15, le roi, sans autre cortége que celui de ses deux frères, s'était transporté à l'assemblée nationale, qu'il s'était uni aux représentans de son peuple, qu'il avait ordonné le renvoi des troupes, que quelques-uns de ses ministres s'étaient retirés, et qu'on ne doutait point du renvoi ou de la démission des autres. Enfin on ajoutait qu'il se transporterait à Paris dès le lendemain, pour satisfaire à l'empressement du peuple et dissiper ses inquiétudes. Il serait difficile d'exprimer les transports que firent naître ces heureuses nouvelles. Plusieurs députés de l'assemblée nationale prévinrent volontairement la députation que l'assemblée jugea convenable d'envoyer à Paris: honneur dû au civisme héroïque de la capitale. Ils furent reçus avec un enthousiame qui n'eut d'égal que celui qui précipita tous les citoyens au devant de la députation entière. Les applaudissemens, les vœux, les bénédictions, les doux noms de pères, de frères, d'amis, prodigués avec une effusion touchante, suivant les convenances d'âges, de liaisons, de rapports; les fleurs semées sur leurs pas ou jetées du haut des fenêtres; le mélange confus de tous les rangs, de toutes les conditions, de tous les costumes, un certain désordre attendrissant mêlé d'une confiance fraternelle, sont les plus faibles traits de ce tableau, dont ne peuvent se faire l'idée ceux qui ne l'ont pas vu, et qu'il suffit de rappeler à ceux qui en ont joui. On eût dit que l'amour, prévenant le décret qui devait rendre les Français égaux, en avait fait d'avance un peuple de frères. Moment heureux et trop court, qui n'annonçait pas les fureurs auxquelles devait bientôt se porter une partie des Français, quand la loi leur ferait un devoir de cette égalité, seule base inébranlable de la société et de la vraie morale parmi les hommes!.

C'est à l'hôtel-de-ville que cette allégresse, d'ailleurs si universelle, se manifestait par les signes les plus éclatans. Elle s'accroissait par les discours des députés les plus éloquens, par les récits de ce qui s'était passé le matin à Versailles, par l'échange et la communication des sentimens les plus vifs, les plus nobles et les plus doux, en présence d'un peuple occupé de ces événemens d'où dépendait sa destinée. C'est là que, par une acclamation générale, M. de la Fayette fut nommé commandant de la milice bourgeoise, bientôt après appelée garde nationale parisienne.

C'est au milieu de cette même assemblée qu'un simple citoyen, M. Bailly, député de Paris à l'assemblée nationale, et qui avait présidé le tiers-état au moment de la réunion des ordres, fut proclamé prévôt des marchands, la multitude ne connaissant point d'autre dénomination pour désigner le magistrat qui préside à la municipalité. Mais ce mot rappelant des idées que l'esprit de la révolution repoussait avec force, il ne fallut que la voix d'un seul citoyen pour faire susbtituer à ce titre un titre convenable: *Point de Prévôt des Marchands*, s'écria-t-il ; *Maire de Paris!* et ce mot retentit dans toute la salle. Des refus modestes, mêlés à l'expression de la reconnaissance la plus vive et de la sensibilité la plus profonde, furent presque la seule réponse du nouveau maire, dont les larmes et les sanglots étouffèrent la voix. La sensibilité publique plus forte que la sienne, le vœu général, les instances de tous les citoyens, triomphèrent de sa résistance. C'est ainsi que, dès le lendemain de la prise de la Bastille, le peuple de Paris entrait en jouissance de sa portion de la souveraineté nationale, et s'enivrait du plaisir de voir la force civile et militaire de la capitale confiée à des citoyens nommés par son choix. L'archevêque de Paris lui-même, qui depuis a manifesté des sentimens beaucoup moins favorables à la souveraineté nationale, emporté alors par le torrent de l'émotion publique, se leva le premier et proposa d'aller à Notre-Dame remercier Dieu, et chanter un *Te Deum* en reconnaissance des bienfaits du ciel versés sur la nation dans cette journée. Cette proposition fut reçue avec transport ; et une couronne civique déposée sur sa tête, malgré tous ses efforts, lui attesta la joie que ressentait le peuple de trouver un citoyen dans un prêtre. La multitude répandue dans les escaliers, dans les cours, dans la place, instruite de moment en moment de ce qui se passait à l'hôtel-de-ville, applaudissait avec un enthousiasme toujours nouveau. C'est à travers cette foule que l'archevêque, le nouveau maire, le commandant général de la milice parisienne, les électeurs, se firent jour pour aller à la cathédrale avec un cortège difficile à décrire. Le hasard l'avait formé ; tous les costumes y étaient comme en contraste, mais le sentiment mettait tout en accord, et formait un tableau que n'offrit jamais la pompe du cérémonial le plus auguste et le plus imposant.

VINGTIÈME TABLEAU.

Le Roi à l'Hôtel-de-Ville de Paris.

Une cour perfide, et trompée dans ses barbares desseins, frémissant de voir tout-à-coup briser la trame d'une conspiration contre Paris et la France; les auteurs, les complices, les agens de cet affreux complot déjà fugitifs, partout poursuivis par la vengeance publique; et, dans ce renversement subit de tant de projets désastreux, un peuple si cruellement traité, à peine échappé à tant de périls, encore menacé de tant d'autres, et qui, généreux dans sa victoire, juste dans sa colère, sépare son roi du crime de ses ministres, aime encore le monarque au nom duquel se méditaient tant d'atrocités, et l'ayant soustrait aux ennemis publics, l'accueille d'abord avec le respect fier et sombre qui atteste l'affliction des cœurs mécontens, mais bientôt, sur la foi d'une promesse royale, se livre aux mouvemens plus doux, plus affectueux, qui succèdent au ressentiment évanoui : quels sujets de réflexions pour les ennemis du peuple, s'ils savaient réfléchir, et surtout s'ils étaient justes comme lui!

Une autre source non moins féconde de pensées d'un autre genre, plus tristes et plus affligeantes, sur le sort des nations, sur l'enchaînement des causes qui pervertissent les idées des princes et même les meilleurs, c'est de songer qu'un roi né sensible et bon, échappé au malheur de voir à son insu son nom et sa mémoire flétris par des crimes dont ses ministres ne l'eussent instruit qu'après leur réussite, ramené dans son palais où l'ont suivi les bénédictions de ce peuple dont on lui faisait craindre les féroces vengeances, se trouve comme forcé par ces idées habituelles, par son éducation, par les illusions des cours, de se croire malheureux, presque détrôné. Et pourquoi ? parce qu'une grande nation lui dit : « C'est à moi que vous appartiendrez désormais, et non plus à quelques hommes pervers conjurés pour me perdre au risque de vous perdre vous-même. Notre amour se plaît à vous croire étranger à des forfaits dont vous pouviez devenir victime. Vingt-cinq millions d'hommes renouvellent les bases de leur association, à la tête de laquelle ils vous placent encore. Ils respecteront en vous le chef d'un peuple libre, qui ne veut plus trouver dans vos ministres que les serviteurs d'un peuple souverain. »

La nouvelle annoncée dès le mercredi soir de l'arrivée du roi à Paris fixée au lendemain, en répandant une joie universelle, n'avait banni cependant ni la défiance ni la crainte. *Le roi trompé; une cour perfide* : c'était le cri d'une multitude de citoyens qui voulaient qu'on redoublât les précautions ; et en effet on les redoubla toute la nuit. Un district même, ayant appris que les électeurs avaient voté des remercîmens au roi pour le retour de la tranquillité dans Paris, députa à l'hôtel-de-ville pour demander qu'on suspendît ces remercîmens, et qu'on attendit le retour de la tranquillité et l'effet des promesses du roi. C'était un changement bien remarquable dans le caractère des Parisiens, connus jusqu'alors par l'excès de leur crédulité infatigable comme leur patience.

Le lendemain jeudi, le trouble, l'agitation de Versailles, les terreurs dont on environnait le roi sur les dangers qu'il courait à Paris, ayant fait remettre son départ au jour suivant, les soupçons de la capitale y redoublèrent l'effervescence; on revint à craindre quelque attaque imprévue. Les bourgeois, lassés de vivre dans ces alarmes continuelles, disaient hautement que, si le roi différait encore d'un jour, ils se diviseraient en quatre corps d'armée, chacun de vingt mille hommes, qu'ils iraient à Versailles, arracheraient le roi et la famille royale à leurs obsesseurs, et viendraient les établir dans la capitale. Tout concourait à échauffer les esprits sur ces idées guerrières, à redoubler cette fermentation. Chaque moment était marqué par l'arrivée d'une multitude de soldats, et quelquefois de compagnies entières, de toute arme, de tout uniforme, qui désertaient et accouraient à Paris, soit par mécontentement contre leurs chefs, soit par amour de la nouveauté, soit enfin par la disette et le besoin absolu d'alimens : car il est remarquable que, dans cette crise politique où les ministres avaient pris le parti violent de recourir à la force armée, ils avaient souvent laissé le soldat manquer de pain et des secours les plus nécessaires, que les bourgeois leur apportaient des villes voisines avec un empressement fraternel. C'est ainsi que les Parisiens en usèrent avec les troupes postées à Saint-Denis. Et l'on peut juger quels défenseurs la cour trouvait dans des soldats affamés par elle-même, et nourris par ceux qu'elle appelait des révoltés. Mais la cour ne voulait plus de défenseurs, au moins de cette espèce : le roi s'était décidé; il avait généreusement repoussé les craintes et les soupçons dont on cherchait à l'investir. Un seul fait suffit pour montrer si Louis XVI jugeait trop favorablement du peuple. Depuis quatre jours, le corps municipal, les électeurs, tous les officiers publics, assemblés à l'hôtel-de-ville, vivaient, délibéraient, travaillaient dans une salle sous laquelle étaient déposés quarante milliers de poudre. La nouvelle de l'arrivée du roi fit frémir sur ce danger, qu'on avait négligé jusqu'alors; et l'on se hâta de donner des ordres qui furent exécutés avec empressement. Telle était la disposition du peuple dans ce même jour, à cet instant même où les courtisans s'occupaient à le calomnier auprès du monarque.

Cependant tout s'apprêtait à l'hôtel-de-ville pour le recevoir d'une manière à la fois respectueuse et imposante, non plus avec la pompe servile et le cérémonial adulateur d'une bourgeoisie municipale adorant son maître au nom d'un troupeau d'esclaves, mais avec la dignité convenable à des hommes libres, jaloux d'honorer dans la personne de leur roi le chef d'une nation qui se reconstitue. On vit toutefois (et peut-être l'histoire ne doit point négliger ces traits qui caractérisent l'esprit des corps) l'empire des habitudes basses, des idées abjectes, et qui mêlent les sombres teintes de la servitude à l'éclat de la liberté naissante ; on vit les officiers municipaux nommés par la cour, cédant aux suggestions d'une crainte pusillanime ou d'une vanité puérile, prétendre dans l'enceinte de la salle une place à part, distincte de la place destinée aux électeurs. Les élus du peuple, souriant de cette demande, ne s'en offensent point, jusqu'au moment où quelques-uns de ces municipaux proposèrent (qui le croirait en un tel jour!) de délibérer si, conformément à l'ancien usage, on ne recevrait pas le roi à genoux. Une indignation unanime repoussa cette proposition ; et les électeurs, punissant alors l'injure qu'ils avaient d'abord méprisée, s'écrièrent qu'à leur tour ils prétendaient être distingués des officiers municipaux ; distinction qui fut reconnue à l'instant même, et ratifiée par les applaudissemens de toute la salle.

Nos électeurs n'exigent pas que nous remettions sous leurs yeux le vaste et sublime tableau, ou plutôt la suite de tableaux que présente cette marche du roi depuis Versailles jusqu'au sein de la capitale, dans une route de quatre lieues couverte d'un peuple immense; un million d'hommes, spectateurs et acteurs à la fois, dominés par des passions diverses, mais alors mêlées, réunies et concentrées dans un même intérêt; deux ou trois cents mille citoyens changés depuis quatre jours en soldats, les uns régulièrement, les autres bizarrement armés, formant dans ce long intervalle une haie de plusieurs rangs; ce morne silence, que le roi prend d'abord pour un danger, mais qui n'était qu'un reproche ou un conseil; ces cris de *vive la nation !* expression si nouvelle pour le petit-fils d'un monarque qui disait *l'état c'est moi;* ces trois cents membres de l'assemblée nationale précédant ou suivant à pied la voiture du roi, applaudis avec transport, consolés de leurs peines par les bénédictions d'un grand peuple, mais accablés de leurs fatigues précédentes, de leurs craintes passées, et de leurs inquiétudes sur un avenir obscur et incertain où la pensée ne pénétrait qu'avec effroi ; le monarque et cet imposant cortège arrivant à Paris et accueillis si différemment, le roi avec respect, et les députés avec l'ivresse d'une joie fraternelle, couverts de fleurs semées sur leurs pas, de couronnes, de guirlandes jetées du haut des fenêtres ; un mélange singulier de tumulte et d'ordre; l'appareil de la guerre et le vœu général de la tranquillité; les gardes-françaises, ces destructeurs du despotisme, marchant avec leurs canons devant ce monarque, qu'ils veulent servir encore quand il sera le roi d'un peuple libre; M. la Fayette allant le recevoir à la tête de la milice parisienne, chef des rebelles aux yeux de la cour, sauveur de la cour aux yeux de ses adversaires: tous ces contrastes et tant d'autres occupaient l'âme de ceux qui, dans ces vives agitations, restent capables d'observer et de réfléchir, tandis que la multitude se livrait au sentiment confus qui résultait du spectacle de toutes ces scènes si majestueuses et si nouvelles.

Enfin, après une marche de plus de neuf heures, Louis XVI arrivé à l'hôtel-de-ville, y est reçu en roi qui se rend aux vœux d'un peuple affligé, mais plein d'espérance, qui n'a besoin pour aimer son chef que de ne plus craindre un maître, ou plutôt ses ministres. Le discours que lui tint le nouveau maire de Paris en lui remettant les clefs de l'hôtel-de-ville, est le résultat des idées qui ont préparé la révolution et qui devaient la consommer : *Sire, Henri IV avait reconquis son peuple; ici c'est le peuple qui a reconquis son roi.* Heureux les Français, heureux le monarque, si les ennemis du peuple ne parviennent pas à le reconquérir! Plus heureux encore, si les habitudes du trône, si les préjugés de l'éducation royale lui permettaient d'apprécier les titres glorieux qui lui furent décernés en ce jour, ceux de régénérateur de la liberté nationale et de restaurateur de la félicité publique! titres qu'auraient enviés les Titus, les Trajan, les Marc-Aurèle. Mais ces princes, que, malgré leurs vertus, la constitution de l'empire forçait à n'être que des despotes, ces princes ne devaient pas le trône à leur naissance. L'adulation superstitieuse qui, après leur mort, plaçait les empereurs romains au rang des dieux, ne les déifiait point dès le berceau; une religion antique n'avait point consacré leur puissance comme une émanation d'une autorité céleste; le premier essor de leur raison naissante, les premiers mouvemens de leur bonté naturelle n'avaient point été réprimés sans cesse par l'orgueil, les préjugés et l'intérêt de deux classes distinctes, placées entre eux et le peuple pour l'opprimer, l'avilir, et surtout le dépouiller au nom de leur maître commun. Tel est pourtant le sort des monarques de l'Europe et surtout des monarques français; c'est cet assemblage de circonstances qui a toujours atténué leurs fautes aux yeux de leurs sujets, ou les a fait rejeter sur ceux qui les conseillent; et de là sans doute la convention tacite qui semble avoir partout recommandé aux peuples, comme un devoir de justice, l'indulgence pour les rois.

La renommée a fait retentir l'Europe de tous les détails de cette séance mémorable, où le roi entendit le langage de la vérité, simple et douce dans la bouche d'un de ses anciens officiers municipaux, énergique dans celle du président des électeurs. Il y répondit avec une émotion touchante, se para du signe distinctif des Français, se montra au peuple orné de ce signe devenu le symbole de la liberté, confirma la nomination du maire et du commandant de la garde parisienne, et s'aperçut, aux acclamations universelles, à l'expression de l'ivresse publique, qu'en dépit de ses ministres et de ses obsesseurs, il avait conservé l'amour de son peuple. Alors ce cri si ancien *vive le roi!* sortit de toutes les bouches avec ce cri plus nouveau *vive la nation!* et, en se retirant, le roi les entendit retentir partout sur son passage. Alors, ces épées, ces lances qui, deux heures auparavant, sur le parvis de l'hôtel-de-ville, avaient présenté une apparence menaçante, et avaient comme formé au-dessus de la tête du monarque une voûte d'acier, sous laquelle il avait passé avec une surprise mêlée d'une terreur involontaire, ces lances, ces baïonnettes, s'abaissèrent respectueusement devant lui; et le roi en ayant de sa main rabattu une qui restait haute dans la main d'un soldat, ce signe de paix, expliqué par un sourire du monarque, mit le comble à l'allégresse générale.

La crainte et l'inquiétude avaient été chercher Louis XVI à Versailles; l'amour l'y reconduisit. C'étaient les mêmes hommes, et le cortège ne paraissait plus le même; c'est que les cœurs étaient changés. Le peuple, qui se flattait d'avoir trouvé un ami dans son roi, croyait toucher à la fin de ses tourmens. Il croyait avoir signé un nouveau traité avec son prince; et il se reposait sur ses représentans du soin de créer une constitution qui aidât Louis XVI à remplir la promesse qu'il avait faite la surveille à l'assemblée nationale, de n'être plus qu'un avec la nation.

VINGT-UNIÈME TABLEAU.

La Mort de Foulon, le 22 juillet, 1789.

Les jours qui suivirent l'arrivée du roi furent des jours de calme et de tranquillité, si l'on ne considère que l'adoucissement des esprits, effet naturel de cette démarche; mais le mouvement extérieur et l'apparente agitation de la capitale ne semblaient pas diminuer. Les passions étaient différentes, le tumulte était le même; et un étranger qui, sans être instruit des événemens antérieurs, eût tout à coup été transporté dans Paris, n'eût jamais cru que la veille le désordre y eût été plus grand. La démarche du roi ayant ôté tout prétexte aux défiances, il fallut bien ouvrir les barrières de la ville, ou plutôt les issues, car les barrières étaient détruites. A peine la sortie fut-elle libre, qu'un nombre prodigieux de nobles, d'ennoblis, de privilégiés, même de simples citoyens opulens, s'empressèrent de se soustraire aux dangers qu'ils craignaient ou qu'ils feignaient de craindre. Le peuple voyait, avec une joie mêlée d'inquiétude, cette fuite précipitée qui, d'une part, attestait sa victoire, et de l'autre, le menaçait d'une détresse prochaine, au départ des riches, des propriétaires, des grands consommateurs, enfin de tous ceux qui soudoyent le luxe et l'industrie. Mais quels que fussent les regrets de ces honnêtes citadins, la joie l'emportait sur la crainte : ils se voyaient délivrés du danger le plus instant. La présence du roi et quelques mots de sa bouche avaient ratifié les premiers actes de la liberté naissante. Plusieurs de ces bourgeois, si récemment citoyens, croyaient de bonne foi la révolution faite ; et la fuite de ceux qu'ils désignaient par le nom d'*aristocrates* les confirmait dans cette opinion. Ils ignoraient que, parmi les nobles restés à Paris, à Versailles, en France, ou siégeant dans l'assemblée nationale, les plus redoutables ennemis du peuple étaient ceux qui, pour le perdre, paraissaient le servir, et se créaient une renommée populaire, pour vendre plus chèrement à la cour leur déshonneur et la ruine de la nation. Ces cruelles vérités ne pouvaient alors être senties de la multitude. C'est en vain que même on les lui eût révélées ; elle eût continué à ne ranger parmi ses ennemis que les nobles fugitifs qui couraient en Brabant, en Piémont, en Suisse, en Allemagne, promener leur rage impuissante contre les Parisiens qu'ils séparaient alors des Français, avant que tous les Français fussent devenus complices des Parisiens par leur zèle pour la révolution.

Plût au ciel que, parmi ces fugitifs qui eurent le bonheur d'échapper à la première fureur du peuple, on eût compté deux hommes de plus ! Ils étaient, à la vérité, dévoués depuis long-temps à l'exécration publique, et ils la méritaient : mais les Français du dix-huitième siècle méritaient de ne pas voir renouveler, sur les cadavres de Foulon et de Berthier, les horreurs exercées sur celui de Concini.

Rassemblons quelques traits de la vie de ces deux hommes, non pour excuser leur genre de mort, mais pour justifier l'horreur universelle qui en fut la cause.

Foulon et Berthier étaient deux des principaux agens de la conspiration qui venait d'échouer. Ils l'étaient, l'un par la place d'adjoint au ministère de la guerre, qu'il avait acceptée depuis quelques jours, l'autre par celle d'intendant de Paris, qu'il exerçait depuis long-temps. Leur nom, surtout celui du premier, annonçait que les projets de la cour ne pouvaient être qu'atroces. Le beau-père (de tels hommes devaient être alliés), Foulon, haïssait le peuple comme par instinct. Il ne déguisait pas ce sentiment ; cette audace avait été autrefois une des causes de sa fortune. Sa richesse était immense, et elle avait développé tous les vices de son caractère, surtout une inflexible et barbare dureté. Il avait conservé, jusques dans un âge avancé, une ambition aveugle, qui, sur la foi d'une constitution robuste, se promettait un long avenir. Il avait souvent souhaité la place de contrôleur-général, et l'on croyait qu'il y serait appelé pour déclarer la banqueroute de l'état. Son nom seul en était comme l'avant-coureur, et Foulon ne s'en affligeait pas. On assure qu'il se croyait recommandé à la cour par cette horreur publique, peu redoutable selon lui, et à travers laquelle il avait marché vers la fortune. La place de contrôleur-général n'étant point vacante et se trouvant beaucoup mieux occupée par M. Necker, qui ne voulait point de banqueroute, Foulon se crut heureux de devenir en quelque sorte le collègue du maréchal de Broglie. C'est à ce comble des honneurs que l'attendait une révolution dont ni lui ni ses complices ne pouvaient se faire l'idée, pensant comme Narcisse (1), qu'on ne lasserait jamais la patience française. Saisi d'épouvante à ce dénouement imprévu, à cette fuite de plusieurs princes, et même d'un général d'armée son collègue, Foulon courut se cacher dans ses terres. Mais elles ne pouvaient être un asile pour lui ; il y était abhorré. On lui imputait d'avoir dit fréquem-

---

(1) J'ai cent fois, dans le cours de ma gloire passée,
  Tenté leur patience, et ne l'ai point lassée.

BRITANNICUS, acte IV, scène IV.

ment que le peuple était trop heureux de pouvoir brouter l'herbe ; et ce mot peu vraisemblable, après avoir circulé parmi ses vassaux, s'était répandu dans la capitale. Banni de sa propre maison par la crainte, Foulon fit courir le bruit de sa mort ; et l'un de ses domestiques étant mort, il lui fit faire des obsèques magnifiques et dignes d'un ministre. En même temps, il se retira dans une terre voisine, chez un homme autrefois ministre lui-même, mais moins odieux à la nation, parce qu'il avait mêlé au despotisme de sa place les formes plus polies d'une apparente douceur ; car on rend cette justice à M. de Sartine, qu'il n'a guère commis d'iniquités gratuites, et qu'il ne s'est permis que celles qu'il a jugées indispensables pour parvenir au ministère et pour s'y maintenir. Tel était l'hôte chez qui Foulon avait cherché un asile, peu sûr pour le maître lui-même bientôt obligé d'en aller chercher un ailleurs. On laissa fuir M. de Sartine ; mais Foulon, abhorré, fut dénoncé secrètement à ses vassaux. Ils le saisirent, l'accablèrent d'outrages et de coups, le dépouillèrent, le chargèrent d'une botte de cette herbe dont il voulait les nourrir, lui mirent une couronne de chardons sur la tête, un collier d'orties au cou, et en cet état le traînèrent à Paris à la suite d'une charrette, dans la plus grande chaleur du midi, l'abreuvant en route de vinaigre poivré. C'est ainsi qu'il fut conduit à l'hôtel-de-ville, à travers les huées et les imprécations d'une multitude furieuse et menaçante. Là, dans la grande salle, tout le peuple à son aspect s'écria : « *Pendu ! pendu sur-le-champ !* » Les électeurs, le maire ensuite, employèrent tour-à-tour tous les moyens de persuasion, pour obtenir que l'accusé ou le coupable fût jugé légalement et envoyé à l'abbaye de Saint-Germain. Le cri fatal et négatif fut constamment la même réponse. Enfin M. la Fayette arriva ; et, par un discours adroit où il feignait d'être l'ennemi de Foulon, pour le soustraire à la violence et l'abandonner aux lois, il paraissait avoir ébranlé la multitude : mais l'accusé ayant entendu cette conclusion, et sans doute voulant montrer qu'il ne craignait pas la rigueur des lois, battit des mains. Ce fut le signal d'un redoublement de fureur populaire : « Ils sont de connivence ! on veut le sauver ! » s'écriait-on de toutes parts ; et il fut entraîné au dehors comme par une force invincible. On le pousse ; on le traîne dans la place et jusqu'à une boutique, où, près d'un buste de Louis XIV, était suspendu un réverbère, devenu trop célèbre dans la révolution par cet odieux cri *à la lanterne !* On descend ce réverbère, on suspend le malheureux à la corde fatale ; elle casse jusqu'à trois fois sous le poids de ce corps athlétique. On le massacre, on le déchire par morceaux ; on lui coupe la tête, on la porte au bout d'une pique par toute la ville, et surtout au Palais-Royal, station solennelle de tous ces affreux trophées.

Peut-être nul autre lieu dans l'univers n'offrait, à cette époque, et notamment dans cette journée, un ensemble de contrastes plus bizarres, plus saillans, plus monstrueux. Celui qui écrit ces lignes, et qui par hasard se trouva présent à ce spectacle, en conserve après trois ans la mémoire encore vive et récente. Qu'on se figure, à neuf heures du soir, dans ce jardin environné de maisons inégalement éclairées, entre des allées illuminées de lampions posés aux pieds des arbres, sous deux ou trois tentes dressées pour recevoir ceux qui veulent prendre des rafraîchissemens, causer, se divertir; qu'on se figure tous les âges, tous les rangs, les deux sexes, tous les costumes, mélangés et confondus sans trouble, et même sans crainte, car les dangers n'existaient plus; des soldats de toute arme, parlant de leurs derniers exploits; de jeunes femmes parlant de spectacles et de plaisirs; des gardes nationaux parisiens, encore sans uniforme, mais armés de baïonnettes; des moissonneurs chargés de croissans ou de faux; des citoyens bien vêtus conversant avec eux; les ris de la folie près d'une conversation politique; ici le récit d'un meurtre, là le chant d'un vaudeville; les propositions de la débauche à côté du tréteau du motionnaire. En six minutes on pouvait se croire dans une tabagie, dans un bal, dans une foire, dans un sérail, dans un camp. Au milieu de ce désordre et de l'étonnement qu'il causait, je ne sais quelle confusion d'idées rappelait en même temps à l'esprit Athènes et Constantinople, Sybaris et Alger. Tout-à-coup un bruit nouveau se fait entendre, c'est celui du tambour : il commande le silence. Deux torches s'élèvent et attirent les yeux. Quel spectacle ! Une tête livide et sanglante éclairée d'une horrible lueur ! Un homme qui précède, et crie d'une voix lugubre : « *Laissez passer la justice du peuple* » ; et les assistans muets qui regardent ! A vingt pas de distance et en arrière, la patrouille du soir, en uniforme, indifférente à ce spectacle et battant la retraite, passant en silence à travers cette multitude étonnée de voir mêler une apparence d'ordre public à ce renversement de tout ordre social, attesté par les hideuses dépouilles qu'on promenait impunément sous ses yeux !

Ce mot d'un sens si profond : *Laissez passer la justice du peuple !* frappa vivement les esprits. Il les eût frappés davantage, si on l'eût considéré comme une allusion à un mot plus ancien : *Laissez passer la justice du roi !* C'était le cri d'un des satellites royaux qui, sous Charles vi, traîna, par ordre du monarque, dans les rues de Paris, le cadavre sanglant d'un des amans de sa femme, Isabeau de Bavière. De ces deux justices, celle du roi ou celle du peuple, laquelle était la plus odieuse et la plus révoltante ? Est-ce celle du peuple convaincu, par trop de preuves multipliées, que le coupable puissant ou opulent n'est presque jamais puni ? N'est-ce pas plutôt la justice d'un prince qui tirait arbitrairement vengeance d'une insulte qu'il pouvait si aisément faire châtier par la loi ?

Qu'il nous soit permis, après le récit de ces scènes d'horreur, de n'accorder qu'un regard à la plus révoltante, à celle qui a laissé les plus affreux souvenirs. La mort de Berthier offre des atrocités qui repoussent le burin de l'artiste et la plume de l'historien; et plût au ciel que toute plume se fût interdit d'écrire ces abominables détails ! Quelle que soit la vie de Berthier trop semblable à Foulon, de quelque ardeur qu'il ait secondé les projets du ministère contre Paris, par les distributions de poudre, de cartouches, de balles, par la coupe prématurée des blés, par la liste des citoyens destinés au glaive, malgré ses malversations de tout genre dévoilées par la commune depuis la révolution, Berthier paraît innocent, dès que l'on songe au monstre qui put lui arracher le cœur, et le présenter tout sanglant aux yeux d'une grande assemblée. En vain assure-t-on que Berthier avait fait périr le père de ce monstre. La nature frémit d'être ainsi vengée; et la patrie s'afflige qu'une telle vengeance ait pu être exercée par un scélérat revêtu d'un habit français. Ces lâches barbaries consternèrent d'abord tous les amis de la révolution, et firent mettre en doute si les Français méritaient d'être libres. Les ennemis de la liberté en tirèrent avantage ; et dès le lendemain ceux d'entre eux qui, sous le voile du patriotisme, ne voulaient qu'une modification (1) dans le gouvernement, cherchèrent à faire porter par l'assemblée nationale un décret qui, réprimant l'effervescence populaire, eût laissé les représentans du peuple exposés sans défense aux attaques du despotisme, encore armé d'une grande puissance. Ce ne fut pas sans peine que Mirabeau para ce coup ; et ce n'est pas un des moindres services qu'il ait rendus à la révolution. Il opposa à ces crimes récens du peuple les crimes anciens et nouveaux des despotes de toute espèce, qui avaient poussé la multitude à cet excès de rage. Il s'étonne que la prise de la Bastille et la révélation de tant d'atrocités des ministres n'aient pas rendu le peuple aussi cruel qu'eux mêmes. « *La colère du peuple*, s'écrie-t-il ! Ah ! si la colère du peuple est terrible, c'est le sang froid du despotisme qui est atroce ; ses cruautés systématiques font plus de malheureux en un jour que les insurrections populaires n'immolent de victimes pendant des années. Le peuple a puni quelques-uns que le cri public lui désignait comme les auteurs de ses maux. Mais qu'on nous dise s'il n'eût pas coulé plus de sang dans le triomphe de nos ennemis, ou avant que la victoire fût décidée ! »

---

(1) Voyez le discours de M. Lalli-Tolendal, dans la séance du 22 juillet 1789.

VINGT-DEUXIÈME TABLEAU.

Service à Saint-Jacques-l'Hôpital, le 5 août 1789, en l'honneur de ceux qui sont morts au siége de la Bastille. — Sermon de l'abbé Fauchet.

L'ASSEMBLÉE NATIONALE, après avoir échappé au piège qu'on lui tendait, après avoir refusé de qualifier de rébellion les mouvemens populaires, ne sentit pas moins la nécessité de mettre fin à la terrible dictature que venait d'exercer le peuple, et qui ne pouvait se prolonger sans que la société fût dissoute. Elle adopta la proclamation proposée par M. Lalli-Tolendal, sagement amendée, et qui n'était plus qu'une invitation à la paix. Mais ce moyen de douceur fut accompagné de toutes les mesures qui pouvaient le rendre efficace. Le même orateur qui l'avait conseillé, fit sentir que la cause principale du désordre de Paris, était l'existence illégale du pouvoir des électeurs, commandant sans délégation, après que leur mission était consommée, d'où résultait dans les districts une lutte d'opinions, une suite de décisions contradictoires, et par conséquent une véritable anarchie. Le remède à ce mal et à ceux qui en dérivaient, ne pouvait être que dans la création d'une municipalité capable en même temps d'offrir un modèle à toutes celles du royaume. Mais comme une bonne organisation municipale ne pouvait être l'ouvrage d'un jour, il proposait l'établissement provisoire d'un conseil de la commune ; et cet avis fut adopté. Les électeurs renoncèrent à leurs fonctions et ne devinrent que les adjudans officieux des nouveaux représentans du peuple de Paris légalement élus. Dès-lors, tout tendit à l'ordre. Le maire et le commandant de la milice parisienne sollicitèrent une nouvelle élection plus régulière. Les pouvoirs civils et militaires furent distincts et séparés. Plusieurs abus furent réformés en peu de jours ; et Paris fut plus agité par les nouvelles des désordres commis dans ses environs, que par ceux qui se commettaient dans son sein. La garde nationale se formait, se disciplinait ; toute la jeunesse accourait à ses exercices ; et, comme si déjà la génération naissante eût senti que la liberté ne se maintenait que par les armes, les exercices militaires se multipliaient par-tout, devenaient l'occupation d'un grand nombre de citoyens, et se reproduisaient dans les jeux de l'enfance. Ces jeux embellissaient les jardins et les lieux publics, et faisaient succéder des tableaux plus rians aux scènes turbulentes qui venaient d'affliger les yeux et l'imagination. Les églises retentissaient d'actions de grâces sur la prise de la Bastille. Des processions de jeunes filles, souvent agréables, bien vêtues et ornées d'un extérieur modeste, allant à

Sainte-Géneviève, étaient rencontrées par un bataillon de jeunes guerriers, qui s'arrêtaient pour les laisser passer, tandis que de nombreux spectateurs, soit dans les rues, soit du haut des fenêtres, témoignaient leur joie par de vifs applaudissemens.

Les fréquentes promenades des citoyens à la Bastille, dont les hautes murailles décroissaient tous les jours, renouvellaient sans cesse le plaisir de cette conquête. On s'occupait de ses vainqueurs, de ceux qui avaient été tués dans le combat, du sort de leurs veuves, de leurs enfans; et la reconnaissance particulière prévenait les marques publiques de la reconnaissance universelle. Enfin, le moment arriva où la patrie put commencer à s'acquitter. Les représentans provisoires de la commune, après avoir satisfait à des devoirs encore plus pressans, aux soins de la sûreté générale, ordonnèrent un service et un éloge funèbre consacrés à la mémoire des citoyens morts à la prise de cette forteresse et pour la défense de la patrie. Tout fut remarquable et imposant dans cette solennité, qui fut célébrée dans l'église paroissiale de Saint-Jacques et des Saints-Innocens. Mais ce qui était entièrement nouveau, c'est que l'orateur avait lui-même contribué en quelque sorte à la conquête qu'il célébrait : il s'était trouvé au milieu de ceux dont il honorait la mémoire; et quoique revêtu du caractère de prêtre, il avait, en courant le même péril, déployé le même courage et montré la même intrépidité.

Le ton de son discours fut nouveau comme le sujet et l'occasion : c'était le cri de joie de la liberté triomphante ; c'était la promulgation de ses maximes au nom de la religion et dans la chaire de vérité ; c'était l'histoire des crimes du despotisme étonné d'être attaqué par un prêtre, plus étonné encore de voir tourner contre la tyrannie les armes que jusqu'alors elle avait osé chercher dans le christianisme et dans les livres saints. On sait quel avantage elle avait tiré de ces mots ; *Rendez à César ce qui est à César.* » Oui, s'écrie l'orateur : mais ce qui n'est point à lui, faut-il aussi le lui rendre ? Or, la liberté n'est point à César, elle est à la nature humaine. Le droit d'oppression n'est point à César, et le droit de défense est à tous les hommes. Les tributs, ils ne sont au prince que quand les peuples y consentent : les rois n'ont droit dans la société qu'à ce que les lois leur accordent, et rien n'est à eux que par la volonté publique qui est la voix de Dieu. » L'orateur accuse d'impiété les faux docteurs qui ont perverti le sens d'un grand nombre de passages des saintes écritures. « Qu'ils ont fait de mal au monde, les faux interprètes des divins oracles, quand ils ont voulu, au nom du ciel, faire ramper les peuples sous les volontés arbitraires des chefs ! Ils ont consacré le despotisme ; ils ont rendu Dieu complice des tyrans ; c'est le plus grand des crimes. » Il combat ces faux docteurs par d'autres passages de l'écriture plus convainquans et vic-

torieux. Il établit que la révolution française, pour être crue de la philosophie, n'en est pas moins ordonnée dans la religion et dans les plans de la providence. Il ose rendre à cette philosophie, si calomniée jusqu'alors, l'hommage qui lui est dû. « Il faut le dire, et très-haut, et jus-
» ques dans les temples : c'est la philosophie qui
« a ressuscité la nature ; c'est elle qui a recréé l'es-
» prit humain et redonné un cœur à la société.
» L'humanité était morte par la servitude ; elle
» s'est ranimée par la pensée. Elle a cherché en
» elle-même, elle y a trouvé la liberté. Philoso-
» phes, vous avez pensé ; nous vous rendons
» grâces. Représentans de la patrie, vous avez
» élevé nos courages ; nous vous bénissons. Ci-
» toyens de Paris, mes genéreux frères, vous avez
» levé l'étendard de la liberté ; gloire à vous ! Et
» vous, intrépides victimes qui vous êtes dévouées
» pour le bonheur de la patrie, ah ! recueillez
» dans les cieux, avec nos larmes de reconnais-
» sance, la joie de votre victoire ! ».

Ce n'est pas le seul endroit du discours où l'orateur, enflammé de son enthousiasme pour la liberté, paraît porter envie aux victimes qu'il célèbre. On voit qu'il serait tenté de dire, comme Périclès dans une occasion presque semblable, aux veuves et aux enfans des morts : « Je voudrais » vous consoler, mais je ne puis vous plaindre. » Paroles sublimes dont le sentiment était dans l'ame du prédicateur français, sans être exprimé par sa bouche. C'est bien à lui qu'on peut appliquer plus particulièrement le bel et heureux texte de son sermon : *vous êtes appelés à la liberté.* (1)

On peut juger de l'effet de ce discours sur un auditoire dominé des mêmes passions, du même esprit que l'orateur. Une couronne civique, formée sur-le-champ par l'enthousiasme de ses auditeurs, couvrit sa tête au milieu des applaudissemens : un héraut la porta devant lui jusqu'à l'hôtel-de-ville, où il se rendait, entouré de tous les officiers du district, entre deux compagnies qui marchaient tambour battant et enseignes déployées. Image de la pompe et du cortège qui, plus d'une fois dans les pays libres et chez les anciens peuples, attestaient ou récompensaient le triomphe ou le service de l'éloquence.

C'était un moment bien remarquable dans l'histoire de nos mœurs, que celui où la louange publique, jusqu'alors réservée parmi nous aux rangs, aux noms, aux places ou à la naissance, était décernée à des victimes inconnues, à des hommes obscurs, dont le plus grand nombre était revêtu, dont même il était à peine couvert, des livrées de l'indigence ; c'était arracher à l'orgueil celui de ses privilèges exclusifs auquel il était le plus attaché ; c'était d'avance mettre le peuple en possession de cette égalité décrétée.

---

(1) *Vos enim ad libertatem vocati estis.* S. Paul.

bientôt après. Quel triomphe, s'ils eussent osé le prévoir, quel triomphe pour les philosophes dont les vœux l'avaient appelée, dont les écrits la préparaient depuis quarante ans! Qu'auraient-ils dit de ce changement subit et imprévu? Qu'aurait dit Voltaire, lui qui crut affronter le danger d'un ridicule, et se vit contraint d'employer les plus grands ménagemens, quand il osa s'élever contre l'usage de ne célébrer après leur mort que ceux qui ont été, pendant leur vie, donnés en spectacle au monde par leur élévation, quand il osa réveiller la cendre de ceux qui ont été utiles? C'est ainsi qu'il s'énonce dans l'exorde de l'éloge funèbre consacré à la mémoire des *officiers* morts dans la guerre de 1741. C'était alors une hardiesse de louer des hommes qui n'avaient été ni princes, ni maréchaux de France, qui n'avaient été que des *officiers*. Et les SOLDATS... Hélas! dans cet éloge, ils sont qualifiés de meurtriers mercenaires, à qui l'esprit de débauche, de libertinage et de rapine a fait quitter leurs campagnes, qui vont et changent de maîtres, qui s'exposent à la mort pour un infâme intérêt. « Tel est, dit Voltaire, tel est trop souvent le soldat. » Oui, grand homme: mais à qui la faute? vous le saviez bien. Vous ajoutez: « Tel n'est point l'*officier*, idolâtre de son honneur et de celui de son souverain, bravant de sang froid la mort avec toutes les raisons d'aimer la vie, quittant gaîment les délices de la société, pour des fatigues qui font frémir la nature. «Et le SOLDAT?... La nature ne frémit donc pas pour lui ? et s'il n'a pas quitté pour les combats les délices de la société, mais seulement son hameau d'où l'ont chassé sa misère et la tyrannie du gouvernement, est-ce une raison pour être avili par nous, pour servir de contraste à l'officier, pour rehausser la gloire de ces ducs, comtes et marquis, les seuls dont on trouve les noms dans cet éloge funèbre qui, selon vous, ont tout fait, qui ont teint de leur sang les champs de Fontenoi, les rivages de l'Escaut et de la Meuse, qui ont couru à la mort, non pour être payés, mais pour être regardés de leur souverain? Etre regardé du souverain est beau sans doute : mais être payé quand on vous a tout pris, quand on vous a enlevé tous les moyens de substenter une misérable vie, c'est une nécessité plus déplorable qu'avilissante. Et puis ces officiers qui ne servent que pour l'honneur !... On a su depuis qu'à cet honneur l'État ajoutait plus de quarante-six millions ; et quarante-quatre suffisaient pour la paye de deux cent mille soldats.

Attendri sur le sort de ses chers officiers, Voltaire s'étonne et s'afflige de l'indifférence avec laquelle les habitans de Paris apprennent le gain d'une bataille achetée par un sang si précieux. — Ah! pourquoi cette indifférence, qu'il taxe d'ingratitude? Lui-même savait bien que cette guerre, fruit des cabales de deux intrigans, des deux Belle-Isle, qui font violence à la faiblesse d'un vieux ministre et à la jeunesse d'un roi sans volonté, ne pouvait intéresser la nation. Quel titre avaient à la reconnaissance publique ceux qui mouraient pour servir une pareille cause? Qu'y avait-il dans cette guerre, évidemment injuste, qui pût intéresser les Français au sort des victimes d'un caprice ministériel? Lui-même voyait dans la capitale des hommes qui formaient hautement des vœux pour le succès des armes de la reine de Hongrie; protestation solennelle contre les fautes d'un gouvernement égaré. Ah! le peuple n'est point ingrat; et sa froideur sur de certains services qu'on prétend quelquefois lui avoir rendus, naît pour l'ordinaire d'un sentiment peu développé, mais juste, qui lui apprend qu'on ne l'a pas en effet servi. A-t-il été froid sur le sort des vainqueurs de la Bastille et dans le triomphe de l'orateur qui les a célébrés? A-t-il été froid et indifférent, dans tout le cours de la révolution, pour ceux qui se sont montrés constamment ses amis? Et s'il s'est détaché enfin de quelques idoles qu'il avait trop légèrement affectionnées, combien de temps n'a-t-il pas fallu pour le détromper, pour dissiper une illusion chérie et renverser l'autel sapé par ceux même auxquels il l'avait imprudemment érigé!

Les honneurs rendus dans un district à la mémoire des citoyens tués à la Bastille, se renouvelèrent dans un grand nombre d'églises de la capitale; et par-tout ils excitèrent le même enthousiasme. Ils élevèrent l'âme du peuple, ils entretinrent et échauffèrent le patriotisme, le marquèrent du sceau de la religion. La chaire devint en même temps une espèce de tribune où l'on parla au peuple de ses droits en lui parlant de ses devoirs. Des prédicateurs éloquens se portèrent eux-mêmes les délateurs de tous les abus du sacerdoce. Ils rendirent, comme l'abbé Fauchèt, hommage à la philosophie, qui la première avait attaqué les abus, et qui peut-être n'avait attaqué la religion que parce que le clergé s'efforçait d'identifier la religion avec ces abus scandaleux. On prédisait, on annonçait qu'elle allait renaître triomphante et plus pure; et c'était un des bienfaits de la révolution. Les principes qui l'avaient préparée étaient consacrés dans l'Évangile par les maximes d'égalité et de fraternité que l'opinion publique appelait à devenir la base de la constitution dont allait s'occuper l'assemblée nationale. Cette égalité, cette fraternité, recommandées si fréquemment dans l'Évangile, étaient le principal caractère du christianisme primitif; et la révolution nous y ramenait. Telles étaient les maximes débitées alors dans les chaires par les prêtres, dont plusieurs sont restés fidèles à leurs principes, tandis que d'autres, qui d'abord les avaient prêchées, les ont ensuite combattues par d'autres textes de l'écriture, après que les représentans du peuple ont eu déclaré biens nationaux les biens de l'église, c'est-à-dire du clergé; car dès-long-temps le clergé se croyait l'église, comme la noblesse se croyait la nation.

VINGT-TROISIÈME TABLEAU.

Émeute populaire à l'occasion du transport d'un bateau de poudre. Danger du marquis de la Salle.

La révolution n'est l'ouvrage d'aucun homme, d'aucune classe d'hommes; elle est l'œuvre de la nation entière. C'est ce que disait Mirabeau, en châtiant la vanité de quelques-uns de ses adversaires, qui osaient se croire les auteurs d'une révolution dont ils n'avaient été que les instrumens, et pour la plupart les instrumens aveugles. Le peuple seul l'avait commencée, le peuple la soutenait, et devait seul la finir. Un heureux instinct semblait le rappeler sans cesse au sentiment de cette vérité. Il semblait se dire: « Je suis en guerre avec tous ceux qui me gouvernent, qui aspirent à me gouverner, même avec ceux que je viens de choisir moi-même. Je dois me défier d'eux, parce que je me suis vu forcé encore de les choisir dans les classes intéressées à me tromper. Je surveillerai tout, et je ne m'en rapporterai qu'à moi. »

C'est surtout à l'égard des armes et des munitions que le peuple manifestait sa défiance et son inquiétude : l'expérience a montré depuis combien elles étaient fondées. De pareilles dispositions, nécessaires, inévitables, et sans lesquelles la révolution eût échoué, devaient sauver la France ; mais elles devaient aussi occasionner passagèrement les plus grands désordres. Elles donnèrent lieu à des méprises fâcheuses, à des catastrophes funestes. Peu s'en fallut que la scène qui fait le sujet de ce tableau n'augmentât le nombre de ces victimes malheureuses, et ne privât la patrie d'un citoyen respectable qui l'avait servie avec zèle.

Paris était dans la joie depuis vingt-quatre heures, et jamais chez aucun peuple l'allégresse publique n'avait eu une cause aussi mémorable : c'était l'abolition de la servitude féodale, prononcée par un décret ; c'était la destruction de tous les priviléges sous lesquels la France gémissait depuis tant de siècles ; enfin, c'était cette fameuse nuit, appelée depuis la *nuit des sacrifices*. Le peuple, au milieu de cette juste ivresse, ne veillait pas moins à tout ; et ces nouveaux succès ne le rassuraient pas. Quelques citoyens voient passer un bateau au port Saint-Paul : ils s'informent de sa cargaison. On leur répond que c'étaient des poudres et des munitions, qui venaient d'être tirées de l'arsenal, et dont la destination était pour Essone. On s'alarme ; le peuple se rassemble, le tumulte s'accroît, les esprits s'échauffent. On mande ceux à qui la garde des munitions de l'arsenal est confiée. Ils montrent leur ordre, et cet ordre est signé *de la Salle* pour le marquis de la Fayette. Aussitôt M. de la Salle est un traître. On court en foule à la Grève, on demande sa tête; on prépare le fatal réverbère. Heureusement M. de la Salle n'était point à l'hôtel-de-ville. Il s'y rendait dans sa voiture, lorsque, retardé dans sa route par la multitude qui remplissait la rue, il demande quel était le sujet de ce tumulte. On lui dit, sans le connaître, qu'on en veut à un traître, au marquis de la Salle. Il dissimule sa surprise et sa crainte, descend de sa voiture et va chercher un asile chez un ami.

Cependant le peuple parcourt tous les appartemens de l'hôtel-de-ville, enfonce toutes les portes, visite les coins les plus obscurs, et cherche même sous la cloche de l'horloge. En vain leur attestait-on l'innocence de M. de la Salle; en vain leur expliquait-on cet ordre et la cause de cet ordre, que cette poudre était d'une qualité inférieure, qu'on l'échangeait contre une poudre d'une meilleure espèce attendue d'Essone, que cette mauvaise qualité de poudre, appelée *poudre de traite*...... (1) *Poudre de traître*, s'écrient quelques forcenés; et cette cruelle plaisanterie, en cir-

---

(1) On appelle poudre de traite une espèce de poudre particulière qui n'a presque point de portée, et qu'on réserve pour le commerce de la côte de Guinée, pour la traite des nègres.

culant, augmentait encore la fureur de la multitude.

Le général la Fayette, qui avait été appelé pour expliquer l'ordre donné en son nom par M. le marquis de la Salle, et qui n'avait pas donné cet ordre, se trouva justifié; mais il augmentait le péril de son lieutenant. Il s'en tira avec habileté. Il parut entrer dans le ressentiment du peuple; fit chercher l'accusé, gagna du temps, donna différens ordres et attendait le retour de ceux qu'il en avait chargés. La nuit avançait, dit M. Dussault, témoin oculaire de cette scène, et les esprits n'en étaient pas moins agités dans notre salle. On y voulait du sang. Les cris de la Grève augmentaient la terreur parmi nous; et déjà les imaginations ardentes de quelques-uns de nos collègues se représentaient les ombres sanglantes des Foulon et des Berthier errantes dans notre salle.

En cet instant, un sergent vint parler à l'oreille de M. la Fayette. « C'en est assez, dit le général. Mes amis, ajoute-t-il, vous êtes fatigués, et je n'en puis plus; croyez-moi, allons nous coucher tranquillement. Au reste sachez que la Grève est libre maintenant. Je vous jure que Paris ne fut jamais plus tranquille; allons, que l'on se retire en bonnes gens. »

A ces mots plusieurs s'élancent vers les fenêtres: ils regardent, et sont consternés de ce qu'ils voient, l'ordre rétabli à leur insu. Au lieu de ceux qui les appuyaient, qui les excitaient, ils ne voient plus que de nombreux détachemens arrivés de différens dictricts, des casernes des gardes-françaises et de celles des gardes-suisses. « Tout à l'heure ils nous investissaient, et ce sont eux qui se trouvent investis : comment cela s'est-il donc fait, disaient-ils ? » Et ils en furent confondus.

M. de la Fayette reprend la parole ; et après leur avoir parlé comme à de bons amis, ils défilèrent tous en applaudissant et le comblant de bénédictions.

La conduite que tint en cette occasion la Fayette augmenta beaucoup la confiance que l'on avait en lui, et accrut considérablement son influence sur le peuple. C'était alors un bonheur ; et les maux de l'anarchie eussent été trop intolérables, sans la sorte d'empire qu'il obtint sur la multitude. Il avait été réservé à ce jeune homme de servir en Amérique la liberté qu'il n'aimait pas, et de rapporter en France une réputation assez peu méritée, qui le mit, quelques années après, à la tête de la garde nationale parisienne. Tel était l'éclat de cette réputation, que, dans la concurrence pour cette place, son nom seul avait écarté celui d'un vieux militaire, connu par d'anciens services, et, ce qui est plus remarquable, par des services tout récens rendus à la révolution. M. de la Salle se crut honoré de servir sous les ordres de la Fayette, qui, pour accepter cette place, avait attendu ceux de la cour, ou du moins sa permission. Ainsi, aux suffrages des amis de la liberté qui voulaient pour chef militaire un homme d'un nom célèbre, il avait réuni ceux de la minorité de la noblesse, flattée de voir un homme de sa classe à la tête de la force armée, enfin ceux des ministres et des courtisans, qui supposent que l'amour de la liberté dans un noble n'est pas une passion dominante et indomtable. Le temps a prouvé qu'ils ne se trompaient pas. Ce la Fayette, que nous venons de voir applaudi, béni par le peuple en 1789, aujourd'hui, en 1792... O abyme du cœur humain ! ô contraste révoltant ! le héros prétendu de la liberté, dès long-temps traître envers elle, vendu en secret à des rois, même en les offensant, forgeait ses propres chaînes en croyant préparer celles du peuple ! L'élève de Waghinston, qui, deux ans auparavant, avait envoyé à son maître les clefs d'une bastille française, se voit par une suite de ses trahisons dévoilées, conduit honteusement dans une bastille prussienne, vil jouet des rois dont il pouvait être la terreur ! Méprisable et insensé mortel, né pour faire voir que la gloire a ses caprices ainsi que la fortune, qu'elle peut quelquefois n'être qu'un présent du hasard, et tomber, comme tout autre lot, entre les mains d'un être nul, sans talens et sans caractère ! Que pensent, que disent maintenant les Américains, en apprenant les crimes et même les bassesses de la Fayette, eux qui partout, sous leurs yeux, sous leurs pas, retrouvent des monumens de sa gloire ? Des bourgs, des villes, des contrées entières portent son nom et s'en croient honorées! Le garderont-elles, ce nom aujourd'hui méprisé en Europe ?... O Washington, prends pitié de ton élève ; épargne-lui la perpétuité de cette gloire mensongère, qui n'est plus pour lui qu'un outrage et le garant de son immortel déshonneur.

VINGT-QUATRIÈME TABLEAU.

Canons enlevés de différens châteaux et transportés à Paris. État de la capitale. Effets de l'abolition subite des droits féodaux.

Nous avons, dès le commencement de cet ouvrage, présenté la révolution sous l'aspect d'une guerre sans trêve, d'un combat à mort entre des maîtres et des esclaves. C'est en effet à quoi se réduisait cette grande question. Mais, par malheur, ces maîtres et ces esclaves étaient confondus sous le nom générique de Français; et voilà ce qui faisait illusion au peuple. De plus, il voyait dans les différentes classes de ses oppresseurs un grand nombre d'hommes ennemis du gouvernement; et dès lors le peuple était porté à les croire ses amis.

Parmi ces prétendus amis, les uns, convaincus de la nécessité d'un grand nombre de réformes plutôt que d'une révolution complète, voulaient, pour la nation, une certaine mesure de liberté dont ils espéraient se rendre les arbitres : d'autres, redoutant les violences de la cour, que dès le commencement de la révolution ils avaient outragée, voulaient une constitution ferme et stable qui les mît à l'abri de ses vengeances; mais en désirant cette constitution, plus pour leur sûreté personnelle et pour le succès de leur ambition que par amour pour la liberté, ils comptaient sur la dépravation des mœurs publiques, qui corrompant la liberté dans sa source, la rendrait illusoire en retenant le peuple dans une abjection servile à l'égard des grands propriétaires, c'est-à-dire en général, des nobles. Le mépris pour le peuple, maladie incurable de la noblesse française, ne lui permettait pas d'admettre, comme praticable en France, une liberté fondée sur la seule base vraiment immuable, l'égalité absolue des citoyens.

Telles étaient, à l'ouverture des états-généraux et au commencement de l'assemblée nationale, les dispositions de ceux qui se portaient pour amis du peuple, connus alors sous le nom de minorité de la noblesse. Mais après la prise de la Bastille, après la chûte subite du despotisme et la fuite de ses agens, lorsque l'anarchie eut ouvert un libre cours à la licence, au brigandage, à l'incendie des châteaux, tous les nobles, de quelque parti qu'ils fussent, saisis d'une égale terreur, sentirent également la nécessité de désarmer la vengeance d'un peuple échappé tout-à-coup de ses chaînes. Il fallait chercher à le calmer, à l'adoucir. Sans doute ce n'est point calomnier la chevalerie française, ni même le cœur humain, de penser que ce sentiment d'une crainte commune, d'un intérêt commun, ait préparé, et en quelque sorte commandé l'abolition soudaine des droits féodaux, la renonciation à des privileges odieux, l'égale répartition des impôts proportionnelle aux revenus, enfin tous ces actes d'équité, qu'on a déshonorés, disait Mirabeau, en les appelant des sacrifices. Quels que soient les noms qu'ils méritent, ils furent d'abord acceptés comme tels dans la capitale : ils excitèrent une reconnaissance, une admiration universelle, un enthousiasme égal à celui qui avait saisi l'assemblée nationale dans la séance de cette nuit mémorable du 5 août. La joie remplissait tous les cœurs, brillait dans tous les yeux. Les citoyens s'abordaient, se félicitaient, s'embrassaient sans se connaître : on eût dit, en voyant cet échange de sentimens affectueux, que la suite de la révolution ne pouvait plus désormais amener ni périls ni malheurs. Mais bientôt cette premiere effervescence se dissipa, et on s'apperçut que la nature des choses n'était pas changée. Le peuple conçut que, si l'assemblée venait de renverser le colosse féodal, il n'était pas brisé ; et il se chargea de ce soin. La secousse que les nouveaux décrets venaient de donner à la France, pour être salutaire, n'en était pas moins violente, et dans peu de jours elle se communiqua jusqu'aux extrémités de l'empire. Presque partout elle fut terrible. Les haines particulières, irritées encore par les dissentimens politiques, se portèrent à des excès difficiles à imaginer; et l'histoire, un jour pourvue de preuves suffisantes refusées aux contemporains, flétrira des noms connus, en révélant le secret de certains crimes qui d'abord n'ont dû être imputés qu'à des hasards malheureux ou à des brigands vulgaires.

L'abolition des droits exclusifs de chasse mit le fusil à la main d'un million de paysans; et de ce qu'on n'avait plus le droit de les faire dévorer par le gibier, ils en conclurent qu'ils avaient le droit de le poursuivre sur les terres d'autrui. Ce fut un des fléaux des environs de la capitale: il s'y commit les plus grands désordres, les paysans cherchant moins encore à se délivrer des animaux qu'à châtier la tyrannie de leurs seigneurs. On remarqua dans ce temps un trait de la justice populaire, dans les égards qu'on eut pour les chasses de M. d'Orléans, distingué, dès le commencement de la révolution, par le zèle qu'il montra pour la favoriser, par son amour pour la liberté, et même pour l'égalité, qui substituée à son nom patronimique, a fini par devenir son nom. (1)

Cette succession rapide d'évènements journaliers, la plupart affligeans, cette circulation

---

(1) Philippe-Joseph Égalité.

non moins prompte de nouvelles vraies ou fausses d'un bout de l'empire à l'autre, accroissait partout la fermentation; mais c'est à Paris que cet effet était le plus sensible. L'ardeur et l'activité du peuple pour saisir partout des armes était presque aussi vive que lorsqu'il avait à repousser les satellites qui assiégeaient Paris: c'était surtout les canons qu'il désirait le plus passionnément de posséder; c'est la meilleure des armes et la meilleure des raisons; c'est la raison des rois, et il voulait en faire la sienne. Quand il avait fait quelques nouvelles conquêtes en ce genre, il les défendait même contre ses chefs, même contre la Fayette, qui se rendit suspect en voulant que les districts de Paris lui remissent leurs canons, sous prétexte de les rendre plus utiles et de former un parc d'artillerie. Il s'était passé peu de jours, depuis la révolution, que le peuple n'eût formé quelque entreprise, fait des voyages dont le but était la prise de quelques canons. Choisy-le-Roi fut dépouillé des siens, quoique le roi, depuis sa visite à l'hôtel-de-ville, fût censé avoir fait la paix avec Paris. Ceux de Chantilli étaient de bonne prise, le possesseur de ce château étant alors en guerre ouverte avec les Parisiens, en attendant qu'il y fût avec tous les Français. L'Isle-Adam, maison de M. de Conti, en possédait dix-sept: on les enleva, tandis que ce prince (il l'était encore) fugitif, poursuivi, ayant erré plus de soixante heures dans les bois, se sauvait avec peine du royaume, où il rentra quelques mois après, devenu simple citoyen, presque aimé du peuple, qui, depuis son retour, lui a pardonné ses anciennes vexations de chasseur et ses vieux péchés de prince. Le château de Broglie paya aussi en canons son contingent à l'artillerie parisienne : c'était une bien petite expiation du crime de celui qui avait commandé l'armée contre Paris; ce n'était même qu'un léger dédommagement du tort qu'il venait de faire encore plus récemment à la révolution, en faisant enlever de Thionville des fusils, des armes et des munitions de toute espèce, dont il disposa d'une manière peu favorable à la liberté. Limours, château de madame de Brionne, fournit de même quelques pièces d'artillerie : ce n'était pas trop pour la mère de M. de Lambesc. Enfin des détachemens de l'armée parisienne visitèrent plusieurs châteaux, appartenans non plus à des princes, à des maréchaux de France, à des lieutenans-généraux, mais à des financiers, à des millionnaires qui les avaient légalement conquis sur les descendans des ces guerriers, et qui, par une vanité assez mal entendue, y avaient laissé des canons pris dans les batailles par leurs illustres devanciers.

La Fayette était obligé de donner des ordres pour ces différentes expéditions, qui étaient supposées lui plaire, le peuple n'ayant point encore de justes sujets de défiance contre un homme qui, l'un des premiers, avait apporté des États-Unis cette phrase triviale en Amérique, mais neuve alors chez nous, que *l'insurrection est le plus saint des devoirs.* On a vu de quel usage ont été depuis tous ces canons, lorsqu'il s'est agi d'envoyer des détachemens à de grandes distances pour faire cesser les désordres excités par les aristocrates ; désordres qui eussent en effet été très-dangereux, s'il n'y eût eu pour les réprimer que des canons ministériels et non pas des canons populaires. Nous remarquerons à ce sujet ce qui a été observé dans un grand nombre de circonstances depuis la révolution, que l'instinct du peuple l'a mieux conduit que ne l'eût fait la raison plus ou moins éclairée de la plupart de ses chefs, même les mieux intentionnés. Que fût-il devenu en effet si, tandis qu'il était forcé à laisser entre les mains d'un pouvoir exécutif, son mortel ennemi, la disposition d'une grande force armée, il n'eût créé en quelque sorte, dans son propre sein, un second pouvoir exécutif vraiment à ses ordres, une autre force armée vraiment la sienne, capable de repousser la portion de puissance nationale encore placée sous la main de ses adversaires? Mais c'est là, disait-on, une doctrine d'anarchie. Qui en doutait? et qui doutait aussi qu'il ne fallût opter entre l'anarchie et la servitude? Qui ne voyait que les fautes du roi constitutionnel, en perpétuant les désordres, forceraient la nation à marcher vers une liberté complète, tandis que le retour prématuré de l'ordre ramenerait infailliblement le despotisme, incorrigible par son essence, par sa nature?

Toutes ces courses, ces prises de canons, expéditions plus bruyantes que militaires, ne servaient pas moins à entretenir l'ardeur du peuple. La rentrée dans la capitale était une fête, un triomphe. Indépendamment des canons, les dépôts d'armes cachées qui s'y trouvaient, manifestaient des intentions menaçantes qui commandaient au peuple une surveillance nouvelle. C'est une des causes qui empêchèrent la renonciation aux droits féodaux de ramener le calme comme l'avaient annoncé les deux membres de la noblesse qui la proposèrent : elle servit seulement à prévenir de plus grands malheurs. Cette proposition honora ceux qui l'acceptèrent ; elle rendit chers au peuple ceux qui la firent. On crut à leur patriotisme, en les voyant aller au devant d'une nécessité qui ne paraissait instante qu'à la classe peu nombreuse des yeux éclairés et pénétrans. Après une telle démarche, on les crut dignes de marcher au moins du même pas que la révolution, quel que loin qu'elle pût aller. Mais il était de la destinée des nobles français de présenter à peine quelques hommes capables de la suivre jusqu'à son dernier terme, c'est-à-dire, jusqu'à l'égalité réelle, sentie, réduite en acte. C'est un plaisir qui n'est pas indigne d'un philosophe, d'observer à quelle période de la révolution chacun d'eux l'a délaissée, ou a pris parti contre elle. Tel l'a suivie ou accompagnée après le *veto* suspensif, qui l'eût abandonnée si le roi n'eût été en possession de ce beau privilège, devenu bientôt après la cause de sa ruine. Tel autre vient de quitter la France à la destruction de la royauté, qui, passant condamnation sur la royauté héréditaire, fût demeuré Français si on eût établi la royauté élective. Les préjugés, l'habitude, l'irréflexion entraînèrent ceux que l'intérêt personnel n'avait pu dominer. Sous cet aspect, purement moral et philosophique, la révolution a fourni des faits qui, dans l'espace de peu de mois, ont plus avancé un observateur dans la connaissance de l'homme, que ne l'eussent pu faire vingt années dans la société, à toute autre époque. Que dire en voyant la Fayette, après la nuit du 6 octobre, se vouer à Marie-Antoinette, et cette même Marie-Antoinette, arrêtée à Varennes avec son époux, ramenée dans la capitale, et faisant aux Tuileries la partie de whist du jeune Barnave? Tous ces faits ont étonné les contemporains : mais combien eussent-ils été plus surpris, s'ils eussent su que la Fayette, complice de la fuite du roi, avait placé lui-même dans la voiture et sur les genoux de la reine le jeune prince royal, qu'en ce moment il appelait M. le Dauphin! Tous ces faits, plusieurs autres non moins étranges et encore presque ignorés, confirmeront, en se découvrant, une vérité déjà sentie des Français, c'est que la liberté ne date vraiment pour eux que du jour où la royauté fut abolie.

VINGT-CINQUIÈME TABLEAU.

Besenval conduit et enfermé dans un vieux château-fort à Brie-Comte-Robert, escorté par la Basoche, le 10 août 1789.

L'ÉVÉNEMENT qui fait le sujet de ce tableau tient à des faits antérieurs, que nous avons été contraints de laisser derrière nous. Peu important par lui-même, il le devient par les circonstances qui l'accompagnent, et par l'évidente manifestation d'un grand changement dans l'esprit des Parisiens, par la preuve du progrès des idées publiques, nécessaires à l'établissement de la liberté. On put s'apercevoir que, si le peuple de Paris conservait encore du penchant à l'idolâtrie pour certains individus, il était du moins capable de les juger; que s'il pouvait être un moment entraîné par les mouvemens irréfléchis d'une sensibilité dramatique, il pouvait aussi, en revenant à lui-même, protester, avec le sang-froid de la raison, contre l'illusion faite à sa sensibilité: enfin on vit que, sans avoir encore des principes, il cherchait du moins à s'en former; et on put espérer que bientôt il unirait au sentiment de la liberté l'habitude de réflexion qui la maintient et l'affermit.

Le rappel des faits qui donne lieu à ces observations rendra leur application sensible.

Il faut se reporter au moment où, la terreur ayant saisi tous les suppôts du despotisme après la prise de la Bastille, les d'Artois, les Condé, les Broglie précipitèrent leur fuite hors du royaume. Besenval non moins coupable qu'eux, Besenval complice dans leurs projets conçus dans les soupers de Trianon et mûris dans les orgies du Temple, n'avait pas le droit de se croire en sûreté à Versailles. Cependant il avait eu l'audace d'y reparaître publiquement pendant plusieurs jours, et d'y braver l'indignation publique. Enfin, averti de ses propres périls, il avait daigné fuir comme les autres et s'était vu arrêté à Villenauce, sur le chemin de la Suisse, par la milice de la municipalité. C'était l'instant où M. Necker y passait à son retour en France, rappellé par ce même roi qui venait de le bannir de sa cour et de son royaume, et qui depuis avait attendu dans une inquiétude mortelle l'arrivée de ce ministre, par lequel il s'était cru avili et en quelque sorte détrôné, ce fameux jour de la séance royale, où le peuple courut en foule chez le ministre, qui n'ayant point paru à cette séance, semblait l'avoir désavouée. On a su depuis qu'un pur hasard avait empêché M. Necker de s'y montrer; et ce n'est pas la moindre singularité de son histoire, qui, de ce jour surtout, semble appartenir au roman. En effet ne tient-elle pas de la fiction, cette entrevue de madame de Polignac et de M. Necker à Bâle, où tous les deux se rencontrent, chassés de la cour et de la France, l'une par la France, l'autre par la cour?

Les jeux du théâtre vont-ils plus loin que ceux de la fortune dans le concours de circonstances qui rapprochent ces deux personnages, dont l'une dit à l'autre : « Je vous ai fait chasser, et je suis chassée à mon tour; c'est moi qu'on bannit, et c'est vous qu'on rappelle. Allez, soyez l'idole de la nation, jusqu'à ce que... » Le ministre n'avait pas long-temps à l'être. Mais si son règne fut court, il fut au moins brillant. Accueilli partout avec l'ivresse de l'enthousiasme, il est instruit dans sa route du danger que court M. de Besenval ; il implore pour lui l'indulgence du peuple, il se rend en quelque sorte garant de son innocence. Ce ne fut pas sans doute une médiocre surprise pour M. Necker de voir la commune de Villenauce renvoyer cette demande à la décision de l'assemblée nationale, et en attendant retenir le prisonnier sous bonne garde. L'arrivée du ministre à Versailles fut un triomphe, à Paris une fête. Le même sentiment parut animer le roi, l'assemblée nationale, Paris, la nation. Il étoit bien difficile que M. Necker ne crût pas au succès d'une demande qu'il adresserait au peuple. Une absence de dix-sept jours lui avoit dérobé la connoissance de ces changemens rapides dans l'opinion, dans les idées, dans les intérêts variés et mobiles des différens partis; connoissance sans laquelle il est impossible de ne pas s'engager en quelques fausses démarches.

Comment M. Necker, entouré de tous les hommages des citoyens rassemblés à l'hôtel-de-ville, n'eût-il pas essayé d'obtenir de leur enthousiasme ce qui lui avoit été refusé par une municipalité provinciale ? Sa demande, principalement adressée aux électeurs fut accueillie avec transport ; et l'enthousiasme ayant saisi toute l'assemblée, les mots *amnistie générale* furent proclamés dans la salle, et bientôt dans tout Paris. Au premier moment la joie fut universelle ; mais bientôt après le peuple s'écria que cet exercice de la souveraineté n'appartenait pas à ceux qui se l'étaient arrogé, que le terme marqué aux pouvoirs des électeurs était expiré, qu'ils étaient remplacés par ses représentans provisoires, membres de la commune ; et que ceux-ci même ne pouvaient pas prononcer, au nom de la capitale, le pardon des crimes commis contre la nation.

Cette jalousie inquiète que montrait le peuple sur l'emploi, la gradation, les limites des pouvoirs confiés par lui, confondait cette foule d'hommes qui ne pouvaient se persuader que les Français fussent capables de réduire en acte ce dogme de la souveraineté nationale, si nouveau pour la plupart d'entre eux, et pour M. Necker lui-même, qui, dans son discours à la commune, lui avait parlé de la liberté *sage* dont les Français allaient jouir. Les soixante districts ne voulurent point de cette *sagesse*. Ils sentirent qu'elle tendait à soustraire au glaive de la loi les conspirateurs qui avaient tenté d'étouffer la liberté naissante, et qu'une imprudente amnistie allait ramener triomphans au pied du trône et dans la capitale. Les esprits s'échauffèrent; bientôt la fermentation fut au comble. Quelques-uns de ces hommes ardens que dans ces crises violentes on appelle séditieux, mais qui contribuent à rendre les crises salutaires, firent sonner le tocsin comme dans le plus imminent danger de la patrie. Il suffisait de le craindre pour qu'il cessât. Il disparut dès qu'on le crut un danger. Les électeurs, effrayés de la terreur générale, motivèrent leur arrêté, et en le motivant, l'annulèrent en quelque sorte. Ils déclarèrent qu'en exprimant un sentiment de pardon et d'indulgence envers les ennemis de la patrie, ils n'avaient pas prétendu prononcer la grâce de ceux qui seraient prévenus, accusés, ou convaincus de crime de lèse-nation. Les représentans de la commune allèrent plus loin : ils ordonnèrent qu'on arrêtât Besenval, jusqu'au moment où l'on statuerait sur son sort. Enfin, l'assemblée nationale, en mettant l'accusé sous la garde de la loi, déclara qu'elle persistait dans ses précédens arrêtés sur la responsabilité des ministres et agens du pouvoir exécutif, et sur l'établissement d'un tribunal qui prononcerait sur leurs délits.

Le concours de mesures prises en même temps et par l'assemblée nationale et par la commune calma le peuple et rétablit la tranquillité dans

Paris. On conduisit Besenval au château de Brie-Comte-Robert, où il fut gardé soigneusement et à grands frais.

Le peuple, en voyant que le prisonnier ne pouvait lui échapper, et se tenant sûr de sa vengeance, modéra ses emportemens. Des affiches lui apprenaient chaque jour les soins qu'on se donnait pour prévenir l'évasion de l'accusé; et ce fut cette attention qui le sauva. On ne s'efforça point de hâter un supplice qu'on croyait sûr; et le coupable échappa entre la loi ancienne qui lui avait commandé d'obéir à son *maître*, et les principes nouveaux qui, faisant un devoir de l'insurrection, poursuivent et condamnent ceux qui s'efforcent de la réprimer.

VINGT-SIXIÈME et DERNIER TABLEAU.

Députation des femmes artistes présentant leurs pierreries et bijoux à l'Assemblée nationale à Versailles, le 7 septembre 1789.

C'EST un de ces momens précieux au génie des arts non moins qu'au patriotisme. Les annales de Rome n'ont point dédaigné d'immortaliser les sacrifices que de généreuses citoyennes firent à leur patrie des ornemens les plus chers à leur sexe, et le pinceau des artistes s'est souvent exercé sur cet acte de civisme. Chez nos vertueuses citoyennes françaises, le sentiment et le sacrifice sont les mêmes; et de plus l'action pareille offre un autre genre d'intérêt relatif aux personnes. Celles qui apportaient cette offrande unissaient aux grâces de leur sexe la gloire des arts et des talens, partage de leurs familles, de leurs pères, de leurs époux, et même le leur propre: car plus d'une parmi elles pouvait avec succès retracer sous ses crayons ou sous ses pinceaux le tableau dont elle avait fait partie, et reproduire, comme artiste, la scène où, comme actrice, elle avait agréablement figuré.

Le tribut présenté à la patrie par nos jeunes citoyennes fut modique et proportionné à leur fortune: mais l'heureux exemple qu'elles donnaient, était véritablement une riche offrande; il réveilla l'esprit public, dans un temps où l'esprit public était la seule ressource de l'état. C'était une des plus dangereuses époques de la révolution; c'était le moment où la destruction des droits féodaux, des dîmes, des priviléges de toute espèce, en irritant toutes les passions, en désolant tous les intérêts, avait rallié tous les ennemis publics contre l'espérance de la régénération nationale. Accablés sous les ruines du despotisme, tous se réunissaient pour disperser les matériaux du nouvel édifice à peine ébauché. Le plus sûr moyen d'atteindre cet exécrable but, c'était de renverser la fortune publique, déjà si chancelante; faire disparaître le numéraire, l'enfouir, l'exporter, anéantir ou embarrasser la perception des impôts, c'était le but de toutes leurs manœuvres. Les destins d'un grand empire tenaient à quelques millions de plus ou de moins dans le trésor public. Il s'agissait de gagner le moment où un nouveau plan de finances serait présenté à la nation par le ministre en qui elle se confiait encore. Jusqu'alors, il fallait vivre de ressources momentanées; et l'état était réduit à demander aux citoyens des sacrifices volontaires, dont la récompense se montrait en perspective dans la liberté publique, œuvre de la constitution que l'assemblée nationale promettait aux Français.

Elle s'occupait alors d'une question très-importante, celle du droit accordé à un seul homme, nommé roi, de suspendre ou d'annuler la volonté d'une grande nation. Cette discussion avait rempli une partie de la séance du lundi 7 septembre, lorsque le président demanda à l'assemblée si elle voulait recevoir une députation composée de onze vertueuses citoyennes, qui venaient lui offrir, avec leurs hommages, leurs parures et leurs bijoux. Un applaudissement universel fut la réponse à cette question. Elles paraissent: on leur fait préparer des siéges hors de la barre dans l'intérieur de la salle. Ces dames, toutes vêtues de blanc, toutes décemment et simplement coiffées, ornées d'une cocarde patriotique, s'avancent, précédées de deux huissiers, se rangent sur une ligne, et saluent le président et l'assemblée.

Madame Moitte, femme d'un artiste distingué, qui avait, en qualité d'auteur du projet, été nommée présidente de la députation, devait prononcer un discours; mais craignant, soit par la faiblesse de sa voix, soit par sa timidité, de n'être pas entendue de l'assemblée, elle pria M. Bouche, député d'Aix, de le prononcer pour elle.

M. Bouche, ayant reçu le discours de madame Moitte, dit:

« Messeigneurs, (on prononçait encore ce mot, » que le développement des principes de la liberté a » proscrit, même en parlant à l'assemblée nationale)

» La régénération de l'état sera l'ouvrage des » représentans de la nation.

» La libération de l'état doit être celui des bons » citoyens.

» Lorsque les Romaines firent hommage de » leurs bijoux au sénat, c'était pour lui procurer » l'or sans lequel il ne pouvait accomplir » le vœu fait à Apollon par Camille avant la » prise de Vcies.

» Les engagemens contractés envers les créan- » ciers de l'état sont aussi sacrés qu'un vœu. La » dette publique doit être scrupuleusement acquittée, » mais par des moyens qui ne soient pas » onéreux au peuple.

» C'est dans cette vue que quelques citoyennes, » femmes ou filles d'artistes, viennent offrir à » l'auguste assemblée nationale des bijoux qu'elles » rougiraient de porter, quand le patriotisme leur

» en commandé le sacrifice. Eh! quelle femme ne
» préférerait l'inexprimable satisfaction d'en faire
» un si noble usage, au stérile plaisir de conten-
» ter sa vanité?

» Notre offrande est de peu de valeur, sans
» doute; mais dans les arts, on cherche plus la
» gloire que la fortune; et notre hommage ne peut
» être proportionné au sentiment qui nous ins-
» pire.

« Puisse notre exemple être suivi par le grand
» nombre de citoyens et de citoyennes dont les
» facultés surpassent de beaucoup les nôtres!

« Il le sera, si vous daignez l'accueillir avec bon-
» té, si vous donnez à tous les bons patriotes la
» facilité d'offrir des contributions volontaires,
» en établissant dès à-présent une caisse unique-
» ment destinée à recevoir tous les dons en bijoux
» ou espèces, pour former un fonds qui serait in-
» variablement employé à acquitter la dette pu-
» blique. »

Après ce discours, vivement applaudi, madame
Moitte, qui tenait la cassette où étaient renfermés les bijoux, monta au bureau des secrétaires,
et la déposa entre leurs mains; la cassette fut
ensuite remise sur le bureau du président, qui,
s'adressant à ces dames, leur dit:

« L'assemblée nationale voit avec une vraie sa-
» tisfaction les offres généreuses auxquelles vous
» a déterminées votre patriotisme.

» Puisse le noble exemple que vous donnez

» en ce moment, propager le sentiment héroïque
» dont il procède, et trouver autant d'imitateurs
» qu'il aura d'admirateurs!

» Vous serez plus ornées de vos vertus et de
» vos privations, que des parures que vous venez
» de sacrifier à la patrie.

» L'assemblée nationale s'occupera de votre
» proposition, avec tout l'intérêt qu'elle inspire. »

Ce discours fut aussi très-applaudi; et un membre proposa d'insérer dans le procès-verbal de l'assemblée le discours et les noms de ces dignes citoyennes. La proposition fut agréée; et l'assemblée demanda même que les noms fussent lus en ce moment. Il serait injuste de leur refuser ici l'honneur dont ces noms jouissent dans les premières pages des annales de la patrie: c'étaient mesdames Moitte, Vien, la Grénée, Suvée, Beruer, du Vivier, Belle, Fragonard, Vestier, Peyron, David, Vernet, Desmarteaux, Beauvarlet, Cornedecerf; mesdemoiselles Vassé, de Bourecueil, Vestier, Gerard, Pithoud, Viefville, Hautemps.

Après la lecture de ces noms, l'assemblée, en décernant à ces dames l'honneur de la séance, voulut qu'elles conservassent la place de distinction qui leur était accordée.

D'autres honneurs et d'autres applaudissemens les accompagnèrent au sortir de l'assemblée, soit à Versailles, soit à Paris. Elles étaient attendues à l'entrée des Champs-Élysées par un détachement des élèves de l'académie de peinture et de sculpture, et par des musiciens précédés de flambeaux, qui entourèrent la voiture de ces dignes citoyennes.

Le peuple, toujours éclairé par un sentiment prompt sur ses intérêts et sur ses besoins, les comblait de bénédictions. Les districts devant lesquels elles passèrent, firent prendre les armes, et ajoutèrent chacun un certain nombre d'hommes pour augmenter la garde d'honneur qui précédait les voitures. Ce cortége les conduisit jusqu'au Louvre, où logeaient la plupart de ces dames; et en entrant dans ce séjour des arts, les musiciens eurent la délicate attention de jouer l'air: *Où peut-on être mieux qu'au sein de sa famille?*

Telle fut la première récompense que nos aimables patriotes obtinrent de leur civisme dans cette journée. Mais elle ne fut que le présage du prix plus flatteur qu'elles avaient espéré de leur démarche, l'avantage d'être imitées. Dès ce moment, l'assemblée reçut chaque jour de nouvelles offrandes. Plusieurs districts formèrent des bureaux et des caisses pour réunir ces tributs, qu'ils portaient ensuite à l'assemblée. Il se forma différentes sociétés qui se piquèrent d'une émulation généreuse. C'était à qui enrichirait le plus l'autel de la patrie, à qui repousserait le plus le fléau que les aristocrates invoquaient comme un présent du ciel et comme leur unique espérance, la banqueroute. Ils frémissaient de la voir tous tous les jours s'éloigner davantage, d'entendre tous les jours dans l'assemblée, de lire dans les journaux la liste des dons patriotiques qui attestaient le noble dévouement d'un grand nombre de citoyens. « On vit, disent les deux historiens que nous avons déjà cité plus d'une fois, on vit l'enfance sacrifier ses jouets, la vieillesse les soulagemens si nécessaires à son existence, l'opulence présenter le tribut de ses richesses, l'indigence celui de sa pauvreté, les domestiques dans plusieurs maisons particulières se réunir, dans plusieurs manufactures les ouvriers se cotiser et donner à l'état une portion de leur faible pécule, quelques-uns même ouvrir une souscription chez un notaire. Enfin une pauvre femme, rencontrant les députés de son district qui allaient porter leur contribution à l'assemblée nationale, voulut avoir part à cette œuvre civique, et les contraignit, à force de prières et de larmes, d'accepter la moitié de sa fortune, vingt-quatre sous, et de joindre le denier de la veuve à leurs magnifiques offrandes. Tous ces traits de vertu, et il y en eut plusieurs, étaient pour la patrie un trésor plus précieux que les sommes qu'ils produisaient. Ils montraient que les Français, quoiqu'osassent dire les ennemis publics, n'étaient pas indignes de la liberté, malgré l'abîme de vices où la servitude les avait plongés. Nous avons vu, deux ans après, la guerre étrangère et les menaces des despotes provoquer de nouveaux sacrifices consommés avec un nouvel enthousiasme. De nouveaux exemples de vertu auraient dû décourager les tyrans extérieurs, et leur annoncer dès-lors le triomphe de la liberté. Mais ce n'était point à eux d'imaginer que les vertus d'un peuple peuvent être le prélude de ses victoires.

FIN DES TABLEAUX SUR LA RÉVOLUTION.

PRÉCIS HISTORIQUE

DES

RÉVOLUTIONS DE NAPLES

ET DE SICILE.

CHAPITRE PREMIER.

Gélon, tyran de Syracuse, avant J.-C. 480. — Gélon dépose son autorité entre les mains du peuple. — Avant J.-C. 414, Denis tyran de Syracuse.—Avant J.-C. 405, — 346, — les Syracusains appellent Timoléon à leur secours. — Timoléon se fixe en Sicile. — Mort de Timoléon. — Agathocle est élu tyran de Syracuse, avant J.-C. 310. — Agathocle est chassé de Sicile, et meurt en Italie, avant J.-C. 278. — Avant J.-C. 269, Hiéron gouverne la Sicile et en fait le bonheur. — Archimède. — Siège de Syracuse par Marcellus. — Avant J.-C. 212, Naples, simple province romaine, est gouvernée par les ducs.

Les royaumes de Naples et de Sicile furent réunis sous les mêmes lois au commencement du douzième siècle; depuis cette époque (et hors l'intervalle de cent cinquante années), ne formant qu'une seule et même puissance, nous avons cru devoir présenter, sous un seul et même point de vue, les principaux événemens de leur histoire.

En effet, dans cet intervalle même où les deux royaumes sont séparés, pendant cette longue rivalité des maisons d'Aragon et d'Anjou, les guerres civiles que se font les deux peuples, c'est-à-dire, leurs souverains, semblent mêler et confondre les annales des deux empires ; nous ne les séparerons donc point, même dans le précis des événemens de ce période, où les alternatives de leurs victoires et de leurs défaites ne forment pour les deux peuples qu'une suite de mêmes calamités : et quant aux siècles reculés, la Sicile seule mérite d'attirer nos regards, puisqu'elle était déjà couverte de villes opulentes et célèbres, dans un temps où Naples n'était qu'une république obscure, resserrée dans les limites d'un territoire borné, distinguée seulement par sa fondation antérieure à celle de Rome même, mais bientôt recherchant l'amitié de ces redoutables voisins, et heureuse sous la protection de cette alliance, jusqu'au moment où elle passe sous leur empire.

La Sicile, célèbre avant les temps historiques, partage avec la Grèce, les îles de l'Archipel et les belles contrées de l'Asie, l'honneur de rappeler ces traditions antiques, recueillies et ornées par l'imagination des poètes. Elle est en effet, ainsi que ces contrées, le théâtre des événemens et des prodiges consacrés par la mythologie, le berceau de plusieurs de ses fables même, et la patrie de ces héros et de ces dieux admis par la postérité. Ces peuples, sous un ciel heureux, dans un climat fertile, cultivèrent de bonne heure, ainsi que les Grecs, les arts de l'imagination, et témoins comme eux des phénomènes variés et des merveilles de la nature, ils virent naître des artistes pour la peindre et des poètes pour la chanter.

On conçoit qu'avec ces avantages la civilisation n'y dut pas être moins prompte; aussi la Sicile est-elle représentée comme un pays florissant, couvert de républiques déjà puissantes, au temps même où les Sicanes (peuplade espagnole), où les Sicules (nation italienne), y viennent chercher des établissemens. Mais ce furent les Grecs, fondateurs de plusieurs colonies, telles que Géla, Agrigente, Syracuse, qui, en y portant leur langue, leurs usages, leur caractère, développèrent le génie des indigènes, et transportèrent, pour ainsi dire, la Grèce dans la Sicile. Même esprit, mêmes effets de cet esprit, un pays partagé en différens états, les uns républicains, les autres soumis à un tyran; des guerres, des rivalités, des divisions intestines, des usurpateurs, des conspirations: tout rappelle les Grecs et leur histoire. Mais leur histoire même n'offre rien de plus beau peut-être et de plus imposant que le moment où Syracuse, après deux siècles d'un gouvernement orageux, forme sous les lois de Gélon, la seule grande puissance de la Sicile. Quel spectacle de voir Gélon usurpant, il est vrai, l'autorité souveraine, mais la dévouant aux soins de la félicité publique, repoussant les Carthaginois qui, voisins de la Sicile, y possédaient d'anciens établissemens ; portant en peu d'années son peuple au plus haut degré de splendeur; ensuite, venant seul, sans armes, dans la place publique, au milieu des Syracusains armés par ses ordres, offrant de rendre compte de sa conduite, même de ses facultés, à ses sujets assemblés, et déposant le pouvoir suprême au milieu de ses concitoyens ! Le peuple, dans le transport de sa reconnaissance, lui rend, d'une acclamation unanime, l'autorité abdiquée, la consacrant même par le nom de *roi;* car il n'avait régné que sous celui de *préteur*. On lui décerne une statue qui le représente désarmé, vêtu en simple citoyen, tel qu'il s'est présenté à l'assemblée le jour de son abdication. C'était en effet le plus beau de sa vie.

C'est à un tel caractère qu'il appartient d'être, comme le dit un de nos grands écrivains, le seul homme qui, dans un traité de paix, ait jamais stipulé pour l'humanité entière. Vainqueur des Carthaginois qu'il chassa de son île, il leur impose, parmi les conditions du traité, la loi de renoncer chez eux aux sacrifices des victimes humaines ; et consacrant par la religion même ce sentiment humain, il ordonne, aux frais des vaincus, la construction de deux temples, l'un à Carthage, l'autre en Sicile ; monumens augustes où fut déposé, sous la garde des dieux, le double du traité qui les frustrait de ces cruelles offrandes.

Le respect attaché à la mémoire de ce prince fut tel que les Syracusains supportèrent patiemment après lui ses deux frères Hiéron et Trasibule : pardonnant à l'un d'être un roi faible et indolent, trop peu digne du sang de Gélon, et à l'autre d'être un tyran barbare qui le déshonorait. Les vexations de ces deux règnes réveillèrent, dans les Syracusains, cet esprit démocratique si naturel aux Grecs ; mais la république, rendue à son ancienne forme, perdit cette énergie et cette influence souvent plus fortes et plus rapides sous le gouvernement d'un seul. C'est ce qu'on vit dans une suite de guerres contre des voisins moins puissans qu'elle. Un grand danger lui rendit bientôt toutes ses forces ; et l'on retrouve la Syracuse de Gélon, à la grande époque de la descente des Athéniens en Sicile.

Une discussion, pour des limites de frontières entre deux petites républiques siciliennes, dont l'une appelait Athènes à son secours, fût un prétexte dont l'ambition d'Alcibiade se prévalut pour engager une guerre qui commença la ruine de sa patrie. Les premiers succès des généraux athéniens, parvenus à bloquer Syracuse par terre et par mer, effrayèrent Lacédémone, qui envoya aux Syracusains des troupes et un libérateur. Mais cette violente crise avait fait sentir à Syracuse le besoin d'un chef contre les ennemis étrangers. Hermocrate repoussa plus d'une fois les Carthaginois qui possédaient encore des établissemens dans l'île, et préparait ainsi les usurpations et la grandeur de Denis, son gendre; tyran bizarre, avide de conquêtes et recherchant les philosophes; inégal dans le développement de ses talens politiques et militaires; épris de la gloire, et se déshonorant par des cruautés gratuites; méditant une descente à Carthage et mourant de joie du succès d'une tragédie.

Denis le jeune, autre tyran, indigne même de son père, offre le tableau affligeant d'un prince qui, né avec d'heureuses dispositions, appelle d'abord autour de lui la philosophie et les arts, les exilant bientôt à la voix des flatteurs, vendant Platon pour s'en défaire, se livrant ensuite à tous les vices de la fortune; enfin, chassé deux fois pendant un règne qui ne fut qu'une longue guerre contre ses peuples. Dans l'état où était réduite Syracuse, déchirée au-dedans, menacée au-dehors, affaiblie par des passages violens du despotisme à l'anarchie et de l'anarchie au despotisme, elle tourne les yeux vers Corinthe, son ancienne métropole, et demande, par des ambassadeurs, des secours contre ses tyrans domestiques et ses ennemis étrangers, les Carthaginois.

Corinthe possédait un citoyen qui, après avoir servi sa patrie dans la guerre et dans la paix, n'aspirait, depuis vingt ans, qu'à se faire oublier d'elle. Il avait caché dans un désert sa mélancolie et son désespoir plutôt que ses remords. Timoléon pouvait-il les connaître? Le meurtre qu'il avait commis avait sauvé la république; il avait chéri sa victime; il l'avait, dans un combat, couvert de sa personne; mais Timophane aspire à la tyrannie, Timoléon l'immole et pleure son frère. Il le pleure vingt ans, enseveli dans la retraite, et se croyant un objet de la haine céleste, non pour avoir châtié un tyran, mais pour l'avoir trouvé dans un frère qu'il chérissait. A la prière des ambassadeurs syracusains qui demandent un général, un ennemi des tyrans, un vengeur de la liberté, le peuple s'écrie: « Timoléon ! » On députe vers lui, on le presse; il obéit sans joie: il part.

Le nom de Timoléon avait hâté la levée des troupes. Il voit de loin la côte de Sicile; mais pour arriver à Syracuse, il fallait échapper à la flotte des Carthaginois. Son habileté triomphe de cet obstacle: il aborde; il bat Jectas, tyran de Léonte, qui, sous prétexte de délivrer les Syracusains contre Denis, aspirait à le remplacer. Sa victoire lui livre Syracuse. Il renvoie Denis à Corinthe, voyage qui fit un proverbe dans la Grèce. Il fallait encore renvoyer les Africains à Carthage; c'est ce que fit une nouvelle victoire de Timoléon. Les conditions de paix qu'il leur imposa assurèrent la liberté de toutes les villes grecques qu'ils avaient opprimées; et déjà ses soins avaient purgé la Sicile des tyrans qui ne dépendaient pas des Carthaginois. De retour à Syracuse, il se donne à lui-même un spectacle fait pour son cœur ; maître de la citadelle, dernier asile du dernier tyran, il appelle le peuple à la destruction de ce monument odieux ; et de ses débris même, sur la même place, il fait élever un édifice public consacré à l'administration de la justice. Syracuse était déserte ; il rappelle les exilés. Mais leur nombre ne suffisant pas pour repeupler la solitude de cette ville immense, une nouvelle colonie arrive de Corinthe, qui redevient en quelque sorte la fondatrice de Syracuse.

La Sicile délivrée, vengée, repeuplée, heureuse par les soins d'un seul homme, Corinthe redemande Timoléon. Mais déjà il habite une retraite solitaire près de la ville dont le bonheur est son ouvrage. La Sicile est la nouvelle patrie que son cœur adopte, et où il n'a point à pleurer les tyrans qu'il a punis. C'est aux frais de la république que fut préparé son asile champêtre. Un décret lui assigna pour sa maison le plus bel édifice de la ville ; car il y venait quelquefois pour les délibérations les plus importantes, à la prière du sénat et du peuple ; un char allait le chercher et le reconduisait chez lui avec un nombreux cortége. Les plus illustres citoyens allaient fréquemment lui porter leurs hommages ; on lui présentait les voyageurs et les étrangers les plus célèbres de la Sicile et de la Grèce qui voulaient voir ou avoir vu Timoléon. Mais devenu vieux, il ne pouvait que les entendre, et la perte de sa vue ajoutait à l'intérêt et à la vénération publique. Il recueillit jusqu'au dernier moment de sa vie ce tribut habituel de respects unanimes et volontaires. Sa mort fut une calamité ; et, parmi les honneurs prodigués à sa mémoire, on distingue le décret qui ordonnait d'aller demander à la ville de Corinthe un général dans les dangers de Syracuse.

La république jouit vingt ans du fruit des exploits et des bienfaits de Timoléon. Mais de nouvelles factions amenèrent de nouveaux malheurs. Le plus grand de tous fut Agathocle, né dans la dernière classe des citoyens. Elevé par son mérite à un commandement militaire, il parvint à la puissance de Denis, avec de plus grands talens et un plus grand éclat. On le vit, dans un de ses revers qui le priva du fruit de ses premiers succès, sortir de sa capitale assiégée par les Carthaginois, et passant la mer, porter la guerre en Afrique : conduite audacieuse, justifiée par l'événement, sans exemple jusqu'alors, et depuis imitée par plus d'un capitaine. Il avait porté la hardiesse jusqu'à brûler ses vaisseaux en abordant au rivage ennemi, pour mettre ses soldats dans la nécessité de vaincre ou de mourir : autre exemple d'audace qui a trouvé aussi d'illustres imitateurs.

On admire, malgré soi, dans ce caractère souillé de cruautés et de vices, différens traits d'une grandeur imposante. Fils d'un potier de terre, loin de rougir de son origine, il s'en faisait un triomphe de tous les jours ; et dans les festins qu'il donnait à ses courtisans, il mêlait aux coupes d'or des convives, la coupe d'argile de leur maître, fier de la bassesse de sa naissance qui constatait la supériorité de ses talens, et lui laissait l'honneur d'être son ouvrage; orgueil nouveau, plus raisonnable après tout, plus noble même que l'orgueil fondé sur des ancêtres. Chassé enfin malgré ses talens, mais né pour asservir, il mourut en Italie, tyran des Brutiens, et victime d'une vengeance particulière et inouïe (1); il laissait une fille dont l'hymen attira sur la Sicile de nouvelles infortunes. Elle avait épousé Pyrrhus, roi d'Epire, à qui les Syracusains eurent l'imprudence de demander pour roi le fils qu'il avait eu d'elle; ils voulaient obéir au petit-fils de cet Agathocle, qu'ils avaient détesté et banni; ils espéraient d'ailleurs se faire de Pyrrhus un appui contre les Carthaginois : mais Pyrrhus se croyant leur roi sous le nom de son fils, ils s'indignèrent et se lassèrent de ses violences, au point de s'allier avec ces mêmes Carthaginois, pour le chasser de la Sicile. L'imprudent roi d'Epire alla commettre de nouvelles fautes en Italie, abandonnant la Sicile plus que jamais à des divisions intestines, aux descentes des Africains, et à des désastres qui ne

---

(1) Un cure-dent empoisonné par un de ses ennemis consuma ses gencives. Le poison se communiqua rapidement à toutes les parties de son corps, qui ne fut bientôt plus qu'une plaie. Déchiré par les douleurs, on le porta vivant sur un bûcher.

cessèrent qu'au commencement du règne d'Hiéron.

Hiéron, descendu de Gélon, qui comme lui fit le bonheur de Syracuse, avait comme lui commencé par être un usurpateur. Il avait fait la paix avec les Carthaginois, et même s'était ligué avec eux contre les Mamertins, peuplade italienne et guerrière, qui avaient envahi Messane, un des plus beaux territoires de l'île, et qui s'étaient fortifiés par une alliance avec Rome : époque remarquable de la première descente des Romains en Sicile. Hiéron battu par eux, mécontent des Carthaginois, les abandonne pour s'allier aux vainqueurs, dont sa prudence prévoit la grandeur future; conduite qui fit pendant soixante ans le bonheur de Syracuse. On voit avec surprise cette ville heureuse, et jouissant d'une tranquillité constante et inaltérable au milieu des calamités du reste de la Sicile, entre les armées et les flottes des deux grandes puissances qui se disputaient l'empire du monde.

Dans ce long période, Hiéron s'occupant de l'administration intérieure de son royaume, du commerce, surtout de l'agriculture, composant même un livre sur cet art, première richesse de tous les pays, et surtout du sien, y rapportait la plupart des lois dont il rédigea lui-même le code, lois qui gouvernèrent la Sicile après lui, et qui furent respectées par les Romains. Il rassemblait autour de lui tous les arts, ceux d'utilité, ceux d'agrément, ceux même de la guerre : car ce fut à sa sollicitation qu'Archimède, son parent et son ami, appliqua la géométrie et la mécanique à des usages militaires. Il remplit ses arsenaux de machines pour l'attaque et la défense des places, inventions d'Archimède, qui bientôt après furent dirigées contre ces mêmes Romains, dont il avait été soixante ans l'allié le plus fidèle. C'est ce qu'on vit après la mort de son fils Hiéronime, qui rompit une alliance utile et glorieuse, pour s'unir avec les Carthaginois, et se précipiter dans leur ruine.

Ses deux successeurs, Epicide et Hippocrate, se déclarèrent aussi contre les Romains, qui, après plusieurs victoires, vinrent assiéger Syracuse. Les deux tyrans subalternes qui l'opprimaient au-dedans, sous prétexte de la défendre au-dehors, osèrent lutter contre la puissance romaine, et fortifiés du génie d'Archimède, plus habile géomètre que politique éclairé, engagèrent ou forcèrent ce grand homme à défendre la ville contre une flotte et une armée également formidables. On n'attend pas de nous que nous insistions sur les détails de ce siège fameux, où les talens d'un seul homme arrêtent et repoussent pendant trois ans un des plus grands généraux de Rome.

Marcellus, après des pertes multipliées sur terre et sur mer, effet des machines d'Archimède, change le siège en blocus, et se consolant de tous ses vains efforts contre la capitale par des conquêtes et des victoires dans le reste de la Sicile, réunit enfin toutes ses forces pour livrer un assaut général. On dit que, prêt à donner le signal de toutes les attaques, qui devaient être suivies du pillage, immobile et rêveur à l'aspect de cette ville célèbre et malheureuse, séjour autrefois de tant de grands hommes en tous genres, nés ou illustrés dans son sein, au souvenir de tant d'événemens qui signalèrent sa puissance, Marcellus ne put commander à son émotion, ni même retenir ses larmes. Syracuse fut presqu'entièrement détruite, mais elle se releva par degrés de sa ruine, et resta toujours l'ornement de la Sicile, devenue province des Romains.

Naples, une des plus anciennes républiques de l'Italie, mais peu guerrière au milieu de tant de voisins belliqueux, s'était volontairement soumise à la puissance romaine, seul moyen de s'en faire un appui. Cette ville conserva ses priviléges et ses lois municipales, sous les protecteurs qu'elle s'était choisis; et par un bonheur surprenant, les guerres qui désolèrent l'Italie dans les différentes époques de Pyrrhus, d'Annibal, de Spartacus et de la guerre sociale, n'attirèrent sur elle que la moindre partie des calamités qui accablèrent plusieurs des villes attachées aux Romains. Naples et la Sicile gouvernées, l'une par ses lois particulières, l'autre par des préteurs ou des proconsuls, demeurent pendant plusieurs siècles presque oubliées des historiens romains, qui ne citent Naples que comme un séjour de délices et de volupté, et la Sicile comme le grenier de l'empire. Elles eurent sans doute à souffrir quelquefois, comme tant d'autres provinces, des abus d'une administration dure et violente; mais le nom romain les préserva des calamités attachées à la guerre et aux dissentions intérieures. Heureux ces deux peuples, s'ils eussent continué d'échapper à l'histoire! mais elle les retrouve vers la fin du cinquième siècle, plongés dans le cahos du démembrement de l'empire romain, passant dans l'espace de soixante-quinze années, sous les lois d'Odoacre, de Théodoric, de Totila, conquérans qui, malgré les idées de terreur attachées à leurs noms, mêlèrent quelques vertus, même la clémence, à leurs exploits guerriers, et qui seuls, avec les Bélisaire et les Narsès, leurs ennemis et quelquefois leurs vainqueurs, sont distingués dans la confusion d'un tableau monotone, chargé de personnages obscurs et trop souvent odieux. D'autres barbares, les Sarrasins, se répandent dans la Sicile, s'y maintiennent, assurent leurs conquêtes; et profitant des rivalités mutuelles, des dissentions intestines, qui désolaient les villes et les principautés d'Italie, épiaient le moment de s'emparer de Naples.

Au milieu de ses convulsions, Naples avait conservé la constitution républicaine, sous des chefs appelés *ducs*, indépendans plus ou moins de l'empire d'Orient, suivant la faiblesse plus ou moins grande des empereurs, qui depuis long-temps n'avaient sur l'Italie qu'un vain titre de souveraineté. Mais ce cahos va s'éclaircir : tout change par un de ces événemens inattendus, qui rend à l'histoire le droit d'intéresser ; mérite que celle d'Italie avait perdu depuis trop long-temps.

CHAPITRE DEUXIÈME.

An de J.-C. 1005, arrivée des Normands en Italie au retour d'une croisade. — Les Normands fondent la ville d'Averse auprès de Naples. — 1035, Vont faire la guerre aux Sarrasins en Sicile. — S'emparent de la Pouille et fondent le royaume de Naples. — Les enfans de Tancrède de Hauteville se partagent leurs conquêtes. — En 1072, les Normands obtiennent du Pape l'investiture de la Sicile. — En 1139, Naples est réuni à la Sicile. — Guillaume-le-Bon, roi de Sicile, appelle la maison de Souabe pour lui succéder. — Cause de la guerre et malheurs de la Sicile, 1195. — Henry, fils de Tancrède, meurt à Messine, détesté de ses peuples. — Le Pape est élu régent du royaume des deux Siciles. — Origine des prétentions de la cour de Rome. — En 1198, Frédéric excommunié et déposé. — Frédéric meurt en 1250. — Mainfroy est nommé gouverneur du royaume. — Conrad, héritier de Frédéric, chasse Mainfroy de ses états. — Conrad meurt, et laisse Conradin en bas âge, héritier de son royaume. — Mainfroy accepte la régence. — La reine fait répandre la nouvelle de la mort de Conradin. — Mainfroy est couronné en 1258. — Le pape Clément IV l'excommunie, met le royaume de Naples en interdit, et en offre la couronne à tous les souverains de l'Europe. — Charles d'Anjou, frère de Saint-Louis, l'accepte. — Il reçoit, en 1265, l'investiture du pape. — Mainfroy est vaincu et tué en combattant, en 1266. — Charles d'Anjou, maître de la Sicile. — Conradin paraît en Italie ; offre le combat à Charles d'Anjou, est vaincu et fait prisonnier.

— Supplice de Conradin, en 1270.— Le comte d'Anjou règne en Sicile et s'y fait détester.—Vêpres Siciliennes, le 29 mars 1282.— Guillaume Porcelet est excepté seul du massacre et reconduit en France.— Charles veut former le siége de Syracuse.— Est repoussé par l'amiral Loria. — Pierre d'Aragon, oncle et héritier de Conradin, est élu roi de Sicile. — En 1285, Charles d'Anjou meurt accablé des malheurs qu'il s'est attirés par ses cruautés.

C'est au retour d'un voyage à la Terre-Sainte que quarante ou cinquante gentilshommes normands vont jeter en Italie les fondemens d'un empire. Ils descendent à Salerne au moment où cette ville, assiégée par les Sarrasins, avait capitulé et préparait sa rançon. Indignés de la faiblesse de de leurs hôtes, et, semblables à ce Romain qui, s'offensant de l'appareil d'un traité honteux, le rompt et l'annulle par sa présence, ces généreux chevaliers offrent aux Salertins de les défendre. La nuit même, ils fondent dans le camp des barbares, les taillent en pièces et rentrent à Salerne couverts de gloire et chargés de butin. Ces libérateurs, laissant après eux leur renommée, emportent les regrets des Salertins, et repassent bientôt dans leur patrie étonnée du récit de leurs exploits.

Trois cents Normands, sous le commandement de Rainulf, passent les mers et viennent en Italie recueillir le fruit des premiers succès de leurs compatriotes. L'Italie était alors partagée presqu'en autant de petites souverainetés qu'elle avait de villes importantes. Partout des haines, des rivalités, des combats. Les Normands qui attendaient tout de leurs armes, trouvaient sans cesse l'occasion de vendre ou de louer leur valeur et leurs succès ; des guerriers toujours victorieux ne pouvaient rester long-temps sans un établissement durable. Un duc de Naples, en leur assignant un territoire entre sa ville et Capoue, fut le premier qui paya véritablement leurs services. Les Normands y fondèrent la ville d'Averse ; et l'on peut remarquer, avec une sorte de surprise, que le premier établissement de ces conquérans ne fut pas une conquête.

Trois frères, Guillaume Bras-de-Fer, Drogon et Humfroy, fils de Trancrède de Hauteville, seigneur normand des environs de Coutances, accourent en Italie, à la tête des aventuriers qui voulurent s'associer à leur fortune. Ils offrent leurs services au commandant grec nommé le Catapan, et marchent contre les Sarrasins de Sicile. Les Sarrasins sont vaincus. Guillaume tue leur général ; la Sicile allait retourner à l'empire ; mais les Grecs, jaloux de leurs libérateurs, les privent de leur part dans le partage du butin. Ingratitude imprudente ! Les Normands irrités, méditant, sans se plaindre, une vengeance utile, abandonnent le perfide Grec à ses ennemis, et, repassant la mer, fondent sur ses états d'Italie. Ils s'emparent de la Pouille, de la Calabre, et bravant à la fois le pape et l'empereur, ne reçoivent que de leur épée l'investiture de leurs nouveaux états.

Cette audace a sans doute quelque chose d'imposant. Voir un petit nombre de guerriers protéger, conquérir, asservir des villes, des états, des princes, vaincre sans alliances et jeter seuls les fondemens d'un empire durable, braver avec impunité les deux puissances redoutables de l'Italie, faire un pape prisonnier ; et séparant dans sa personne le pontife du souverain, respecter l'un, dicter des lois à l'autre; saisir une couronne entre l'autel et le trône impérial, et se l'assurer par la jalousie mutuelle de l'empire et du sacerdoce : un tel tableau a droit de frapper l'imagination, et celle de plusieurs historiens n'a rien négligé pour l'embellir.

Mais en recherchant la cause du merveilleux (car le merveilleux en a une), quelle résistance pouvaient opposer de petits états dispersés, des peuples toujours en guerre, sans troupes réglées, sans discipline ; des sujets tantôt sous la domination des empereurs trop éloignés pour les gouverner, tantôt sous un duc électif ou usurpateur, tantôt sous le joug des barbares et sachant à peine le nom de leur maître ! Quelle résistance, dis-je, pouvait opposer un tel pays à la valeur exercée de ces chefs célèbres dont le nom seul rassemblait sous leurs drapeaux les mécontens de tous les partis !

Robert, au bruit de ces nouveaux succès, Guiscard et Roger, autres fils de Tancrède de Hauteville, quittent leur vieux père, et déguisés en pélerins (car l'Italie prenait des précautions contre les nouveaux émigrans de la Normandie), arrivent, le bourdon à la main, chez leur frère déjà maître de deux riches provinces. Là, dans l'épanchement de leur tendresse et de leur joie, ils partagent entre eux leurs conquêtes et leurs espérances ; et sans autre traité que leur parole, il règne entre eux dès ce moment une intelligence invariable : conduite plus étonnante peut-être que leur établissement, et qui sans doute en assura la durée.

Mais leur puissance commençait à alarmer le pape et l'empereur. Le pape, à la tête d'une armée composée d'Allemands, d'évêques et de prêtres que Henri III envoya contre ces aventuriers, les excommunia. L'armée taillée en pièces, l'excommunication fut nulle, et Léon IX prisonnier. Le pontife fit les avances. Humfroy reçut, pour la Pouille et la Calabre, une investiture qu'il n'avait pas demandée et qu'il n'était bientôt plus temps de lui offrir.

Léon avait pressenti qu'il était de sa politique de maîtriser l'indépendance des Normands, en se hâtant de légitimer leurs usurpations. Il leur donna même une investiture qu'ils ne demandaient pas, celle de la Sicile qu'ils ne possédaient point encore.

En effet, Robert, s'apercevant que les papes pouvaient donner ce qu'ils n'avaient pas, les crut assez puissans pour lui ravir ce qu'il possédait. Il prêta foi et hommage au saint-siège et s'en reconnut feudataire, véritable origine des prétentions que la cour de Rome eut dans la suite sur le royaume des deux Siciles.

Le pape protégeait les Normands pour contenir l'empereur; et les Normands, protégés par le pape, augmentaient leur puissance en sanctifiant leurs conquêtes. Ce fut, en effet, sous l'étendard du pontife, que Robert et le comte Roger chassèrent les Sarrasins d'Italie et s'emparèrent de la Sicile: brillante destinée de deux frères dont l'un (Robert) se préparait, en mourant, à la conquête de l'empire d'Orient, et l'autre (Roger, comte de Sicile) obtint du pape Urbain II, cette fameuse bulle de légation, par laquelle il se fit créer légat né du saint-siège en Sicile, lui et ses successeurs.

Cependant, au milieu de tant de révolutions, parmi tant de peuples accoutumés au joug, qui se soulageaient en changeant d'oppresseurs, les Napolitains s'étaient maintenus libres: ni l'établissement fortuné des Normands, ni le siècle brillant de leurs conquêtes, qui venait de ravir presque toute l'Italie à la faiblesse des empereurs et la Sicile aux armes des Sarrasins, n'avaient pu changer l'état heureux et primitif de son ancien gouvernement. Naples, renfermée dans son patrimoine républicain, sous l'administration constante de ses ducs électifs, conservait encore ses priviléges et son indépendance.

Ce ne fut que vers l'an 1139, à la mort de Sergio VIII, le dernier de ses ducs, que cette ville ouvrit volontairement ses portes à la puissance des Normands et prêta serment de fidélité à Roger II, premier roi de Sicile. C'était la destinée de Naples de prévenir les violences en se donnant au plus fort, conduite qu'elle avait autrefois tenue à l'égard des Romains. Les Napolitains acceptèrent le fils de Roger, avec le titre de duc, pour les gouverner selon leurs lois.

Mais la Sicile eut bientôt à regretter la domination des Sarrasins et celle des autres barbares qui l'avaient gouvernée. Des favoris cruels, des eunuques insolens jettèrent les Siciliens dans un désespoir inutile qui n'enfanta que des révoltes et des conjurations impuissantes. Guillaume, surnommé le Mauvais, fils et successeur de Roger II, régnait alors. Il mourut. Pour le peindre, il suffit d'observer qu'on n'osa même graver une inscription sur son tombeau.

La Sicile respira quelque temps sous Guillaume-le-Bon; mais une faute de ce monarque fut pour elle une source de malheurs. Quelle imprudence d'appeler la maison de Souabe en Sicile! Il pouvait transmettre sa couronne à Tancrède, dernier rejeton du sang de Hauteville; et il marie une princesse de trente-six ans, dernière héritière du royaume, à Henri VI, roi des Romains, fils du célèbre Barberousse : c'était détruire l'équilibre que la maison normande avait intérêt de maintenir entre les empereurs et les papes. Cependant, dans l'absence de Henri et de son épouse, Tancrède, fils naturel du duc Roger, fils de Roger II, monta sur le trône de Sicile. Il en reçut même l'investiture du pape. Mais les principaux seigneurs et barons du royaume refusèrent de reconnaître une élection à laquelle ils n'avaient pas présidé. La Sicile fut bientôt embrâsée des premiers feux d'une guerre civile. Henri paraît alors en Italie, à la tête d'une puissante armée. Couronné empereur après la mort de son père, il vient réclamer les droits de Constance son épouse, et conquérir son royaume de Sicile. Les Allemands sont vaincus.

L'empereur, avec de nouveaux secours, s'avance dans la Campanie, accompagné de son épouse, héritière de ses conquêtes. Henri retourne en Allemagne. Tancrède vainqueur, mais sans jouir de sa victoire, pleurant un fils aussi cher à ses peuples qu'à lui-même, ne put résister à son chagrin ; et son retour à Palerme fut bientôt suivi de sa mort. Après lui, Henri vint saisir son héritage, et s'en assura par tout ce qui restait du sang royal : prémices d'un règne affreux, où l'on vit un peuple lassé des crimes atroces et des cruautés recherchées de son tyran, se soulever contre lui, l'assiéger et lui imposer la loi de sortir du royaume; où l'on vit le tyran obéir, mêler une terreur basse aux projets de vengeance qu'il méditait en fuyant; entraîner avec lui une épouse forcée d'entrer dans la conjuration publique ; mourir enfin à Messine d'une mort précipitée. Telle était l'horreur attachée à son nom, qu'en soupçonnant l'impératrice d'avoir empoisonné son époux, on ne vit qu'un bienfait à chérir au lieu d'un crime à détester ; et la haine publique lui en fit un de la sépulture qu'elle avait obtenue du pape pour son mari. Mais en lui rendant cette grâce, la cour de Rome refusa de reconnaître la légitimité de Frédéric son fils ; et, par une de ces absurdités indécentes qui peignent tout un siècle, elle força l'impératrice à racheter publiquement, au prix de mille marcs d'or pour le pape et pour chacun des cardinaux, l'investiture du royaume de Sicile pour Frédéric, et à faire sur l'évangile, en présence du pontife, le serment exigé d'elle sur la fidélité conjugale et sur la légitimité de son fils.

Après ce marché avilissant, l'impératrice meurt, et nomme, par testament, tuteur de Frédéric et régent du royaume, ce même pontife qui avait outragé les cendres du père, flétri l'honneur de la mère et contesté la naissance et les droits du fils.

Telle fut l'origine des prétentions de la cour de Rome sur les Deux-Siciles, dans les interrègnes qui les désolèrent. Quelle époque de ses droits ! Celle où un tuteur, surprenant ce titre à la faiblesse d'une mère superstitieuse, s'en sert pour devenir l'oppresseur du fils, et après avoir excommunié ceux qui méconnaissent sa tutelle, cherche dans l'Europe à qui vendre l'héritage et les dépouilles de son pupille.

C'est à l'histoire d'Allemagne à peindre les

vertus, les talens, les exploits et les malheurs de Frédéric II ; elle le montre portant dès le berceau le poids de la haine des papes ; achetant deux fois son couronnement par le vœu forcé d'une croisade ; excommunié pour avoir différé son départ; excommunié de nouveau pour être parti excommunié ; chargé d'un troisième anathême dans le temps où ce prince délivrait les lieux saints ; déposé par une bulle appuyée d'une croisade, qu'un pape en personne prêchait contre lui dans la chaire de Saint-Pierre : déposition dont l'inimitié ambitieuse du pontife fit retentir l'Europe, et que son orgueil notifia même au sultan de Babylone.

La Sicile, témoin comme l'empire des infortunes de son maître, le fut constamment des périls attachés à sa personne, dans le voisinage de son ennemi le plus implacable ; elle le vit en but aux fureurs et aux trahisons, dont l'ascendant sacré des papes l'environnait de toutes parts, chercher, au milieu d'une garde mahométane, un rempart inaccessible aux attentats de la superstition ; après cinquante ans de malheurs causés par le saint-siége, ce prince mourut, et mourut absous.

Le pape Innocent IV profita de la mort de son ennemi, pendant que Conrad, l'héritier du trône, était en Allemagne. Il entre en Sicile comme dans un territoire de l'église, excite à la révolte la Pouille, la terre de Labour, et fait déclarer en sa faveur Naples et Capoue.

Mais Frédéric, habile à prévoir les desseins du pontife qui venait de l'absoudre, avait nommé, par son testament, gouverneur de l'Italie en l'absence de Conrad, Mainfroy, son fils naturel, à qui il avait donné la principauté de Tarente.

Dans ces siècles de barbarie, on se plaît à voir paraître un homme ambitieux sans crime, dissimulé sans bassesse, supérieur sans orgueil, qui conçoit un grand dessein, trace de loin son plan, se crée lui-même des obstacles qui retardent, mais assurent sa marche, amène ainsi tout ce qui l'entoure à son but, et comme contraint se fait entraîner où il aspire : tel est Mainfroy. Caractère développé par les faits mêmes, par les circonstances difficiles qui le formèrent sans doute. Chargé du gouvernement pendant l'absence de Conrad, il prévoyait, sans s'effrayer, la future jalousie de son frère et de son maître ; mais se préparant à souffrir des injustices qui pouvaient l'éconduire, il s'en frayait le chemin par des exploits, par des vertus, qui lui conciliaient l'estime des grands et l'amour du peuple.

Conrad arrive ; il trouve, grâce à la valeur et aux soins de son frère, un royaume tranquille : pour récompense, envieux et persécuteur, il dépouille Mainfroy de ses seigneuries, et chasse du royaume les parens et les alliés maternels de ce rival cru dangereux.

Politique odieuse et maladroite, utile aux desseins d'un homme qui savait profiter d'une humiliation comme d'un avantage, et dont le génie supérieur forçait les autres à lui tenir compte de ce qu'il faisait pour lui-même. En effet, Mainfroy, qui voyait avec plaisir l'indignation publique se charger du soin de le venger, affectait de répondre aux injustices nouvelles par des services nouveaux.

Tout va bientôt changer de face. Conrad meurt, ne laissant qu'un fils en bas âge, nommé Conradin. Mainfroy fut accusé d'avoir empoisonné son frère, crime dont l'histoire n'offre aucune preuve, non plus que de l'empoisonnement de Frédéric, son père, dont il eut la douleur de se voir charger. Dans l'absence des preuves, si l'on songe que le pape, ennemi mortel de la maison de Souabe, fut également accusé de ces deux crimes, croira-t-on Mainfroy coupable du premier, en voyant Frédéric justifier son fils, et, dans son lit de mort, joindre à ses derniers bienfaits le regret profond de ne pouvoir lui laisser un trône ? Qui le croira coupable du second, quand ce même pape, à l'instant de la mort de Conrad, s'avance en armes sur le territoire de Naples ? quand le royaume entier regarde Mainfroy, dans ce moment de crise, comme l'espoir de la nation, et l'appelle à la régence qu'il refuse ? L'heure n'était pas venue ; il voulait un empire, et n'attendait que l'instant d'avouer son ambition. Il fait déclarer régent du royaume un Allemand (le marquis d'Honnebruch), absolument incapable de gouverner et propre à ses desseins. D'Honnebruch ne peut suffire à sa nouvelle dignité ; l'état n'a qu'un régent, il demande un chef. Cependant le pape s'est déclaré ; il est en Italie, soulève les peuples, marche de conquêtes en conquêtes, tient déjà la moitié du royaume : le reste n'attend que sa présence. La Sicile était perdue ; et d'Honnebruch ne pouvait la sauver, quand l'état alarmé vint prier Mainfroy de prendre la régence. Il accepte alors, au nom de Conradin, un titre qu'il n'aurait pris ni plus tôt ni plus tard.

Le régent marche aux ennemis, remporte une victoire signalée, entre dans la Pouille, soumet les villes rebelles. Innocent IV, honteux et indigné d'un succès si rapide, qui lui ravissait un royaume dont il se croyait déjà possesseur, n'osant s'exposer sur un champ de bataille, meurt dans son lit, à Naples, de rage et de désespoir. Mainfroy repasse en Sicile, où ses grands desseins devaient s'accomplir. La reine Élisabeth, femme de Frédéric, craignant pour les jours de son fils Conradin, fit répandre le bruit de sa mort.

Quels motifs pouvaient déterminer cette princesse à commettre une telle imprudence ? Craignait-elle pour son fils les vues ambitieuses et les desseins secrets d'un oncle et d'un régent ? Élisabeth les servait ; elle perdait son fils, au lieu de le sauver. Était-ce un mouvement de tendresse ; un de ces pressentimens maternels dont le cœur n'est pas maître ? Pourquoi donc se hâter de le faire revivre et de redemander son héritage ?

Quoiqu'il en soit, les seigneurs et les barons du royaume n'eurent pas plutôt appris cette nouvelle, qu'ils vinrent trouver Mainfroy, et le conjurèrent de monter sur un trône où il était appelé par sa naissance, par ses exploits et par le testament même de Frédéric. Il n'était ni du caractère ni de la politique du régent de les prendre au mot ; il s'attendait à de nouvelles sollicitations encore plus pressantes des prélats et de la noblesse ; il les reçut avec complaisance, se fit représenter ses droits, raconter tous ses titres, et se laissa couronner.

Élisabeth se repentit bientôt de sa fausse politique et de ses timides précautions ; elle fit reparaître son fils et redemanda son héritage au prince de Tarente. Il n'étoit plus temps. Le régent crut pouvoir garder le royaume, par droit de conquête et d'élection. La reine alla porter ses plaintes au saint siége, oppresseur de sa maison.

Le pape, qui n'attendait qu'un murmure favorable pour se venger des mépris et de la valeur de Mainfroy, l'excommunia et mit son royaume en interdit. Mais ce prince, dont la famille semblait être vouée aux foudres de Rome, regardait l'excommunication comme un héritage des princes de sa maison ; il n'en fut pas effrayé.

Clément IV, alors possesseur du siége apostolique et héritier de l'ambition des papes, avait juré la perte d'un ennemi si redoutable. Il publia des croisades, mit le royaume de Naples et de Sicile à l'encan, et le fit offrir à presque tous les souverains de l'Europe qui le refusèrent. C'était pour la seconde fois qu'un pape promenait en Europe un royaume à vendre, et ne trouvait pas d'acquéreur; était-ce de la maison de Saint-Louis que devait sortir l'acheteur d'un empire dont le vendeur n'avait pas le droit de disposer? Et comment Saint-Louis, qui avait rejeté ce marché criminel, permit-il à Charles d'Anjou, son frère, de se rendre, à la face de l'Europe, le complice de Clément, en acceptant ses offres illégitimes? Un ordre donné à Charles, d'imiter ce refus juste et sage, eût sauvé à la France et à l'Italie deux cents ans de guerres et d'infortunes.

Tandis que Mainfroy, occupé du soin de se défendre, lève des troupes, équipe des flottes et se dispose à repousser des frontières de son royaume l'ennemi qui le marchande, son royaume est vendu par un traité entre le pape et le comte d'Anjou.

Le comte arrive à Rome, y reçoit l'investiture des états qu'il allait conquérir, entre en Italie où les croisés le joignent de toutes parts. Le malheureux Mainfroy se voit trahi, abandonné de tous côtés. Il rassemble son courage et ses forces, et cherche le comte usurpateur.

Les croisés, armés par le comte d'Anjou et bénis par l'évêque d'Auxerre, se rangent en bataille dans la plaine appelée du *Champ-fleuri*; le combat s'engage, il ne dura qu'une heure, et fut sanglant.

Mainfroy, à la tête de dix chevaliers, dont l'ardeur répondait à son courage, voit ses troupes plier de toutes parts; il perd toute espérance. La valeur lui reste, il se précipite au milieu des escadrons ennemis, et meurt comme il avait voulu vivre, en roi.

Ainsi périt ce prince extraordinaire, le premier dont l'ambition n'ait pas été criminelle, et dont l'usurpation semble être légitime; le seul dont la politique ait gagné les sujets, avant que sa valeur ait conquis le royaume. Persécuté par un frère injuste, vendu par un pape vindicatif, et vaincu par un prince féroce, il fut sage dans ses humiliations, modéré dans ses succès, et grand dans ses revers. On trouva le corps du malheureux prince quelques jours après la bataille; le comte Jourdan, son ami, se jette dessus et l'arrose de ses larmes. Le comte d'Anjou lui refuse la sépulture; et Clément le fait jeter sur les bords du Marino, aux confins du royaume.

Cette victoire rendit Charles maître de la Sicile. Il fit son entrée à Naples avec Béatrix, son épouse. Le peuple inconstant le reçoit en triomphe, et lui prépare des fêtes lorsqu'il demande des bourreaux, et fait périr dans les supplices plusieurs barons et gentilshommes qui tenaient encore pour Mainfroy.

Charles, s'applaudissant de ses cruautés et de ses conquêtes, se voyait enfin paisible possesseur de ses nouveaux états ; mais le sang qu'il fit répandre, força bientôt ses sujets à se croire encore ses ennemis.

Conradin, ce fils de l'imprudente et sensible Elisabeth, caché depuis son enfance au sein de l'Allemagne, à quinze ans deux fois détrôné sans avoir porté la couronne de ses ancêtres, voyant les peuples mécontens, les croit fidèles. On lui représente en vain la double puissance d'un usurpateur qui le brave, et d'un pape qui le proscrit; il s'arrache des bras d'une mère en pleurs, et court se montrer aux provinces qui le reçoivent avec joie. Le jeune Frédéric, duc d'Autriche, et dernier espoir de sa maison, renouvelle dans ce vil siècle l'exemple de ces amitiés héroïques consacrées dans l'antiquité ; il veut suivre et suit la fortune de Conradin son ami, dont il plaignait les malheurs, et partage avec lui les hasards d'une guerre qu'il croit trop juste pour être malheureuse.

Sous cet auspice, Conradin se présente en Italie ; son audace, sa jeunesse, ses droits, ses premiers succès lui font bientôt un parti redoutable. Le pape qui commence à le craindre, l'excommunie. Charles le joint dans la Pouille et lui présente le combat.

Les jeunes princes firent dans cette journée des actions dignes de leur naissance et de la justice de leur cause. L'armée royale était en déroute; on poursuivait les fuyards; on se voyait maître du champ de bataille, quand Charles sort d'un bois voisin, où la prudence d'un chevalier français, nommé alors de Saint-Vatry, l'avait caché; il fond avec un corps de réserve sur les vainqueurs, les taille en pièces, et leur arrache la victoire. Conradin échappe au carnage avec son ami; mais la trahison le fit bientôt tomber entre les mains du vainqueur. Le comte fit jeter les malheureux princes dans les prisons de Naples, d'où ils ne devaient sortir que pour marcher au supplice.

Le pape de qui Charles tenait la Sicile, en vendant les états du père, avait proscrit la tête du fils, arrêt horrible qui fut donné tranquillement comme un conseil : « S'il vit, avait dit le pontife, tu meurs; s'il meurt, tu vis. »

Le comte d'Anjou fut fidèle au traité par lequel il s'était engagé à faire périr l'héritier légitime du trône. Naples vit dresser un échaffaud. Conradin et Frédéric, que la prison avait séparés, se revirent alors pour la dernière fois. Le prince de Souabe se reprochait la mort de son ami. Frédéric le console, et monte le premier au supplice; ainsi l'avait ordonné le comte d'Anjou, qui, pour rendre aux yeux du généreux Conradin la mort plus cruelle que la mort même, voulait qu'il fût teint du sang de son ami.

Ce prince infortuné voit tomber à ses pieds la tête de Frédéric. Il la saisit et la baigne de ses pleurs. Il monte à son tour, et paraît aux yeux du peuple qui fond en larmes. Conradin rassemble ses esprits; et agissant encore en roi, sur un échaffaud dressé dans ses états, il jette son gant, nomme son oncle, Pierre d'Aragon, héritier du trône, s'écrie: « O ma mère! que ma mort va vous causer de chagrin! » et meurt.

Pourquoi l'histoire, qui s'est chargée de tant de noms odieux, n'a-t-elle pas consacré celui du généreux chevalier qui osa ramasser le gant du prince, et porter en Espagne ce précieux gage, dont Pierre d'Aragon sut profiter dans la suite?

Le comte d'Anjou se voyait, après tant de meurtres et d'assassinats, paisible possesseur d'un royaume qu'il avait acquis par le fer et par le feu, mais qu'il ne sut pas gouverner. Les gibets, les bourreaux, les exactions en tout genre, effrayaient les peuples; et la Sicile vit renaître les règnes désastreux de Guillaume 1er et de Henri vi, les Néron de l'Italie moderne.

Au milieu de ces sanglantes exécutions, Charles demandait à son père la permission d'envahir les états de l'empereur: et tandis que la cour de Rome la lui refusait, elle entrait elle-même dans la conspiration qui devait ravir à Charles la plus belle partie de ses possessions. Jean de Procida, seigneur d'une île de ce nom, aux environs de Naples, banni pour son attachement à la maison de Souabe, avait fait adopter son ressentiment et sa vengeance à presque tous les souverains. Après avoir négocié secrètement avec Michel Paléologue, empereur d'Orient, et Pierre d'Aragon, il s'était rendu, sous un habit de moine, auprès du pape Nicolas III, qui l'avait reçu comme un ambassadeur de l'Espagne et de l'Empire. Revenu en Sicile sous ce même déguisement, il s'occupait alors à soulever les peuples, et préparait les esprits à la révolte, pendant que Michel et Pierre, sous différens prétextes, levaient des troupes et équipaient des flottes. Tout était concerté, quand un événement imprévu hâta la révolution préparée par une ligue de rois, et lui donna l'apparence d'une émeute populaire.

Le 29 mars 1282, à l'heure de vêpres, un habitant violait une Sicilienne. Aux cris de cette femme, le peuple accourt en foule. On massacre le coupable; c'est un Français. Ce nom réveille la haine; les têtes s'échauffent; on s'arme de toutes parts. A l'instant, dans les rues, dans les places publiques, au sein des maisons, au pied des autels, hommes, femmes, enfans, vieillards, huit mille Français sont égorgés. Palerme nage dans le sang.

Cette horrible boucherie est le signal de la révolte. Toute l'île est sous les armes, et tout ce qui porte le nom français est immolé. Ainsi finit la domination française, chez un peuple qui venait de voir massacrer ses deux derniers rois par un frère de Saint-Louis.

Les historiens qui tracent avec les couleurs les

plus fortes le tableau des désastres de la Sicile, qui la montrent réduite à l'état le plus affreux, déchue non seulement de son ancienne splendeur, mais même de la situation déplorable où l'avaient mise les cruautés d'Henri vi, regrettant le joug barbare de ses anciens maîtres, Grecs, Sarrasins, Normands, Allemands, dont les vexations n'avaient pu la porter à de telles extrémités ; ces mêmes historiens semblent chercher une cause étrangère à cette horrible vengeance : cette vengeance est inouie sans doute, et rien de cruel n'est juste. Mais qui n'en voit la seule et véritable cause dans les excès atroces commis journellement par les Français? Comment ne pas la voir dans leur tyrannie publique qui réunit et ligua contre eux les grands de l'état, appuyés ensuite par des souverains étrangers, et dans leur tyrannie particulière et domestique, qui mit la rage dans le cœur des peuples? Le coupable ne devient-il pas l'accusateur de la nation, tandis qu'un autre Français sauvé, protégé même par les meurtriers, semble expliquer du moins, s'il ne l'excuse en quelque sorte, la fureur des Siciliens? Il existe un homme juste, Guillaume de Porcelet, Français d'origine, et gouverneur de l'isle de Calafatimi ; cet homme est seul excepté du massacre général ; on le respecte et on s'empresse à lui fournir un bâtiment pour le reconduire dans sa patrie. Ce décret tacite et unanime de tout un peuple qui révérait l'innocence et l'intégrité d'un seul Français, semble justifier la proscription de tous les autres, et renouveler contre leur mémoire l'arrêt exécuté contre leur personne.

Charles était violent; à la nouvelle de la révolte et du carnage, il entre en fureur; et jurant d'exterminer la race sicilienne, il vient mettre le siège devant Messine. Il était sur le point de s'en rendre maître et de recouvrer la Sicile en vainqueur implacable, si la flotte d'Aragon ne fût venue secourir la ville assiégée et rassurer l'île malheureuse. Le comte d'Anjou, forcé de lever le siège, est poursuivi par l'amiral Loria, perd vingt-neuf vaisseaux, en voit brûler trente à ses yeux; et trop faible pour supporter la disgrace qui le prive de la vengeance, il pleure d'impuissance et de rage.

Pierre d'Aragon, maître de la mer et vainqueur de Charles, entre dans Messine aux acclamations du peuple; et bientôt la Sicile couronne dans son libérateur l'oncle et l'héritier de Conradin.

Charles vaincu, et n'ayant plus d'espoir dans les armes, cherche à ramener les peuples par sa clémence. Il publie des amnisties, rétablit la Sicile dans tous ses droits et tous ses priviléges, étend même ses bienfaits jusques sur Naples: basse indulgence qui ne trompa et ne ramena personne. La Sicile qui le brave, méprise ses dons perfides; et Naples seule en profite contre le gré du tyran.

Ce monarque s'aperçoit que la feinte est vaine,

et renouvelle la guerre ; il quitte ses états, court en Provence pour chercher de l'argent et des troupes.

Pierre sut profiter de son absence. L'amiral Loria, après s'être emparé de l'île de Malte, se présente au port de Naples et l'insulte. Le jeune prince de Salerne, à qui son père avait recommandé la modération et la prudence, sort avec soixante-dix galères pour repousser l'ennemi qui le brave : mais ayant plus de courage que d'expérience, il est fait prisonnier à la vue de ses sujets. Loria, maître de l'héritier du trône, impose des lois et redemande Béatrix, fille de Maïnfroy, prisonnière au château de l'OEuf, et menace les jours du prince, si l'on refuse de la rendre. Loria prévoyant le retour de Charles, revient avec Béatrix à Palerme, où il laisse le prince de Salerne en captivité.

Le peuple demandait hautement la mort du fils de Charles, comme une juste représaille de la mort de Conradin. Mais on voit avec plaisir que Constance, qui commandait en Sicile pendant l'absence du roi son époux, dédaignant de se venger du père sur un fils innocent, prit soin de soustraire le jeune prince au ressentiment des Siciliens et le fit conduire en Aragon.

Cependant Charles arriva à Naples ; son peuple est révolté ; son fils est dans les fers ; il se voit assailli de toutes parts, et ne respire que la vengeance. La vengeance lui échappe. Il se prépa-

rait au siége de Messine ; on lui montre son fils
dont on menace la tête, s'il approche de la ville.
Enfin, accablé de malheurs qu'il ne peut imputer
qu'à son ambition sanguinaire, il meurt à Foggia,
dans la Pouille, âgé de soixante-cinq ans, et ne
laisse au prince de Salerne, son héritier, que le
royaume de Naples.

CHAPITRE TROISIÈME.

La Sicile et le royaume de Naples sont séparés. — Robert, comte
d'Artois, régent du royaume de Naples; Robert, duc de Calabre,
roi de Naples. — Jeanne 1re, fille de Robert, épouse en 1333,
André, fils de Charobert, roi de Hongrie. — André est assassiné
à Averse en 1345. — Jeanne épouse Louis, prince de Tarente; le
roi de Hongrie descend en Italie, venge en 1347 la mort de son
malheureux frère, et fait jeter Durazzo par une fenêtre. —
Jeanne rentre dans ses états. — Vend Avignon au pape. — La
Sicile livrée à de nouvelles factions. — Mort de la reine Jeanne 1re,
en 1382. — Anarchie. — Magistrature créée sous le nom de huit
seigneurs du bon gouvernement. — Jeanne 11e monte sur le trône
de Naples en 1414. — Caraccioli, grand-sénéchal du royaume de
Naples et amant de la reine, est assassiné. — La reine Jeanne
meurt en 1442.

C'est ainsi que les crimes de Charles d'Anjou,
funestes à sa maison preque autant qu'à lui-même,
marquent la séparation des deux royaumes.

Naples, pendant que son prince languit dans les fers, reste abandonnée à l'autorité de Robert, comte d'Artois, et du cardinal de Sainte-Sabine. Charles d'Anjou, emportant au tombeau la douleur de laisser son unique héritier entre les mains de ses ennemis, crut devoir les nommer régens par son testament.

Pierre d'Aragon ne jouit pas long-temps de ses triomphes et de sa nouvelle couronne. Se sentant proche de sa fin, il voulut assurer à ses fils la possession de la Sicile. Le pape Honorius refuse aux ambassadeurs de ce prince l'investiture de son héritage, et répond par une excommunication à la demande légitime du nouveau roi.

Les régens napolitains appuyaient de leurs armes impuissantes la haine ambitieuse du pontife, qui se flattait de l'autoriser bientôt par l'aveu et par le nom de Charles II d'Anjou, que l'entremise d'Édouard 1er, roi d'Angleterre, venait de tirer de sa prison. Mais il apprend que Charles, par le traité, a reconnu Jacques, second fils de Pierre d'Aragon, pour roi de Sicile.

Le pape irrité renouvelle la guerre, force ce même Charles de réclamer la couronne de Sicile à laquelle il venait de renoncer par un traité solennel, excommunie Alphonse frère de Jacques, pour avoir trempé dans ce crime, et fait croire à tous les princes de l'Italie qu'il peut seul annuler un traité conclu entre deux rois, par l'entremise d'un souverain.

Voilà donc Charles, contraint, au nom de la religion, d'être parjure, faisant la guerre au roi Jacques, contre sa conscience et la foi des sermens, et vainqueur, malgré lui-même, ménageant son ennemi dans ses victoires, pour se faire pardonner son infidélité.

Pendant cette guerre, Alphonse meurt; et Jacques son frère, souverain excommunié de deux royaumes en interdit, passe en Espagne pour se faire couronner roi d'Aragon.

Jacques se voyait deux puissans ennemis à combattre; Charles II, roi de Naples, et Philippe-le-Bel. Le pape avait relevé le premier de la foi des sermens comme d'un crime, et offrait au second la Sicile pour le comte de Valois, son fils : cette dangereuse position força Jacques à prendre le parti de sacrifier un de ses états pour se conserver l'autre; il renonça à la Sicile en faveur du roi de Naples.

Ce fut treize ans après les vêpres siciliennes, après treize ans d'une guerre défensive et meurtrière, que cette île malheureuse apprit la nouvelle effrayante d'un traité qui la rendait à la maison d'Anjou. Elle en frémit. La consternation y fut générale et causa le même effroi que la nouvelle des vêpres siciliennes avait produit chez la nation qui en fut la victime. Les États assemblés en tumulte se hâtèrent d'élire pour leur roi, Frédéric, troisième fils de Pierre d'Aragon.

Boniface ne fut pas plutôt informé de la nouvelle élection, qu'il accusa de supercherie le nouveau roi d'Aragon, et se crut trompé parce qu'il n'était pas obéi. Jacques courut à Rome dissuader le pontife; et pour le convaincre de son innocence, il ordonna à tous les Catalans et à ses Aragonois de sortir de Sicile. Blase d'Allagon se refusa à cet ordre dicté par la faiblesse, et parut à la tête d'une armée redoutable, croyant son maître trop puissant pour n'être pas légitime. Ce fut par un procédé aussi généreux que ce grand général fit un devoir aux principaux Aragonois de suivre son exemple.

Le peuple sicilien, préférant l'excommunication à la tyrannie, jurait à son prince de lui conserver la couronne au prix de son sang; et Frédéric garda généreusement un royaume qu'il ne pouvait céder sans ingratitude envers son peuple.

Le pape voyant que Charles, malgré ses victoires, désirait toujours la paix, et que Frédéric, malgré ses défaites, trouvait sans cesse dans l'amour de ses peuples des ressources inépuisables pour la guerre, craignit que l'accommodement ne se conclût sans sa participation. Il s'annonce alors en médiateur; mais se faisant de ce titre même une arme nouvelle contre le roi de Sicile, et cherchant le moyen d'ébranler la fidélité de ses sujets, il envoie à Messine le chevalier Calamandra sur un vaisseau chargé de pardons et d'indulgences promises à la rébellion, ruse odieuse et inutile. L'amiral sicilien Loria refuse l'entrée du port à ce dangereux navire, et répond par des signaux de guerre à ce ridicule envoyé de paix. Ce fut le dernier service que cet amiral rendit à sa patrie, qu'il va bientôt trahir pour passer au service étranger.

Alors Boniface, perdant toute retenue, défend à Charles de songer à la paix; et cherche à Frédéric un nouvel ennemi dans la personne de Jacques d'Aragon, son frère, qu'il arme enfin contre lui.

La flotte de Frédéric est enveloppée et vaincue au Cap-d'Irlande; mais le vainqueur lui-même, prévoyant une victoire assurée, avait, par un secret avis, prévenu le prince du danger qu'il courait sur la flotte : générosité qu'il exerçait à l'insu du pape et que méritait Frédéric, qui, dans la guerre même, osa croire au conseil d'un frère forcé d'être son ennemi.

Frédéric, plus heureux sur terre, remporte une victoire et fait prisonnier Philippe, prince de Tarente, fils de Charles d'Anjou; malgré ce dernier avantage, il demande la paix, unique désir des princes, unique espoir des peuples; le pape s'y oppose. Boniface appelle en Italie le comte de Valois; et flattant les vaines espérances de Marguerite de Courtenay, sa femme, à la couronne de Constantinople; il promet à ce prince un trône imaginaire, s'il veut participer au crime d'une usurpation réelle.

En effet, le comte arrive en Italie avec une

armée formidable ; et, secondé de Loria qui avait passé au parti napolitain, et du duc de Calabre, second fils de Charles, il fait une descente en Sicile. Frédéric, seul avec son peuple, résiste de toutes parts. L'armée ennemie se consume ; la peste y joint ses ravages ; et le comte de Valois s'en retourne avec opprobre : guerrier sans talent, incapable à la fois de ravir une couronne et indigne de la porter.

La paix se conclut enfin ; et dans le traité qui portait que la Sicile retournerait à Charles ou à ses héritiers, après la mort de Frédéric, on remarque la condition que le pape impose à ce dernier, de régner sous le nom de Trinacrie.

Que prétendait Boniface ? Son orgueil croyait-il s'épargner une humiliation, en donnant aux états que son ennemi conservait, le nom que la Sicile portait aux temps fabuleux ?

Pendant ce long période, l'histoire particulière de Naples n'offre rien de remarquable. Ce royaume perdit avec regret Charles II, le plus juste et le plus fortuné de ses rois. Il était âgé de soixante-trois ans ; il en avait régné vingt-quatre, après une longue captivité, à laquelle ce prince n'aurait peut-être jamais renoncé, s'il eût prévu l'injustice de trois papes consécutifs, et les mêmes malheurs dont son père avait été accablé.

Que penser de cette suite de papes, dynastie singulière de souverains étrangers l'un à l'autre, travaillant sans relâche pour des successeurs inconnus, adoptant près de la tombe un système d'ambition usurpatrice qu'ils soutiennent par des parjures et par des crimes, et auquel ils immolent, pour la plupart, les restes d'une longue vie dévouée jusqu'alors à la vertu ?

Charles avait laissé, par son testament, la couronne de Naples à Robert, duc de Calabre, l'un de ses fils. Ce prince, occupé du bonheur de ses peuples, veillait au gouvernement intérieur de ses états, quand Frédéric de Sicile, ligué avec l'empereur Henri VII., et commandant la flotte combinée de Gênes et de Pise, vient descendre en Calabre et y commet des hostilités qu'il aurait poussées plus loin, sans la mort de l'empereur son puissant allié. Le roi de Naples vengea cette injure par une descente en Sicile, expédition inutile et malheureuse, suivie bientôt de la mort d'un fils tendrement aimé. Telle était l'estime de Robert pour le prince, qu'en apprenant sa mort, il s'écria : « La couronne est tombée de dessus ma » tête. »

Le roi de Naples, privé de son unique héritier, donna tous ses soins à l'éducation de sa petite-fille, la célèbre Jeanne. Mais cet aïeul si tendre préparait, sans le savoir, les malheurs de la jeune princesse ; il voulait faire rentrer la couronne dans la branche à qui elle devait appartenir ; il fit épouser à Jeanne, André II, fils de Charobert, roi de Hongrie, son neveu ; le prince et l'infante, âgés l'un et l'autre de sept ans, furent fiancés. Le roi Charobert fit accompagner son fils d'un certain nombre de seigneurs hongrois ses gentilshommes, et du moine Robert son gouverneur. André prit à Naples le nom de duc de Calabre.

Cependant le roi de Naples, affligé de la faiblesse et même de l'imbécillité du jeune André, désigné son successeur, pressentant les intrigues du moine Robert et du parti des Hongrois, engagea ses peuples par serment à ne reconnaître que Jeanne sa fille pour leur souveraine, et déclara par son testament qu'elle régnerait seule.

Jeanne, après la mort de Robert son aïeul, ne fut pas long-temps à s'apercevoir qu'il avait tout prévu ; mais jeune encore, trop faible pour répondre à ses sages précautions et soutenir ses droits, en conservant toujours le nom de reine, elle perdit bientôt l'autorité. Le pape, abusant de ces dissentions conjugales qu'il croyait favorables à ses desseins, protège le moine et le parti hongrois, contre les droits de la reine et le testament de son aïeul ; il publie une bulle pour le couronnement du jeune André, politique funeste et intéressée qui devait entraîner la ruine du royaume.

Charles de Durazzo, prince du sang royal, s'était rangé du parti de la reine et des autres princes ; les barons même, indignés de la puissance hongroise, avaient suivi son exemple. Tous s'étaient promis de prévenir les desseins de la cour de Rome et de se défaire du prince imbécille qu'on allait couronner. Le jour de la cérémonie approchait. André fut assassiné au sortir de la chambre de la reine, à Averse, où était la cour. On l'étrangla, et son corps fut jeté par une fenêtre.

La Reine, à dix-huit ans, veuve ainsi d'un prince qu'elle n'aimait pas, entendit les rumeurs et les soupçons du peuple; et tandis que le moine Robert et les Hongrois étaient encore dans la consternation, elle assemble son conseil, se justifie avec éloquence, et fait informer sur un crime qui venait de se commettre presque sous ses yeux.

Deux gentilshommes, peut-être innocens, furent punis de mort. Le pape veut connaître d'un attentat, suite funeste de sa bulle. Jeanne, loin de s'y opposer, envoie même à Louis, roi de Hongrie et frère d'André, un ambassadeur, et se marie bientôt à Louis, frère de Robert, prince de Tarente, fils de Charles II.

Mais le roi de Hongrie s'avance en Italie avec une armée formidable, faisant porter à la tête de ses troupes un étendard noir sur lequel on avait représenté la fin tragique de son malheureux frère. Jeanne épouvantée assemble son conseil; et jugeant que le vengeur est inflexible, elle se retire en Provence avec son nouvel époux, laissant à Naples son fils Charobert, âgé de trois ans, pour désarmer, s'il se peut, le vainqueur.

Louis, dont l'étendard annonce les projets, ne trouvant point de résistance, poursuit sa marche. Les villes lui font présenter leurs clefs; il y met des garnisons, sème partout l'épouvante; tout reste immobile à son aspect. Son armée s'arrête aux environs d'Averse. Louis reçoit au château le duc de Durazzo et tous les seigneurs qui viennent à sa rencontre, portant avec eux l'enfant Charobert dans son berceau; il passe avec eux dans la galerie; le signal est donné: les troupes hongroises se rangent en bataille; appareil de terreur! Louis s'informe du lieu de l'assassinat, et quelle est la fenêtre fatale. On lui montre l'un et l'autre. Le roi tire une lettre que Charles, duc de Durazzo, avait écrite et qui déposait contre lui; il ordonne qu'on étrangle ce prince, et que son corps soit jeté par la fenêtre où celui d'André son frère avait passé; il sort à l'instant d'Averse et marche à Naples. Le peuple en foule s'empresse de lui offrir les honneurs dus à son rang; il les refuse, fait raser les maisons des princes du sang, séjourne deux mois à Naples, en passe deux autres à parcourir ce royaume, laisse des officiers dans toutes les places, et retourne en Hongrie.

La reine cependant était venue trouver le pape à Avignon; elle y plaide sa cause en public, et le pontife reconnut son innocence. Il envoya même au roi de Hongrie un légat dont il connaissait l'éloquence et l'adresse. Mais Louis, maître de Naples, après la mort du jeune Charobert, devait être d'autant plus inflexible, que la politique et l'ambition se joignaient alors à la vengeance.

Telle fut pourtant l'habileté du légat négociateur, ou peut-être le noble désintéressement de Louis, que Jeanne obtint la permission de rentrer dans ses états.

La reine, dans le besoin d'argent où elle était, vendit Avignon au pape pour quatre-vingt mille florins d'or de Provence. Boniface, se doutant bien que le prix modique d'une acquisition si importante donnerait lieu à des réflexions désavantageuses, eut soin de prêter aux intentions de Jeanne un motif religieux, indiqué par ces paroles : « Plus heureux celui qui donne que celui qui reçoit. » Adroite citation de l'Écriture-Sainte, mais qui par malheur, aux yeux de la politique mondaine, ne lève pas entièrement les soupçons sur l'intégrité des juges et l'innocence de Jeanne.

La reine, avec les quatre-vingt mille florins du pape, vint descendre au château de l'OEuf, seule place qui lui restât dans son royaume. Les Napolitains la revirent avec joie ; et le roi de Hongrie, ayant rappelé ses troupes et consenti à la paix, Jeanne et Louis son époux se firent couronner dans leur ville capitale.

Pendant les troubles de Naples, la Sicile, livrée aux factions des Palices et des Clermonts, princes du sang révoltés, n'avait pas été plus tranquille. L'infant don Juan, dont la régence habile avait dompté et puni les séditieux vendus à la maison de Naples, avait, malgré le pape et les factieux, négocié la paix avec la reine Jeanne, tandis que le roi de Hongrie lui disputait à elle-même sa couronne. Il se voit forcé d'appeler un évêque étranger pour le sacre du jeune Louis, les prélats du royaume refusant leur ministère à leur souverain.

Après la mort de l'infant, nouvelles calamités; le nouveau régent, le célèbre Blaze d'Allagon, trouve dans la reine-mère un appui des Clermonts et des Palices. Il voit sa souveraine favoriser ses ennemis personnels, protéger les factions, ne trouver qu'un ennemi dans le soutien de la couronne, et lui défendre de pénétrer dans le royaume. Cet ordre imprudent devient pour les deux partis un signal de carnage et de cruautés. Division générale; tout respire la guerre; et le peuple épouvanté déserte la patrie pour se retirer dans la Sardaigne et dans la Calabre.

On se flattait que la prochaine majorité du roi, réunissant tous les partis, allait rendre le repos à l'état, et dépouiller Palice d'un pouvoir dont il avait trop abusé. Vaine espérance! il jouit de la faveur et de l'amitié de son jeune maître, dont le nom va consacrer sa puissance; le peuple désespéré ne voit plus dans son roi qu'un instrument de la tyrannie de Palice, et qu'un chef de la faction élevée contre un régent choisi par la noblesse et estimé de la nation.

Palice avait osé persuader au roi de convoquer les états à Messine. Tout Palerme assiége le palais, demande la mort du ministre criminel, force les portes de la maison royale, et massacre Palice, presque sous les yeux de son maître.

Alors le désordre est au comble; les Clermonts refusent d'obéir au roi; et, protégeant la révolte de plusieurs villes du royaume, ils appellent en Sicile la reine Jeanne et Louis son époux. Cent douze places vendues ou surprises arborent l'étendard de Naples; et l'Europe, les yeux ouverts sur cette île malheureuse, juge de l'excès de ses calamités, en la voyant sacrifier sa haine pour le nom d'Anjou, et prête à passer sous les lois de cette maison détestée.

Le jeune Louis de Sicile meurt; Frédéric son frère lui succède, prince âgé de quatorze ans. Son règne n'est qu'une suite de désastres sous la régence de sa sœur, simple religieuse incapable de gouverner un monastère, et qui se trouve à la tête de l'état.

Jeanne de Naples et son époux entrent en triomphe à Messine; et Frédéric va perdre la Sicile. Mais il existe un homme qui veille sur sa destinée.

Blaze d'Allagon attaque l'escadre napolitaine, la disperse, et, malgré ses blessures, va battre sur terre le général qui assiége la place, sauvant ainsi par deux victoires en un jour, la Sicile et son roi. Ses succès amenèrent une paix générale que le pape ratifia enfin, ne pouvant plus s'y opposer.

Jeanne, de retour dans ses états, veuve de Louis, veuve encore du jeune prince de Majorque (car ses maris se succèdent rapidement), épouse en quatrièmes noces le jeune Othon duc de Brunswick : mariage imprudent, qui semblait annuler l'adoption qu'elle avait faite de Charles de Durazzo ; c'était en effet l'écarter du trône attaché aux droits de la princesse Marguerite sa femme, héritière de Naples; et la naissance d'un fils qu'elle venait de lui donner rendait cette injure plus sensible et plus amère.

Le pape voyant matière à de nouveaux troubles, excité par l'intérêt de donner à son neveu la principauté de Capoue, et par l'orgueil de disposer d'un royaume, sert les projets de Durazzo. Il excommunie Jeanne, donne à Charles l'investiture du royaume de Naples par une bulle que le roi de Hongrie devait protéger de ses armes. Jeanne effrayée, cherche un appui dans la maison de France, en adoptant pour nouvel héritier Louis, duc d'Anjou. Charles de Durazzo, maître de la capitale et du royaume, pendant que l'armée d'Othon est campée aux environs de Naples, tient la reine assiégée dans le château neuf, et la force de capituler à cinq jours de trêve. Le cinquième jour expire, le prince Othon présente alors la bataille à Durazzo ; il est vaincu et fait prisonnier. La reine se rend au vainqueur, qui envoie consulter Louis de Hongrie sur le traitement qu'il doit lui faire. C'était demander la mort de Jeanne ; Louis inflexible, toujours obstiné à la croire coupable du meurtre d'André son frère, prononce contre elle un arrêt de mort, dont Durazzo se rend exécuteur.

Bientôt le pape mécontent du nouveau roi, qui

sans doute n'avait point assez payé ses services, appelle un autre duc d'Anjou en Italie. Ce prince paraît à la tête d'une puissante armée, et s'annonce par des succès rapides. Mais tout change encore ; Durazzo sent la nécessité de ramener le pape ; c'est ce qu'il fait par un traité avantageux pour la cour de Rome. Alors le Saint Père excommunie ce même duc d'Anjou, dont il venait de se servir, publie une croisade contre lui, et promet des indulgences à quiconque tournera ses armes contre ce prince. Durazzo, paisible possesseur du trône, va briguer celui de Hongrie vacant par la mort du roi Louis, et périt dans les troubles de ce royaume, livré comme celui de Naples aux fureurs des dissentions intestines.

Marguerite, veuve de Durazzo, plus incapable de gouverner que Jeanne elle-même, fait proclamer roi son fils, et ose se charger de la régence. Dans l'anarchie intolérable, fruit de son incapacité et de celle de ses ministres, ses peuples forcés de se gouverner eux-mêmes, se créent une magistrature sous le nom des huit seigneurs du bon gouvernement. C'était le temps du grand schisme qui produisit tant d'anti-papes. Ces huit seigneurs reconnaissent pour roi de Naples le fils du précédent duc d'Anjou, attiré comme son père en Italie par Clément, pape d'Avignon. Ce pontife lui avait donné l'investiture du royaume de Naples, à l'exclusion de Ladislas soutenu par Boniface II, onzième pape de Rome : moment curieux de l'histoire, où l'on voit deux princes se disputer un royaume, à la solde l'un et l'autre de deux pontifes qui se disputent la thiare. Ce fut Ladislas et le pape romain qui l'emportèrent sur Louis d'Anjou et son pape d'Avignon. Sa mort, effet d'une vengeance vile et atroce (1), laisse le trône à Jeanne II, sa sœur.

Jeanne, dont les mœurs influèrent sur les révolutions du gouvernement, était déjà connue par ses faiblesses avant de monter sur le trône. Le rapprochement des différents traits relatifs à son règne et consacrés par les historiens de Naples, forme un tableau assez semblable à celui que présentent quelques-uns de ces romans français, fondés sur le mélange de la galanterie et des intrigues de cour. L'histoire contemporaine, en parlant de cette princesse qui descendait quelquefois de son rang, est forcée de descendre elle-même de sa dignité.

Pandolphe-Alopo, amant choisi dans un ordre inférieur, et devenu trop rapidement grand-sénéchal du royaume, ne sut pas se faire pardonner les bontés de sa souveraine. Jeanne, soit pour ap-

---

(1) Ce prince aimait la fille d'un médecin de Pérouse. Le père gagné, dit-on, par les Florentins, donne à sa fille un mouchoir dont le contact devait irriter les desirs et même fixer le cœur de son amant. Ladislas et sa maîtresse furent également victimes de cette ruse abominable. Ils moururent l'un et l'autre d'une maladie de langueur.

paiser les murmures du peuple, soit pour assurer la tranquillité de l'état, prit le parti de se marier. Jacques comte de la Marche, prince de la maison de France, fut l'époux qu'elle préféra. Il devait, aux termes du traité, s'en tenir au titre de gouverneur-général du royaume. Mais la flatterie ou le mécontentement des seigneurs, députés par la cour de Naples, lui donna le nom de roi, et trompa de cette manière les précautions et la politique de la reine.

Jacques distingue, parmi les députés, Jules-César de Capoue. Ce seigneur, excité par le mouvement d'une reconnaissance indiscrète, ou par le désir de devancer dans la confiance de Jacques les courtisans ses rivaux, apprit au comte de la Marche les préférences dont la reine son épouse honorait depuis long-temps Pandolphe Alopo.

Jeanne, informée de l'empressement des seigneurs à se donner un maître, crut devoir confirmer, dans une assemblée publique de la noblesse, le titre que le comte de la Marche son époux venait de recevoir en arrivant.

Jacques fut donc proclamé roi. Son premier acte de souveraineté fut de condamner Pandolphe à perdre la tête sur un échafaud. Il se donnait, pour venger des injures antérieures à son mariage, des soins qu'il aurait mieux valu prendre pour en prévenir de nouvelles. Des lecteurs français sont affligés de voir un prince de leur nation se souiller d'une cruauté que suivit bientôt un ridicule, augmenté encore, comme on le verra, par la perte d'une couronne.

La reine dissimula son ressentiment. Surveillée par un vieil officier français, elle attendait de ses disgraces le retour de la faveur du peuple napolitain, étonné d'une jalousie française. La cour revint la première ; les seigneurs qui, depuis la chûte de Pandolphe, s'étaient flattés d'obtenir les premières places, s'indignèrent de les voir toutes accordés à la nation du prince. Ils s'apercurent que Jeanne était captive, et trop étroitement gardée : on le fit remarquer au peuple.

En ce moment, Jules-César de Capoue, qui croyait sans doute avoir de grands droits à la reconnaissance du prince, et mécontent de se voir oublié, forme contre le roi une conspiration que son imprudence confie à la reine. Il espérait que Jeanne lui pardonnerait, en faveur d'une conjuration formée contre son mari, la confidence faite autrefois contre son honneur à ce mari même. Mais la reine accordant l'intérêt de son ressentiment avec celui de sa délivrance, obtient sa liberté, en immolant César et son secret, et en avertissant le roi d'un attentat dont elle sut lui ménager une preuve incontestable.

Le criminel est puni, et la reine libre un moment se hâte de paraître en public ; le peuple la revoit avec joie ; on craint une détention nouvelle ; on s'empare de sa personne ; et tandis que la multitude demande à grands cris la liberté de

Jeanne, les grands, mêlant leur intérêt particulier à la rumeur populaire, demandent impérieusement les premières charges de la couronne.

Le roi, forcé de capituler, accorde tout. Parmi les seigneurs napolitains que ce monarque venait d'honorer de dignités nouvelles, parut Caraccioli, élevé au rang de grand-sénéchal. Il réunissait tous les dons de la figure et de l'esprit. Le choix de la reine (car il fallait un choix) se décida pour Caraccioli, et sa passion devint publique.

L'adresse du favori, habile à ménager les grands, à s'assurer du peuple, mit bientôt le roi dans les fers de son épouse; et son appartement devint sa prison. Mais abusant alors de l'accroissement de son crédit, bientôt son pouvoir chancèle; le peuple tourne contre l'amant le même ressentiment qu'il venait de montrer contre l'époux. La cour de Naples députe au roi de France; et croira-t-on que ce monarque s'adresse au pape pour venger l'injure faite à un prince de sa maison?

Caraccioli prévoit l'orage; mais ne paraissant s'occuper que des intérêts de la reine devenus les siens, il prend le parti de s'immoler; et trompant ses ennemis, il dicte lui-même l'arrêt de son exil, le roi Jacques étant toujours détenu.

Du lieu de sa retraite, cet adroit courtisan parvint à regagner la confiance du pape et à rassurer les princes du sang; il reparaît l'année suivante à la cour, et fait couronner publiquement sa souveraine, sans que le nom de son époux soit prononcé : exclusion tacite, mais cruelle, qui le vengeait d'un souverain son rival.

Le roi Jacques, avili par une longue captivité, haï de la reine et méprisé de son peuple, libre enfin, repasse en France, comte de la Marche, et va mourir moine au fond d'un cloître.

On appelle contre le pouvoir de Caraccioli, appuyé de la reine, un Louis III, duc d'Anjou, contre lequel Jeanne appelle à son tour Alphonse, roi d'Aragon et de Sicile, qu'elle adopte pour son héritier; mais bientôt elle est forcée d'adopter, contre cet Alphonse, ce même Louis III qui venait d'être battu par lui : alternatives d'adoptions, qui furent plus funestes à Jeanne que la variété de ses galanteries.

Après ces troubles, où s'était consumée la jeunesse de la souveraine et du favori, le favori n'aimant plus, n'étant plus aimé, eut l'imprudence de se croire encore nécessaire. Un jour, il exigeait de Jeanne une grâce nouvelle, et la demandait avec fierté. Surpris d'un refus, le premier qu'il eût reçu d'elle, il se livra à toute la violence de son emportement; et la reine porta les marques d'un outrage impardonnable à l'amour même. Les courtisans obtinrent de la reine l'ordre d'arrêter son ancien favori.

La haine publique alla plus loin que son ordre; et Caraccioli fut massacré. La reine ne lui survécut pas long-temps. Avant de mourir, elle avait vu descendre au tombeau Louis III d'Anjou, dont elle s'était fait un appui par adoption, contre Alphonse également adopté par elle. Son testament substitua à Louis III d'Anjou, René son frère. C'est ce même René qui, depuis chassé du royaume de Naples par Alphonse, et passant dans sa fuite par Florence, eut la faiblesse de recevoir du pape l'investiture d'une couronne qu'on venait de lui ravir.

CHAPITRE QUATRIÈME.

Les deux royaumes de Naples et de Sicile sont réunis. — Alphonse d'Aragon est reconnu roi par le pape Eugène. — Nicolas V, pape vertueux.— Mort d'Alphonse en 1458. — Calixte III, nouveau pontife, renouvelle les troubles en appelant encore la maison d'Anjou au trône de Naples. — Scanderberg vient au secours de Ferdinand, roi de Naples. — Nouvelle guerre civile. — En 1489, le comte de Sarno et Petruccio sont décapités. — Charles VIII, héritier des droits de la maison d'Anjou au trône de Naples, entre en Italie à la tête d'une armée.— En 1494, Charles VIII s'empare de Naples. — Louis XII veut faire revivre ses droits et sa qualité de roi de Naples. — Partage du royaume de Naples avec le roi d'Espagne.— Frédéric, fils de Ferdinand, et prince vertueux, est enfin reconnu roi, mais est obligé de céder aux forces de la France et de l'Espagne réunies.— Discussions nouvelles entre les Espagnols et les Français. — Les Français sont battus et obligés de quitter l'Italie. — Louis XII renonce à la couronne de Naples. — En 1506, le royaume de Naples et de Sicile passe pour toujours sous la domination espagnole. — Le royaume de Naples est opprimé par les vice-rois d'Espagne. — Sédition de Mazaniello en 1647.

Après la mort de Jeanne II, et la retraite de René d'Anjou, Alphonse, déjà roi d'Aragon et de Sicile, devenait encore possesseur de Naples : deux fois il avait été adopté par Jeanne; mais le fruit de cette double adoption lui était ravi par les droits que le pape et le testament de la reine avaient donné à René d'Anjou. Les armes à la main, il veut annuler le choix de la reine, son testament et l'investiture du pontife en faveur de la maison d'Anjou; et en souverain habile, il légitima les droits de la force par le sceau de l'autorité pontificale, toujours imposante en Italie. Il fit demander en même temps l'investiture de Naples à Eugène de Rome et à Félix d'Avignon, promettant de reconnaître pour pape le premier qui le reconnaîtrait pour roi. Félix se trouvait lié aux intérêts d'Anjou, et attendait tout de la France; ce fut donc Eugène qui, profitant des offres d'Alphonse, ratifia par une bulle les premières adoptions et sa dernière conquête.

La Sicile gouvernée par des vice-rois, sous un prince assez puissant pour maintenir la paix, assez éclairé pour protéger les arts, jouissait depuis quelques années d'une heureuse tranquillité et d'une situation florissante. Naples partagea bientôt la même félicité, et dut aux soins du monarque, qui préférait le séjour de cette ville, plusieurs de ses embellissemens. Naples et la Sicile respirèrent donc sous un prince ami de ses peuples, des lois et des lettres, refuge et protecteur des savans qui s'exilaient en foule de Constantinople, et dont il sauva même quelques-uns des bûchers de l'Inquisition. Aragonais, Siciliens, Napolitains, tous se crurent compatriotes sous un monarque qui partageait entre eux ses soins et sa présence, et qui suffisait au bonheur de tant de peuples. Il s'en occupa d'autant plus constamment, qu'une fois établi sur le trône, il eut moins que ses prédécesseurs à lutter contre l'ambition des papes, et qu'il put être bienfaisant avec sécurité. C'est de son temps que monta sur la chaire de Saint-Pierre le vertueux Nicolas v, élu malgré lui-même, homme à jamais respectable, qui, après le schisme d'Occident, nomma doyen du sacré collége son concurrent détrôné, l'anti-pape Félix. Ce pontife dédaignant le faux honneur de briller dans les fastes de la cour de Rome parmi les papes, soutiens de l'ambition pontificale, lui préféra l'honneur véritable de laisser un nom cher à l'humanité. Il partagea avec Alphonse la gloire de faire oublier à l'Italie les calamités qui l'affligeaient depuis long-temps; mais comme si le royaume de Naples eût été destiné à expier, par un des fléaux de la nature, la tranquillité dont il jouissait sous Alphonse, un affreux tremblement de terre engloutit cent mille de ses sujets (1).

---

(1) Le roi assistait à la messe; aux premières secousses du tremblement de terre, tout le monde sortait avec effroi; le prêtre même quittait l'autel : Alphonse le retient et lui ordonne d'achever le sacrifice.

Ce désastre fut bientôt suivi de la mort d'Alphonse, monarque vraiment digne de l'être, à la mémoire duquel on ne peut reprocher que quelques faiblesses, entre autres celle qu'il eut pour Ferdinand, son fils naturel. Il l'avait nommé son successeur, et avait obtenu pour lui une bulle d'investiture, peu de temps avant sa mort, laissant à son frère don Juan, déjà roi de Navarre, l'Aragon et la Sicile. Ce fut une faute qui fit après lui le malheur du royaume de Naples, que don Juan aurait pu protéger de toute la puissance aragonaise et sicilienne; c'était le seul moyen d'en imposer à l'ambition des papes. En effet, Calixte III, qui, après la mort de Nicolas V, avait repris l'ancien système pontifical, et qui avait déjà inquiété les dernières années d'Alphonse, préparait de nouvelles traverses à Ferdinand, possesseur d'un seul royaume abandonné à lui-même. Dès-lors, la branche napolitaine d'Aragon devint l'objet de la jalousie des pontifes, encouragés par l'espérance d'en consommer la ruine. Calixte rappelle en Italie René et Jean d'Anjou; il fomente, il irrite les troubles intérieurs du royaume, et pousse l'emportement jusqu'à soulever contre Ferdinand la puissance ottomane.

Le roi de Naples allait succomber sous tant d'ennemis, lorsque le fameux Scanderberg, se rappellant les grands services qu'il avait reçus du père de ce prince, vola à son secours, et le délivra de tant de puissances liguées pour la ruine de ses états. Après cette espèce de triomphe, le monarque eut la faiblesse d'abandonner le gouvernement au naturel féroce et indomptable d'Alphonse son fils; ce qui attira sur lui la haine et le courroux des barons napolitains. Une conspiration se forma sur-le-champ: le comte de Sarno et Petruccio, secrétaire du monarque, sont à la tête; et le pontife, pour profiter de ces temps orageux, appelle de nouveau en Italie un petit-fils de Réné d'Anjou.

Ferdinand découvrit le complot, et montra aux conjurés une fermeté qui ne leur laissait aucun espoir d'échapper aux supplices. Les barons audacieux osèrent lui faire des propositions qui étaient très-avantageuses aux rebelles. Le roi dissimula son ressentiment, et crut ne pas devoir les rejeter, en attendant qu'il pût faire repentir des sujets d'avoir traité avec leur souverain. Le pape, le roi d'Aragon et le vertueux Frédéric frère d'Alphonse furent garans du traité, qui par-là devenait respectable à Ferdinand; mais un cœur accoutumé au crime ne connaît rien de sacré.

Lorsque les esprits furent calmes, et que la haine ou la crainte eurent cédé à la sécurité, Ferdinand fit éclater une vengeance odieuse et terrible. Le comte de Sarno, entièrement rassuré par les bontés qu'il recevait chaque jour du monarque, mariait sa fille au duc d'Amalfi, et les noces se célébraient à la cour dans le palais même qu'habitait le roi. On se livrait à l'allégresse; la scène change : la fête devient une désolation. Le roi, sans respect pour sa parole, pour les droits de l'hospitalité, pour le nom du pape et du roi d'Espagne garant du traité d'amnistie, fait arrêter le comte de Sarno et tous ceux qu'il croit ses complices. Le comte, Petruccio et ses enfans sont décapités dans la cour du château. Une foule de noblesse est proscrite, leurs biens confisqués et envahis. Le roi devient l'horreur du peuple et des nations étrangères. Mais par une fatalité odieuse, et qui révolterait encore davantage si le crime n'était pas lui-même sa punition, Ferdinand, après cet attentat, ne laissa pas de régner six ans, dans une paix et une tranquillité dont il n'avait pas joui jusqu'alors. Ce fut son fils, bientôt son successeur, qui sembla porter la peine tardive des forfaits arrachés à la faiblesse de son père.

Charles VIII, roi de France, venait, en montant sur le trône, d'acquérir des prétentions au royaume de Naples. Le comte du Maine, héritier de René, avait, à l'exclusion de son neveu, légué par testament les droits de la maison d'Anjou à Louis XI, son cousin germain. La vieillesse de ce monarque, livrée toute entière dans le sein de son royaume à l'exercice pénible de la tyrannie, et consommant chez lui l'ouvrage de la servitude publique, avait négligé ces droits que réclama bientôt l'ambition mal conseillée du jeune Charles. Le nouveau roi de France apprend que le pape Alexandre VI vient de donner à Alphonse l'investiture de Naples, que Charles demandait pour lui-même. Il lève une armée, descend en Italie; et une terreur panique avait déjà saisi Alphonse, qui, déposant la couronne entre les mains de son fils Ferdinand II, va cacher dans un cloître la honte de son règne et les remords de sa vie. Il y mourut dans les convulsions d'un désespoir féroce; et sa mort désirée si long-temps, parut encore trop tardive à ses peuples.

Charles marche droit à Rome, s'en rend maître, demande au pape l'investiture de Naples. Le pontife lui répond naïvement qu'il faut attendre que sa conquête soit plus avancée. Charles sort de Rome, va s'emparer de Naples déjà abandonnée par son souverain. Il confie les places conquises à des gouverneurs, qui, par une conduite téméraire et violente, aliènent les peuples et indisposent tous les souverains d'Italie. Le vainqueur va se trouver réduit à repasser en France; mais il fallait s'en ouvrir le passage à travers des armées ennemies; il fallait protéger sa retraite par une victoire, et triompher pour fuir. C'est l'avantage que procura la brillante journée de Fornoue.

Alexandre VI, intimidé par Charles qui le menaçait d'un concile où devait être déposé un pontife qui déshonorait la thiare, avait enfin accordé au roi de France l'investiture de sa conquête; mais cette investiture lui devenait inutile, ainsi que son couronnement, célébré avec tant de faste à Capoue. A peine est-il repassé en France que Ferdinand II est rentré dans Naples ; il y meurt, et sa mort est bientôt suivie de celle de Charles VIII.

Louis XII, son successeur, qui avait de son chef des droits sur le duché de Milan, se porte pour héritier des droits de Charles VIII sur Naples, et s'en était déjà qualifié roi. L'inutile campagne de Charles en Italie avait coûté à la France le Roussillon et la Cerdagne, qu'il avait fallu céder à Ferdinand-le-Catholique, pour acheter son inaction. Louis XII, destiné à être encore plus trompé par ce prince que ne l'avait été Charles VIII, craignant d'être traversé dans sa conquête par les prétentions du roi d'Espagne, conclut avec lui un traité par lequel ces deux monarques se partageaient le royaume de Naples, qu'ils devaient tous deux attaquer en même temps.

On vit donc deux rois, l'un nommé *très-chrétien*, l'autre le *catholique*, unis pour dépouiller un souverain légitime, demander au pape Alexandre VI, opprobre du saint-siége, la permission de partager sa dépouille, et dans l'instant où ce pontife est en liaison publique avec le Turc, lui représenter ce pacte unique et révoltant comme un traité religieux qui bientôt va réunir et armer les chrétiens contre les infidèles. Quelle fut la victime de cette union perfide ? c'est le vertueux Frédéric, second fils de Ferdinand Iᵉʳ, qui, lors de la conjuration des barons napolitains, était déjà tellement estimé qu'on le força de servir de garant à son père, et qui toujours plus cher à la nation, venait de parvenir au trône par droit d'hérédité ; c'est lui que l'on vit chassé de ses états par les armes de deux rois ligués, venir recevoir une pension du roi de France et mourir bientôt après, en Touraine, laissant une veuve et des enfans que Louis s'engage par un traité solennel à laisser manquer de tout (1).

Fatalité étrange qui choisit le vertueux Louis XII pour être l'instrument d'une iniquité si cruelle et dont il ne retira aucun avantage! Les Français et les Espagnols furent unis, tant qu'il fallut conquérir ; mais ils se brouillèrent bientôt, lorsqu'ils n'eurent plus qu'à jouir de leurs conquêtes ; il s'éleva, pour le partage de la dépouille de Frédéric, une discussion entre le général espagnol et le vice-roi français.

Nemours, il faut l'avouer, fut l'agresseur ; il remporta une victoire sur les Espagnols ; mais Gonsalve, mieux secondé par sa cour, reprit bientôt l'avantage et chassa les Français battus de tous côtés. Louis souhaite la paix. Ferdinand consent à traiter. Mais tandis qu'il envoie en France

---

(1) Louis fut fidèle à cet odieux article de son traité avec Ferdinand. La veuve de Frédéric ayant refusé de se remettre avec ses enfans au pouvoir du roi catholique, se retira à Ferrare; ils y moururent tous dans la misère, Louis XII et le roi catholique, leur parent, ne leur faisant passer aucun secours.

des ambassadeurs à la tête desquels est l'archiduc Philippe son gendre, il ordonne à Gonsalve de poursuivre la conquête de Naples. Qu'arriva-t-il ? Il reçoit à la fois la nouvelle d'une victoire de son général et la nouvelle du traité conclu par Philippe avec le roi de France. Il fait à l'archiduc l'outrage de le désavouer à la face de l'Europe. C'est alors que son gendre put répéter ces mots d'un prince contemporain sur le roi catholique : « Je voudrais, quand il fait un serment, qu'il » jurât du moins par un dieu auquel il crût. »

Louis XII, étonné de la perfidie du roi d'Espagne, s'indigne et veut armer ; mais l'épuisement de la France l'oblige à sacrifier son juste ressentiment. De nouvelles circonstances amènent enfin un traité par lequel il renonce entièrement au royaume de Naples, en donnant pour épouse à Ferdinand, Germaine de Foix sa nièce.

Ainsi, ces longues et ruineuses prétentions de la maison de France sur le royaume de Naples, n'eurent d'autre effet que d'assurer à cette princesse un mariage illustre et malheureux.

La cour de France vit, dans ce traité, la cession d'un droit litigieux sur un royaume qu'elle venait de perdre. Celle d'Espagne y vit la possession tranquille d'un royaume usurpé, dont elle jouirait désormais, sans craindre pour l'avenir les réclamations d'une maison rivale et puissante, et se hâta de faire un voyage dans ses nouveaux états. Mais ce voyage, que sa politique crut nécessaire, montrant de près aux Napolitains leur nouveau maître, diminua leur admiration, et prouva qu'un prince peut remplir l'Europe de sa renommée, sans que sa personne mérite aux yeux de ses sujets les respects prodigués à son nom.

Où l'intérêt et l'action cessent, l'histoire devrait s'arrêter. Mais nous devons un coup-d'œil aux principaux événemens dont Naples ou la Sicile furent les théâtres sous les vice-rois espagnols, ou dans les révolutions qui leur donnèrent de nouveaux souverains. Devenues provinces d'Espagne, malheureuses obscurément, l'ambition fastueuse de Charles-Quint les traita comme un pays de conquête.

La tyrannie sombre et tranquille de Philippe II pesa sur elles plus encore que sur le reste de ses sujets. Sous ses successeurs, Philippe III et Philippe IV, l'Espagne, accoutumée à se croire puissante, et cherchant à prolonger sa méprise, sans cesse affamée d'hommes et d'argent, leur demanda ce que lui refusaient tant d'autres provinces épuisées. Un vice-roi osait-il, dans les temps de calamités, faire des représentations à la cour de Madrid? c'était demander son rappel. De cette oppression naquirent des tumultes populaires ou des conspirations réfléchies.

Le joug espagnol devint si odieux, qu'on vit à cette époque Naples sans cesse déchirée par des factions, n'offrir, pendant un long espace, que des scènes d'horreur.

Les trois frères Imperatori appellent François 1er en Italie, et s'engagent à lui en ouvrir les barrières. Campanella, moine calabrois, conçoit la folle idée d'ériger Naples en république, et porte partout l'étendard de la révolte. Alessi brave la puissance législative, et oblige les souverains à révoquer un impôt sur les grains. En vain un insensé gouverneur de Palerme, forcé de diminuer le prix du bled, crut y suppléer en diminuant le poids du pain.

Mais l'histoire ne nous présente pas de calamités aussi effrayantes que celle où Mazaniello plongea ce royaume; cet homme de la plus basse extraction, alliant à un caractère féroce une âme téméraire et hardie, entreprit de faire abolir les impositions que le duc d'Arcos, alors vice-roi de Naples, venait de mettre sur les fruits et les légumes, nourriture ordinaire du peuple. Le 7 juillet 1647, s'étant mis à la tête d'une troupe de mécontens, tous gens de son état, et aussi déterminés que lui, le nombre des séditieux augmenta bientôt à tel point que le duc d'Arcos fut obligé de se réfugier dans une des principales forteresses de la ville.

Encouragés par cette faiblesse du vice-roi, les révoltés, au nombre de plus de cinquante mille, ayant mis Mazaniello à leur tête, se portèrent à tous les excès et tous les désordres dont est capable une multitude effrénée; les prisons furent ouvertes, les maisons des principaux nobles livrées aux flammes, et toute la ville pendant six jours, entièrement abandonnée au pillage.

Ce souvenir funeste remplit encore d'effroi les habitans de Naples, dont les pères furent témoins de cette horrible catastrophe ; il n'y eut peut-être jamais d'exemple plus frappant de la fureur d'un peuple révolté, mais en même temps de son inconstance et de sa légèreté. Mazaniello ne pouvant soutenir le poids de la puissance et de l'autorité sans bornes à laquelle il avait été élevé, et se croyant tout permis, se porta à des actions si extravagantes et si cruelles, qu'il devint en horreur à ce même peuple qui la veille venait de le regarder comme son dieu tutélaire. Il fut lui-même massacré ; on porta sa tête en triomphe au bout d'une pique, et son corps fut traîné avec ignominie.

A peine la tranquillité commencait-elle à renaître dans Naples, que le duc de Guise vint encore la troubler ; mais sa tentative sur cette ville est l'exploit d'un aventurier magnanime qui, cherchant à rappeler les souvenirs des prétentions de ses ancêtres sur une souveraineté, court à la gloire plutôt qu'au succès dans une entreprise audacieuse, et entend presqu'au moment de sa retraite, les instigateurs de son projet, heureux d'échapper au châtiment, remercier le ciel par des *Te Deum* de la fuite du prince qu'ils avaient nommé le protecteur de la liberté.

La protection donnée par Louis XIV aux Messinois qui venaient d'arborer l'étendard de la révolte, est une de ces diversions qui n'ont pour objet que d'inquiéter une puissance ennemie. Louis XIV, vainement reconnu à Messine, abandonne les révoltés au ressentiment de la cour de Madrid, et sacrifie les Messinois au besoin de la paix, par le traité de Nimégue.

Depuis cette époque, nulle révolution à Naples ni en Sicile, jusqu'au moment où, pendant la guerre de la succession, les armes impériales, heureuses entre les mains du prince Eugène, mettent Naples sous le pouvoir de l'empereur, en dépit de la fidélité qu'elle venait de jurer à Philippe V.

Le traité d'Utrecht donne la Sicile à Victor Amédée, duc de Savoie, celui de tous les princes qui était le plus éloigné d'y prétendre.

L'empereur traite avec le duc de Savoie, qui reçoit la Sardaigne en échange. La Sicile reconquise par les Espagnols, reprise de nouveau par l'empereur, passe enfin dans les mains de don Carlos, à qui le cardinal de Fleury fait asssurer le prix de ses exploits et la couronne des Deux-Siciles par le traité de Vienne du 15 mai 1734.

Les deux états, heureux sous la domination de don Carlos, comptent parmi ses plus grands bienfaits, celui d'avoir été préservés de l'Inquisition.

Ferdinand VI, roi d'Espagne, son frère, étant mort, don Carlos lui succéda sur le trône d'Espagne, et remit la couronne de Naples à son troisième fils, Ferdinand IV, en 1759, époque d'un gouvernement enfin tranquille et heureux, sous le règne de la branche espagnole de la maison de Bourbon.

FIN DU SECOND VOLUME.

TABLE DES MATIÈRES

CONTENUES DANS LE SECOND VOLUME.

	pages
Avant-Propos.	1
Caractères et Anecdotes.	5
Tableaux historiques de la Révolution française.	
Introduction.	159
Ier Tableau. Serment du Jeu de Paume.	171
IIe — Délivrance des Gardes-Françaises.	180
IIIe — Première Motion du Palais-Royal.	187
IVe — Sortie de l'Opéra.	195
V^e — Triomphe de MM. d'Orléans et Necker.	201
VIe — M. le colonel du Châtelet sauvé par les Gardes-Françaises.	206
VIIe — Le prince de Lambesc aux Tuileries.	215
VIIIe — Action des Gardes-Françaises contre Royal-Allemand.	224
IXe — Départ des troupes du Champ-de-Mars pour la Place Louis xv.	232
X^e — Incendie de la barrière de la Conférence.	240
XIe — Le peuple gardant Paris.	246
XIIe — Pillage de St-Lazare.	256
XIIIe — Enlèvement d'armes au Garde-Meuble.	267
XIVe — Prise des armes aux Invalides.	274
XVe — Assassinat de M. de Flesselles.	284

	pages.
XVIᵉ Tableau. Prise de la Bastille.	295
XVIIᵉ — Assassinat de M. de Launay.	303
XVIIIᵉ — Nuit du 14 au 15 juillet 1789.	321
XIXᵉ — Transport des canons de Paris à Montmartre.	322
XXᵉ — Le Roi à l'hôtel-de-ville de Paris.	332
XXIᵉ — Assassinat de Foulon.	341
XXIIᵉ — Service à Sᵗ-Jacques-de-l'Hôpital en l'honneur de ceux qui sont morts à la Bastille. Sermon de l'abbé Fauchet.	351
XXIIIᵉ — Émeute populaire. Danger du marquis de la Salle.	361
XXIVᵉ — Enlèvement de canons de différens châteaux, et leur transport à Paris. — Effets de l'abolition subite des droits féodaux.	367
XXVᵉ — M. de Besenval escorté par la Basoche.	376
XXVIᵉ — Députation des femmes artistes, présentant leurs pierreries et bijoux à l'Assemblée nationale.	381
Précis historique des Révolutions de Naples et de Sicile.	
Chap. Iᵉʳ.	390
IIᵉ.	404
IIIᵉ.	428
IVᵉ.	448

FIN DE LA TABLE DES MATIÈRES DU SECOND VOLUME.

www.ingramcontent.com/pod-product-compliance
Lightning Source LLC
Chambersburg PA
CBHW072127220426
43664CB00013B/2156